本著作为国家社会科学基金教育学一般项目"素养导向的教学评一体化实证研究"（项目编号:BHA230143）的阶段性成果

现 代 极 简 教 育 技 术 丛 书

以评提质

课堂评价技术
实 | 用 | 手 | 册

王少非　张　斌 / 著

U0646235

北京师范大学出版集团
BEIJING NORMAL UNIVERSITY PUBLISHING GROUP
北京师范大学出版社

图书在版编目（CIP）数据

以评提质：课堂评价技术实用手册/王少非，张斌
著 . -- 北京：北京师范大学出版社，2025.4.（2025.10 重印）
（现代极简教育技术丛书）. -- ISBN 978-7-303-30393-9

Ⅰ . G632.421

中国国家版本馆 CIP 数据核字第 2025PL8947 号

YI PING TIZHI: KETANG PINGJIA JISHU SHIYONG SHOUCE

出版发行：北京师范大学出版社 https://www.bnupg.com
　　　　　北京市西城区新街口外大街 12-3 号
　　　　　邮政编码：100088
印　　刷：北京天泽润科贸有限公司
经　　销：全国新华书店
开　　本：730 mm × 980 mm　1/16
印　　张：17.5
字　　数：330千字
版　　次：2025年4月第1版
印　　次：2025年10月第3次印刷
定　　价：65.00元

策划编辑：冯谦益　张筱彤　　　　　责任编辑：王贺萌
美术编辑：李向昕　　　　　　　　　装帧设计：李向昕
责任校对：陈　荟　　　　　　　　　责任印制：马　洁

推荐序

评价强，则课程强；课程强，则儿童强；儿童强，则国家强！

2020 年，中共中央、国务院印发了《深化新时代教育评价改革总体方案》，强调"系统推进教育评价改革"，为"基本形成富有时代特征、彰显中国特色、体现世界水平的教育评价体系"进行了顶层设计。在教育评价体系中，学生学业评价一定是其中的重要组成部分，一定是教育评价改革中迫切需要取得"实质性突破"的关键领域。正因如此，2023 年教育部颁布的《基础教育课程教学改革深化行动方案》将"教学评价牵引行动"作为重点任务之一，聚焦于学生评价，明确提出两大紧密关联的举措：提升教师教学评价能力、改进和完善学生评价。

学生学业评价本身也是一个系统，其中包含着多种存在紧密关联但又有明显差异的评价。笼统地看，学生学业评价大致上可以分成两大类：一类评价是对学生学业水平或能力的判断，用以对学生的学业情况作出某种结论，如中考、高考；另一类旨在获取学生学业情况的相关信息，用以支持接下来的教学决策，如教师日常教学实践中的各种评价。这两类评价甚至可以说存在着本质的区别：在前一种实践中，教学是为评价服务的，而在后一种实践中，评价是为教学服务的；前一种评价关注的是过去，即对已往学业的判断，后一种评价指向未来，即支持后续的教与学。

在很长一段时间内，所有的学生学业评价都被视为同样的活动，并且用总体上更适用于选拔性评价的理论和要求来规范。所幸的是，十余年来，课堂评价与外部选拔性评价的差异已被越来越多的学者所揭示，课堂评价逐渐成为一个独立的研究领域，并且为越来越多的实践者所认可。然而，在实践层面，课堂评价对外部评价的过度模拟依然是一个相当突出的问题，如对分数和等级的执着，显性或隐性的排名，甚至有些顶着"改革"名号的做法，其实还是在参照外部评价的做法，如预先设定学业等级的比例。这些做法背后，一方面是因为传统评价观的强大影响，另一方面或许是因为新的评价观缺少相应的技术支撑。

这并非教师的问题。长期以来，我国中小学教师从培养到培训，关注最多的是"如何上课"，而忽视了"如何评价"，更忽视了如何将课程标准、备课、上课、作业与评价建立起内在的必要联系，即课程意义上的"教—学—评"一致性。职前教育和在职培训课程可能涉及教育评价的相关技术，但这些技术源于心理测量学，主要用以支撑外部大规模评价的技术，运用比较复杂，更重要的是不适合用于教育情境，也不适合用于教师的日常运用。说到底，基于心理测量学的评价规范和技术是测量业从业者的行业规范，本来就不是为课堂层面的运用而开发的。正因如此，教师们在其职业生涯中极少有机会从外部获得课堂评价的"工具箱"或"技术包"。尽管很多教师在实践中创造出了一些行之有效的课堂评价技术，但很可能湮没在他们关于"教学"的话语之中；即使他们认识到这种做法关乎评价，也可能因为常规的教研更多关注"教"而极少能够实现共同体内的知识共享。

评价负载价值，但同样是技术活。如果教师们了解以往基于心理测量学的教育评价，就知道其中包含的技术成分，甚至很可能就是因此而对评价心存恐惧。课堂评价同样需要技术，甚至对技术的依赖程度不比外部评价低，因为它必须在变动不居的课堂中快速实施，需要教师快速而准确地收集、处理学生的学业信息，并且要运用相关信息支撑接下来的教学决策。只不过，课堂评价所需要的技术与外部评价所需要的技术不同，一个关键的差异就在于前者必须能够在教学过程中快速简便地应用。

《以评提质：课堂评价技术实用手册》一书就提供了这样一些技术。所涉及的百余种技术，涵盖了"目标设定"、"引出证据"、"结果处理"、"反馈"、"干预"以及"学生参与评价"，其中有些来自基于新课程所倡导的"促进学习的评价"核心理念的逻辑推演，有坚实的学理依据，有些则来自"促进学习的评价"，并经过了实践的检验。这些技术或很小，小到只需要教师对常规实践做些微小的改变；或有相对较高的难度，需要比较系统的变革。但无论什么样的技术，都简便易用，且能与教学无缝衔接，便于教师将之融于日常的教学中。

15年前，我讨论过教育评价范式转换的问题。教育评价的范式转换显然不是仅靠新理念的传播和普及就能解决的，同样需要技术、方法等操作层面的变革。唯有当教育评价有新理念的引领且得到相应技术、工具或方法的坚实支撑时，教育评价的范式转换才能真正实现。从这一意义上说，王少非和张斌所做的工作是沟通理念和实践的有益尝试，既有坚实的理论基础，又非常接地气，为教师开展促进学习的课堂评价提供了一个"技术库"——尽管这个技术库还没有涵盖课堂评价的所有技术，但对苦于缺少专业技术的教师来说，这个技术库至少提供了一些技术选项，或者为他们播下了建构"课堂评价技术库"的"种子"。

　　为此，我非常乐意推荐《以评提质：课堂评价技术实用手册》。同时，我期望有更多的研究者和一线实践者关注这一领域，创造更多有用的课堂评价实用技术，以支撑课堂评价的专业化，进而有效地支持新课程的落实。

崔允漷

2024 年 1 月

目录

第一章　课堂评价概览

作为教师，你主要的工作是什么？如果有人问你这个问题，我想绝大多数教师的答案会是"教学"！那么，"评价"会成为这个问题的答案之一吗？

对于很多教师来说，教学是主业，评价只是额外的任务。然而，如果让学生在多年以后回忆当年的学习经历，我们可能会发现，让他们印象深刻的事件中有很多与评价相关。对学生学习的评价是教师为学生做的最重要的事之一——学生或许可以逃避学习，但他们无法逃避评价，哪怕这种评价非常糟糕！

学生无法逃避评价，如影随形般伴随着学生学习经历的是教师在日常实践中实施的评价，即课堂评价。从这一点来说，学生心目中的教师可以不是教学者，但一定是评价者。

第一节　什么是课堂评价

我们对作为一个专门概念的课堂评价（classroom assessment）还是有些陌生的。在开始具体的讨论之前，请先完成下表中的左边一栏。

自评时刻
1-1

你可以在阅读后面正文之前先尝试回答表中"我所认识的课堂评价"，然后在完成阅读之后填写"我现在所认识的课堂评价"，再仔细思考你的新认识与我们的理解有何差异，或者是否对我们所呈现的内容有所拓展。

我所认识的课堂评价	我现在所认识的课堂评价
	我现在的认识： 我的疑惑： 我的拓展：

接下来，我们尝试从几个不同的视角来理解课堂评价。

一、教育中的多种评价

很长时间以来，教育中的所有评价被视为一个整体——教育评价包括教育领域中的所有评价。但从现实来看，教育中的评价极为多样，如对学校办学的评价、对某个教育项目或政策举措的效能的评价、对教师教学的评价、对学生学业或综合素质的评价等。仅从学生学习评价领域来看，评价至少可以分为两类：一类是由外部机构设计和实施的评价，如高考、中考、质量监测，以及普遍存在的统考、联考之类的评价；另一类是学校内部实施的单元测验、期中考试、期末考试，以及随堂练习、课外作业、课堂提问等多种形式的评价。在过去，这些都被视为评价，而且被认为可以用相同的评价原则、方法（主要是源于心理测量学的教育评价原则和方法）加以规范。然而，近几十年来，后一类评价的特殊性越来越多地被注意——尽管教育评价发展历程中的确有泰勒、布卢姆等教育者试图使教育评价能够区分于心理测量，但后一类评价的特殊性主要不是由教育者而是由具有心理测量学背景的学者们，如谢泼德（Shepard）、波帕姆（Popham）、布鲁克哈特（Brookhart）等所强化的。这些学者发现，原本被视为教育评价的基本原理的心理测量理论并不完全适用于后一类评价。

这两类评价有共同之处，也有很多不同之处，甚至在某些方面还体现出本质上的不同。比如，从这两类评价与教学的关系来看，前一类评价是教学之后的一个独立的环节，用以判断教学的质量——教学是为这种评价服务的；后一类评价本质上是教学过程的组成部分，能够为教与学提供信息——这种评价是为教学服务的；前者定向于过去，后者则关注未来。

所谓的课堂评价，就是指后一类评价，即教师在日常教学实践中对学生学习的评价。

反思时刻

1-1

美国教育评价专家斯蒂金斯（Stiggins）曾说，任何课堂教学的质量最终都取决于那里所运用的评价的质量。

你如何理解这种说法？

二、评价概念的演进

在汉语中，评价一词有多个近义词，如评定、评点等，同样，在英语中，表达"评价"的词语也有很多，如 evaluation、assessment、grading、appraise、estimate、gauge，如果不加以区分，这些词汇大都可以翻译成"评价"，但实际上这些词汇之间存在着一些细微却可能非常关键的差异，且会经常用在不同的评价语境中。考察教育评价的历史发展，不难发现，在学生评价这一领域，英语中对"评价"的用词实际上发生着变化。

很长一段时间以来，教育评价被视为一个整体，涵盖了教育中各种目的不同、形式各异的评价。换言之，教育中所有的评价都被视为相同的实践，而这种实践的本质就体现在"教育评价"所用的术语 educational evaluation 中。从词源看，evaluation 是由一个前缀 e 加上 value 构成的，value 即价值，e 如同 education 中的 e 一样，其本义是"引出"，合在一起，evaluate 或 evaluation 就可以理解为"引出价值"，引申含义就是"价值判断"。在我们之前的理解中，所谓教育评价，就是要对教育进行"价值判断"——反映在学生学习评价中，那就是强调要对学生的学习做判断、下结论。

然而，近几十年来，在讨论学习评价时，人们越来越多地使用 assessment 一词，而基本上不用 evaluation。Assessment 的词根 assess 本义为"坐在旁边"，引申为"收集信息"——从学生学习评价领域来理解，那就是收集学生学习的信息。

从用词的演变来看，当使用 assessment 时，我们实际上在强调评价的收集信息的作用，而不是强调价值判断的功能。课堂评价——classroom assessment（注意，不是 classroom evaluation）——就是要强调其收集学生学习信息的作用。

三、相关概念的辨析

课堂教学评价，顾名思义，评价所指向的是课堂教学，也就是指向于教师的教学活动。教师的日常实践中的确有相当一部分评价活动是以教师的教学活动为对象的，比如，在教研活动情境中，教师经常扮演同行评价者的角色，对同事的教学活动（包括过程和结果）进行评价。这种课堂教学评价理应涉及对学生的学习评价，因为教学的"结果"就体现在学生的学习上。但课堂教学评价中的学习评价是为教师课堂教学的评价提供证据的，是为课堂教学评价服务的。

然而，对课堂评价的理解却不能像理解"课堂教学评价"那样。课堂评价的对象是学生的学习，而不是课堂——课堂评价中的"课堂"不是评价的对象，而是指评价发生于其中的情境。按照常规的理解，"课堂"是一个空间或物理概念，是物理场所的一种。

但在我们的日常话语中，课堂也经常被用来指代其中所发生的事——教育或学习，如现在流行的"高效课堂"中的课堂，就是指教育教学或学习活动。如此理解，所谓的课堂评价，就是那些发生在日常教育教学情境中的对学生学习的评价。特别需要强调的是，"课堂评价"并不局限于课堂，也包括诸多发生于课堂之外的评价活动，如教师在办公室或走廊上与学生的交流，为学生布置的课外作业及其批改等。

自评时刻
1-2

请先浏览本书第四章，选择一种图形组织器（如维恩图或概念图等）来表征你在这一部分获得的关于课堂评价的概念理解。

第二节　为什么要关注课堂评价

教师要关注学生学习，当然要关注学生学得怎么样，而评价就是搞清学生学得怎么样的重要手段。从现实出发，为什么要关注课堂评价，这里着重讨论两个方面。

一、课堂评价对于教学质量的提升非常关键

什么会影响教学质量？对于这个问题，所有的教育者都有自己的答案，也许你能根据经验将教学质量的影响因素列出一张长长的列表。你的经验固然重要，但若要更有效地提升教学质量，我们需要有更确切的答案，且这种答案是符合常识，并且能够得到研究证据的广泛支持的。

我们先来设想一个情境：你现在接到一个电话，来自一位多年未见的老朋友。寒暄之后，对方问了一个没头没脑的问题："我该怎么走啊？"你会如何回应他？

我想，你需要向他提至少两个问题，且得到确切答案之后，才可能给他一个回应。

现在，如果我们将教学类比为一个引着学生到达我们期望他们到达的目的地的过

程，我们是否也需要至少能够回答两个问题：你期望学生达成什么目标（你要去哪里）？学生当前的学习状况如何（你现在在哪里）？如果不搞清楚这两个关键问题，那么你就不可能（至少不可能有效地）通过教学帮助学生达成目标——这恰恰就是教学质量的基本或核心内涵。

正如领路或者导航，教学成功或教学质量提升的一个关键就在于教师必须始终知道此时此刻，学生在哪里。这是日常生活中的常识，也有众多理论观点及研究证据的支持——其中有些理论或观点或许你平常很少注意到，甚至你可能会觉得颠覆了你原有的认知，就像我们在"反思时刻 1-1"中提及的斯蒂金斯的观点，又如，迪伦·威廉说，批改作业是对那些老师的惩罚（因为那些老师不能在学生尚在自己面前的时候搞清楚他们是否已经达成了预期的学习目标）。但可以确定地说，也有不少理论和观点正是你耳熟能详的，比如：

- 中国古老的教育智慧：因材施教。

- 前些年基础教育领域中非常流行的观念：以学定教。

- 苏联心理学家维果茨基：最近发展区理论。

- 美国教育心理学家奥苏伯尔：如果我不得不将教育心理学还原为一条原理的话，我将会说，影响学习的最重要因素是学生已经知道了什么。搞清楚这一点，并在此基础上进行教学。

- 当前国外非常流行"数据驱动的教学"（data-driven instruction）、"评价驱动的教学"（assessment-driven instruction）、"应答式教学（responsive instruction）。

……

毫无疑问，上述这些理论或观点或明或暗地表达了一个相同的意思，那就是，对学生学习状况的把握是影响教学质量的关键因素。

如何搞清学生的学习状况？那就得靠评价。问题是，要搞清学生的学习状况，我们不能靠"视角 1：教育中的多种评价"中提到的第一类评价吗？那些评价相对于教师自己实施的评价不是更可靠吗？我为什么非得靠课堂评价？有这样的疑惑很正常，前面提及的第一类评价的确具备让教师搞清楚学生学习状况的潜力，而且可能的确更加可靠，然而，回到我们前面的领路或导航的隐喻：走了很长一段时间的路以后，你的引导者或导航仪给你一个结论："您走错了！"这个结论可能会对你有帮助，可是，如果真是这样的情况，你下次还会依赖他来引路或者用这样的导航仪吗？导航的实现靠的是它能实时、准确地确定你所在的位置，并将你所在的位置与你的目的地进行比较，从而给你相应的指引。设想一下，如果你的导航仪要隔一个小时才能给你一次信息，它对你到达目的地会有多大帮助？或者，你是否还会用它？正因如此，斯蒂金斯才说，如果评价不能在课堂层面有效地运行，那么其他层面的评价都是在浪费时间和金钱。这也正是我们强调课堂评价是影响教学质量的关键因素之一的原因之所在。

实际上，课堂评价是影响教学质量的关键因素，这也得到众多实证研究的证明。例如，2009 年，新西兰学者约翰·哈蒂（John Hattie）出版了《可见的学习——最大程度地促进学习》（*Visible Learning for Teachers: Maximizing Impact on Learning*）。在这本书中，他基于 800 多项元分析（其中涵盖了 5 万多篇研究文章，涉及 2 亿 4 千万名学生，提供了 15 万个效应量），探讨了影响学习质量的因素。在众多影响因素中，排在前 10 位的是：自评成绩 / 学生期望、皮亚杰项目、对干预的反应、教师的可靠性、提供形成性评价、微格教学、课堂讨论、对残障学生的综合干预、教师的清晰性、反馈。[①] 在这 10 个影响因素中，与评价直接相关的是自评成绩 / 学生期望、形成性评价、反馈。其实，干预反应系统（response to intervention，RTI）作为一种教学系统直接建立在评价基础之上——RTI 系统有三层：第一层是预防，旨在创建学习环境以保证让最大数量的学生取得成功；未能在第一层取得成功的学生就需要干预（第二层），即评价基础上的差异化教学；有些学生在干预之后可能还需要支持，那就进行补救（第三层），即针对每一个学生的个性化教学。排在第 11 位的影响因素是"交互式教学"——你只需要想想"交互"是如何实现的，你就能明白评价在其中所发挥的作用！

请注意，哈蒂所做的影响因素列表的确包括了教师日常实践以外的因素，然而，不难发现，其中（至少我们所提及的排名前 11 的因素）涉及评价的全都是教师日常实践层面的活动。换言之，这里所涉及的评价与外部评价无关，只涉及课堂评价。

二、课堂评价的理论缺少广泛的传播

课堂评价对于教学质量的提升很重要，但如果教师的课堂评价实践开展得已经很好了，我们也就没有必要再来讨论课堂评价了。实际上，课堂评价实践开展得并不理想，甚至可以说，课堂评价或许是教师专业实践中最为薄弱的一个环节。教师的确在日常实践中花了大量时间开展评价活动。斯蒂金斯曾说，评价及与评价相关的活动占据了教师日常实践时间的三分之一到一半，但这种评价对学生学习的促进作用以及对教师教学调

---

① 约翰·哈蒂. 可见的学习——最大程度地促进学习 [M]. 金莺莲，洪超，裴新宁，译. 北京：教育科学出版社，2015：274.

整的促进作用不够明显。

从现实看，教师日常评价实践主要存在以下问题。

首先，为评而评。知道评价很重要，所以经常评价，但缺少对评价如何促进教与学的深入思考。

其次，教学重认知，评价重情绪动力。说教师实施评价却不关注如何用评价促进学习，显然失之偏颇。实际上，教师运用评价都是想促进学生学习的。问题在于，实践中更多是试图用评价来激发学生的学习动力，然后将如何改进留给学生自己。

最后，对外部评价的过度模拟。在当前外部考试及相关问责系统的压力之下，教师在日常评价实践中模拟外部评价的做法是正常的。但正如我们前面所提及的，课堂评价与外部评价存在诸多差异，过度模拟外部评价实际上更可能阻碍教学而不是促进教学。

将这些问题完全归咎于教师的不当评价实践恐怕有失公平。长期以来，由于受教学时间所限，我们的教师职前教育项目极少安排有关教育评价方面的课程，即使有相关的课程安排，课程内容也经常是传统的教育评价学的学科知识体系。教师的评价观念大多来自自己作为学生或教师的实践观察，或者源于常见的教育评价学。然而，无论作为学生还是教师，教师所观察所模拟的评价活动一定都是那些最为显性的评价——在教育中，如高考、中考之类大规模的高利害外部评价就是最为显性的评价活动，日常评价无论从目的指向、内容安排，还是评价形式或结果的呈现与运用，都向外部评价靠拢，诸如观察、交流等活动因为难以参照外部评价甚至就被排除在评价之外，归入教学活动之中。因此，教师观察到的评价基本上就是外部评价或参照外部评价的日常评价。以往众多以"教育评价学""教育测量学"为名的教育评价教材基本上以一个整体的教育评价为研究对象，不区分教育中存在的多种目的指向的评价；其中一个隐含的假设就是，教育中的所有评价在本质上是一样的，适用于相同的原理、方法或技术。问题是，传统的教育评价学的基本理论基础是心理测量学，而心理测量学的基本假定是，所测对象的心理品质是稳定、"不受污染的"，重在对所测对象作出准确的可靠的判断；而教育过程中的评价是服务于教育的，教育恰恰期望带来"变化"，教育的结果，即学生的发展恰恰是教育"污染"的结果。就此而言，心理测量学范式的教育评价理论从根本上就不适用于"为了教育"的评价。

背景知识
1-1

心理测量学的基本假定

假定之一：测量个体稳定的特征

心理测量学源于智力研究和智力测验。在智力研究中，智力被假定为一种如同肤色之类的遗传特征一样，是内在的、稳定的。这种内在稳定的特征是可以准确地、可靠地被测量的，而且，测量的结果不会受背景的影响，是一种"不受污染"的特性，也就是说，个体的教育状况，甚至为测验所做的准备都不会影响测验结果。

假定之二：测验就是对某种单一属性的测量

心理测量学理论假定测验中的试题应当测量单一的基本属性，测验就是对某种单一属性的估计。与整体分数有高相关的试题意味着它能检测想要测的那种属性，而与整体分数没有高相关的试题则意味着它检测了想要测的属性之外的东西。前一种试题被认为具有高区分度，是良好的试题；后一种试题则缺少高区分度，不应出现在测验之中，应当去掉或者修改。

假定之三：测验分数对于不同个体具有本质上相同的意义

这是一种普遍性的假定，它强调测验分数的普遍意义，强调这种意义是能够得到普遍接受和理解的。标准化和标准参照测验测到的东西存在一种单一的、一致的、超越了社会情境和历史的意义。也就是说，阅读测验的分数就代表着个体的阅读能力，对于任何一个地方的所有个体都必然有相同的意义。也正因如此，不同个体在相同的测验中获得的分数可以进行直接的比较，并且这种比较就是用来决定这种测验想要测的能力的高低的。

假定之四：技术具有价值中立性

如果按照确定的标准来编制和解释，测验就是一种价值中立的科学工具，只能按其科学价值来判断。达成目标或结果的工具或最佳路径的选择被看作一种技术选择，而不是一种价值选择，因此测验专家能够不用价值判断而作出技术决定。用非科学家的观念或主观偏好来取代测量技术和证据规则是不符合理性的，测量专家的职责就是就"工具"作出判断，即开发评估教育结果的方法并解释这些方法的运用。

资料来源：王少非.校内考试监控研究[M].上海：华东师范大学出版社，2009：33-34.

如果你深入了解了之前的教育评价学，不难发现，前述教师日常评价中存在问题的重要根源正是心理测量学范式的教育评价理论。然而，如果你关注教育评价的历史发展，你也会注意到，教育评价的历史发展进程中的确有不少人努力在试图摆脱心理测量范式的影响，让教育评价真正成为"为了教育目的的评价"，而不是"心理测量学在教育中的应用"，比如：

- 20 世纪 40 年代初，泰勒首先提出了教育评价的概念，并提出了一套以教育目标为核心和依据的课程编制和测验编制的原则。按照泰勒的观点，教育评价和测量是不同的，教育评价就是衡量实际活动达到教育目标的程度，而测验只是评价的一种手段。

- 1956 年，泰勒的弟子布卢姆等开始对教育目标进行系统的研究，提出认知领域目标分类的理论和方法，为教育评价提供明确的依据。

- 1962 年，格拉瑟首先将评价分为常模参照评价和标准参照评价，强调在教育中运用标准参照评价，这被后世称为教育评价从经典心理测量学中分离出来的一个分水岭。

- 1967 年，斯克里文在项目评价领域将评价分成了形成性评价和总结性评价，1971 年布卢姆等将这种区分运用到学习评价上，并进一步明晰了两者之间的区别，他明确指出，两种评价相区别的"明显的特征在于目的或期望的用途（expected uses）"。

……

不过，尽管有这样的努力，但毋庸置疑，心理测量学范式的教育评价依然占据教育评价实践的主流。好在随着课堂评价与大规模外部评价的区别开始为越来越多的人所认识，课堂评价在教育教学中的独立价值逐渐被发现，并开始成为一个相对独立的研究领域——至少是教育评价学中的一个相对独立的研究分支。

反思时刻
1-2

你认为课堂评价（即教师在日常教学实践中对学生学习的评价）与中高考之类大规模的外部评价有哪些区别？你可以尝试填写表 1-1。

表 1-1　课堂评价与外部评价的区别

	课堂评价	外部评价
评价目的	为教与学的改进提供信息	对学生的学习结果作出判断
评价方法		

第三节　良好的课堂评价及其特征

若将课堂评价定位于教师日常实践中对学生学习实施的评价，那么很多教师可能会说，我们已经非常重视课堂评价了，在与课堂评价相关的事务上已经花费了大量的时间。然而，正如我们所知，教学的效果并不取决于我们花费在教学上的时间，如果教学本身存在问题，那么就不可能有好的效果；课堂评价亦如此，我们并不在意课堂评价所花费的时间，而是关注课堂评价产生的效果。因此，我们需要澄清一个关键问题，即什么样的课堂评价是好的？进一步需要回答的另一个问题是，如何做才能保证课堂评价是好的？

一、什么样的课堂评价是良好的课堂评价

关于"什么是好的"之类的问题是一个价值问题，答案取决于我们对"什么"的价值期待。同样，什么样的课堂评价是良好的课堂评价？答案一定与我们对课堂评价的期望直接相关。因此，我们期望课堂评价能做什么？就是回答"什么样的课堂评价是良好的课堂评价"这一问题的关键。

从传统的评价观来思考，我们运用评价就是要对评价对象作出准确的、可靠的判断，而且，在作出这种判断时还得客观、可靠、公正。如果一种评价能做到这些，那么就是好的。这个答案是否挺熟悉？没错，熟悉以往的教育评价学或教育测量学理论的老师都知道，这就是教育评价质量标准中强调的效度、信度、公平性。然而，如果我们换一个视角，将评价定位于教学过程中的有机组成部分，视评价为服务教与学的一种手段，那

么，我们的答案可能会不完全相同。

设想一下，在一次单元测验中，小明得了"B-"。他很不满意，要老师给他一次重考的机会。给不给机会？从上述两种不同的视角出发，答案会截然不同。再考虑另外一种情境：王老师教数学，到期末时要给学生评定数学成绩。这对王老师来说似乎就是一项机械的算术活动，甚至都不需要太多的人力，借助 Excel 表格就可以完成，因为王老师已经记录了全班每一个学生的每一次单元测验甚至课堂测验的成绩，并且已经设置好各次测验在最终成绩中的权重，现在只需要将期末考试的成绩输入 Excel 表格，最终成绩就可以自动生成了。这种做法有没有问题？这其实是绝大多数老师的常规做法，然而，从新的视角看，就可能看到问题。问题出在哪里？我们换一个情境，李老师也教数学，也和王老师一样，会随时记录学生每一次测验的成绩，但他有时会用后面相关测验的成绩来替换之前测验的成绩，比如，期中考试会涉及第一单元的目标，他会将学生期中考试中与第一单元目标相关的题目成绩单独整理出来，如果某个学生的这个成绩比第一单元测验成绩好，他会用这个成绩来替换学生第一单元的测验成绩。

我们可以从老师更容易理解的"公平性"维度来对上述情境进行分析——实际上，很多老师可能只会从公平性视角来做判断，比如，怎么可以允许小明重考？这不是对其他学生不公平吗？怎么可以替换原来的成绩，这对表现一直良好的学生是否公平？如果小明参加的这一次考试是中高考之类的高利害考试，不允许重考，不允许替换成绩，那再正常不过了。然而，上述情境中的考试只是一次单元测验，对于这样在学习过程中实施的评价，高利害考试中所强调的公平性是不是至关重要的考虑因素？也许在这样的评价中，公平性很重要，但无论如何，对公平性的追求都不能凌驾于教学的目的——促进学习之上。如果老师允许小明重考，小明就会努力解决之前学习上存在的问题，把原先不懂的搞懂了，这不正是教学想要达到的目的吗？李老师用后面的成绩替换原先的成绩，即使从传统评价观的视角来看也是没有问题的，因为相比较之前的表现，后面的表现更能代表学生"当下"的学习水平，或者说，这样的评价是对学生当下学习水平更准确的判断。更重要的是，如果后面的成绩能够替换前面的成绩，一些学生就有机会弥补学习过程中早期的某些问题或失误，而不会因为这些无法弥补的糟糕表现而丧失希望；如果学生依然心存希望，他就可能会更努力；如果这种努力有成效，他就会产生更强的自我效能感；如果学生对学习形成了强烈的自我效能感，他对学习就会有更高的期望，会作出更大的努力——一个正向的循环开始了。这不正是致力于教学和教育的教师们所乐见所努力追求的吗？

反思时刻
1-3

强化过程评价，是当前教育评价改革的一个重要方向。强化过程评价要求在评价中摒弃"唯结果"导向，强调关注学生的学习过程，并改进学生的学习过程，同时改进学习结果。但是，强化过程评价是否就是记录学生在学习过程中的表现，然后确定其在最终结果中所占的权重，并将之纳入最终的结果评价呢？

有人建议，不再根据一次升学考试成绩来录取学生，而是要把受教育的过程以及学生在过程中的表现也纳入评价体系。这是不是意味着，七年级第一单元测验或期中考试的成绩要计入高中决定录取新生的那个结果？您如何看待这个建议？

课堂评价的确是教育评价的一部分，但是，只要符合传统的基于心理测量学的教育评价质量指标和实践规范的课堂评价就是良好的课堂评价吗？答案是否定的。传统教育评价的核心定位是做价值判断，因此，判断的准确性、可靠性、公平性就是最高追求；而课堂评价是要为教与学服务的，因此，尽管需要强调准确性、可靠性、公平性，但这些品质都必须从属于更高的目的，那就是促进学生的学习。因此，一言以蔽之，良好的课堂评价就是促进学习的课堂评价。

二、课堂评价何以促进学习

说课堂评价要促进学习，好像有些多余。哪所学校哪位教师对学生的学习进行评价不是以促进学习为出发点呢？没错，尽管有些教师只是按常规或经验来安排、实施评价，而没有非常清晰地意识到评价的出发点或目的，但如果被问及"为何要评"，答案最终一定会归结到促进学习——只不过，"促进学习"更可能被表述为"提高成绩"而已。

但是，实践中学校和教师是如何运用评价来促进学生学习的呢？我们来看一些常规的实践。

- 临近期末，教师会嘱咐学生："下周就要进行期末考试了，好好准备啊。"

- 上半年，几乎所有的初中、高中都会在校园显眼处挂上中高考"倒计时牌"。

- 当学生做得好时表扬"你真棒"；当学生做得不够好时鼓励"老师相信你可以的！"

- 在测验中放上一些"难题"，以此鼓励学生进行拓展学习。

- 尽管有政策明文禁止按成绩对学生进行排名，但实际上一些学校中学生及其家长都知道每一次考试的成绩排名。

……

您或许还记得，我们在"课堂评价的理论基础缺少广泛的传播"中曾经讨论过当前课堂评价实践中存在的问题，其中之一就是"教学重认知，评价重情绪动力"。上面所列的实践都是这一问题的典型体现：我们试图用评价来激发学生的学习动机，然后将"如何改进"留给学生自己。评价的确会影响学生的情绪动力，运用评价来激发学生的学习动机的确是评价促进学习的一条路径。然而，在这一方面，可以确定，每一位教师都曾有过不那么美好的体验：有些时候，评价不仅没有激发学生的学习动机，反而导致了他的退缩、放弃；有些时候，评价的确能够激发学生的学习动机，但学生在学习中存在的问题最终依然存在。

由此可见，通过课堂评价激发学生的学习动力是能够促进学生学习的，但实际效果因人而异，因情境而异。要让课堂评价更好地促进学习，不能仅靠影响学生的情绪动力，更可靠的一条路径是运用课堂评价来影响学生的认知。具体来说，促进学习的课堂评价必须能让学生很好地回答澳大利亚研究者萨德勒（Sadler）提出的三个问题：我要去哪里？我现在在哪里？我如何能从当前的所在之处到达我想去的地方？[1]

我要去哪里？良好的课堂评价必须指向清晰明确的学习目标，并让学生知道，这些学习目标就是评价所要评的目标；如果学生明确了学习目标，且掌握了用以判断目标是否达成的具体质量指标，那么他们更可能在学习过程中为自己设定合理的子目标，适当地分配学习时间，从而更有效地进行自我监控、自我调节。

我现在在哪里？良好的课堂评价必须帮助学生搞清楚当前的学习状况，如哪些已经掌握了，哪些尚未掌握；有哪些优势，存在哪些不足……这些信息能够为学生决定下一步的行动提供决策基础。但确切地说，"我现在在哪里"并非描述学生当前的学习状况，而是描述当前学习状况与学习目标之间的关系。换言之，就是让学生知道，在达成目标的旅程中，我当前处在哪个位置上。

我如何能从当前的所在之处到达我想去的地方？良好的课堂评价不能止于对学生当前学习情况的判断，至关重要的是，要让学生明确如何从当前所在之处到达想要去的地

---

[1] Sadler, D. R. Formative Assessment and the Design of Instructional Systems[J]. Instructional Science, 1989, 18: 119-144.

方。课堂评价中收集的信息若不能转化为行动，那就只是"悬空的数据"；要让评价促进学习，就要帮助学生基于信息作出下一步行动的决策，并保证他们能够真正有机会开展指向改进的行动。

以上内容仅从学生视角描述了这三个问题，但事实上，良好的课堂评价也必须让教师回答类似的三个问题：我希望我的学生去哪里？他们当前在哪里？我如何才能帮助他们从当前的所在之处到达我希望他们所到达之处？

强调课堂评价在回答这些问题上的作用，实际上是在强调课堂评价的认知功能。相较于利用课堂评价的情绪动力功能，提升学生（也包括教师）对这些关键问题的认知，是促进学生学习的更靠得住的路径。

三、促进学习的课堂评价有何特征

什么样的课堂评价能够更有效地促进学生学习？促进学生学习的课堂评价的独特之处在于对学习者产生的积极影响，而不在于信息的形式，也不在于生成这些信息的情境。显然，从术语的字面意思看，促进学习的课堂评价自然得看它是否有效地促进了学习。然而，评价对学习的影响是正面的还是负面的，取决于评价怎么做。包括"信息的形式"以及"信息生成的情境"在内的众多因素都会直接影响评价的实际成效，比如，"何时生成信息""信息以分数、等级还是描述性信息来呈现"，的确不能直接决定评价对学习的影响，但会影响评价对学习产生的实际成效。这意味着，相对于不能促进学习甚至阻碍学习的课堂评价，促进学习的课堂评价一定有它的特征或者内在规定性。

那么促进学习的课堂评价具有什么样的特征呢？我们先来看一些已有的研究结论。[①]

（一）布莱克和威廉的框架

1998 年，布莱克和威廉总结了实施形成性评价的课堂的 7 个特点：持续的评价是教学的一部分；清晰界定学习目标和评价标准，并与学生分享；学生积极参与其中；学生有机会进行自我评价；教师相信所有的学生都能改进自己；评价数据用于驱动教学；强调学习的改进，而不是分数等级。

（二）斯蒂金斯等的框架

2004 年，斯蒂金斯等从课堂评价的五个关键要素视角提出了促进学习的课堂评价

---

① 尽管一些学者对促进学习的评价与形成性评价做了区分，但从当前对形成性评价的新理解出发，两者本质上是一致的，即都强调运用评价来促进学习。因此，这里所引的已有研究既包括促进学习的评价，也包括形成性评价。

的五个关键特征（见表 1-2）。

表 1-2　斯蒂金斯等的促进学习的课堂评价的特征

1. 为什么评价？	评价过程和结果服务于清晰的、适当的目的。
2. 评价什么？	评价反映了清晰的、有价值的学习目标。
3. 如何评价？	学习目标转化为能生产准确结果的评价。
4. 如何交流？	评价结果得到很好的实施及有效的交流。
5. 如何让学生参与评价？	学生参与他们自己的评价。

（三）经济合作与发展组织的形成性评价框架

经济合作与发展组织于 2005 年提出了形成性评价框架，明确了形成性评价的六大要素。

要素 1：创建鼓励互动和评价工具运用的课堂文化。

要素 2：确立学习目标，并追踪学生个人朝着这些目标的进步。

要素 3：使用多样的教学方法来满足学生的多样需求。

要素 4：使用不同的方法来评价学生的理解。

要素 5：对学生表现进行反馈，对教学进行调整，以满足所确定的需求。

要素 6：学生积极参与学习过程。

（四）查普伊斯的框架

2015 年，查普伊斯以萨德勒提出的三个问题为基础，提出了促进学习的评价策略（见表 1-3）。

表 1-3　查普伊斯的促进学习的评价策略

我要去哪里？	为学生提供清晰易懂的学习目标和愿景。
	将好作业和差作业作为样例和示范。
我现在在哪里？	在学习过程中定期提供描述性反馈。
	教会学生进行自我评价并为下一步行动设定目标。

续表

我如何缩小差距?	根据学生需求确定下一步教学。
	设计有针对性的教学并进行有反馈的练习。
	让学生有机会追踪、反思和分享自己的学习。

（五）威廉的框架

2017 年，威廉同样以萨德勒的 3 个问题为基础，但从学生、教师和同伴 3 个不同的主体来审视这 3 个问题。理论上，从 3 个视角考察 3 个问题能产出 9 种策略，威廉将其中一些相关的策略作了整合，形成了 5 个方面的主要策略（见表 1-4）。

表 1-4　威廉的形成性评价关键策略

	学生要去哪里	学生当前在哪里	如何去那里
教师	明晰、分享并理解学习目标和成功指标。	引出学习证据。	提供促进学习的反馈。
同伴		激发学生成为彼此的教学资源。	
学生		激发学生成为自己学习的主人。	

上述框架有些关注的是形成性评价，有些聚焦于促进学习的课堂评价，有些则专门讨论促进学习的课堂评价；有些直接关注评价的特征或要素，有些则关注评价的策略。但是每一个框架都蕴含着对促进学习的课堂评价的特征的认识。从中我们能够窥见促进学习的课堂评价的一些重要特征。

背景知识 1-2

《PreK-12 教师课堂评价标准》基本框架

美国教育评价标准联合委员会（Joint Committee on Standards for Educational Evaluation，JCSEE）是一个非营利组织，由来自美国、加拿大等 16 个关注教育和评价的机构的代表自愿构成。2013 年 9 月，JCSEE 发布了《PreK-12 教师课堂评价标准》（Classroom Assessment Standards: Sound Assessment Practices for PreK‐12 Teachers），其基本框架如表 1-5 所示。

表 1-5 《 PreK-12 教师课堂评价标准 》基本框架

类别	标准	标准陈述
基础	F1 评价目的	课堂评价应当有清晰的支持教与学的目的。
	F2 学习期望	课堂评价实践应当与适当的学习期望和针对每个学生的教学相匹配。
	F3 评价设计	所用的课堂评价的类型和方法应当清楚地允许学生展示其学习成果。
	F4 学生参与评价	学生应当有意义地参与评价过程,并运用评价证据来加强自己的学习。
	F5 评价准备	教师和学生在资源、实践和学习机会上的充分准备是课堂评价实践的一部分。
	F6 告知学生及家长 / 监护人	课堂评价的目的和用途应指向学生,必要时包括家长和监护人。
运用	U1 分析学生表现	分析学生学习证据的方法应当符合评价的目的和实践。
	U2 有效的反馈	课堂评价实践应当提供及时的、有用的反馈以改善学生的学习。
	U3 后续的教学	对学生表现的分析应当支持教学计划和下一步骤以支持学生持续的学习。
	U4 等级和总结性评语	总结性的课堂评价等级和评语应当反映学生在学习期望上的成就。
	U5 报告	学生评价报告应当基于充分的证据,并以清晰的、及时的、准确的、有用的方式提供对学生学习的总结。
质量	Q1 文化和语言多样性	课堂评价实践应当应答和尊重学生及其社区的文化和语言多样性。
	Q2 特殊教育	课堂评价实践应适当地体现差异化,以满足所有学生的特定需求。
	Q3 免于偏见	课堂评价实践和后续的决策不应受与评价的意向、目的无关的因素的影响。
	Q4 效度	课堂评价实践应当提供能够支持关于每个学生的知识和技能的可靠的、决策的、充分的、适当的信息。
	Q5 信度	课堂评价实践应当提供能够支持关于每个学生的知识和技能的一致的、可靠的信息。
	Q6 反思	课堂评价实践应当被监控和修正,以改善其整体质量。

反思时刻

1-4

有人说促进学习的评价与形成性评价本质上是一致的，那是否表明"促进学习的评价"也一定就是在学习过程中实施的？形成性评价与总结性评价的区别不就在于评价的实施时间吗？请思考您之前具有的形成性评价的观念。

首先，促进学习的课堂评价要有清晰、明确且与学习目标一致的评价目标，并确保学生明确目标，知道达成目标的具体表现。

课堂评价旨在促进学生学习。在理想情形中，我们期望学生学习所有我们认为有价值的东西，然而这显然是不可能实现的。课堂评价期望促进也能够促进的是学校教育情境中的学习，这种学习通常指向有限目标。促进学生学习其实就是要促使学生达成学习目标。就此而言，课堂评价所要评的就是学生达成学习目标的状况：学生是否达成了学习目标？如果目标尚未达成，他是否在达成目标的正确轨道上？与目标的差距在哪里？如果所评与所要求的（目标）不一致，那么所收集的信息就无法用来支持学生更好地达成目标，就像您要去 A 地，而您所用的导航仪却拿您当前所在的位置与 B 地作比较，然后给您提供指引性的信息，这种信息显然无助于您到达 A 地——您的目的地。

自评时刻

1-3

在当前的课程教学改革语境中，有一个不算太新鲜但仍然需要反复强调的观念，即"教—学—评"一致性。您如何理解"教—学—评"一致性？无论怎样理解，其中都包含着评价尤其是课堂评价与教学一致的观念。那么评价与教学、学习如何达到一致？

　　这种一致性通常也被称为匹配。匹配的核心在于目标的一致性，即教学目标、学习目标、评价目标三位一体，教师教学想达成的目标就是学生的学习目标，评价欲评的就是教师所教且对学生有要求的那些东西，也就是学习目标。所有这三个方面的目标从根本上都源于课程标准，因此，"教—学—评"一致性的核心就在于课程标准统领下的教学目标—学习目标—评价目标的三位一体。换言之，评价与学习目标的匹配最终是落实评价与课程标准的匹配。而在评价与课程标准的匹配上，当前有诸多研究，许多学者或机构提出了各不相同的分析框架。比如，韦伯（Webb），一个关于匹配的著名研究者，就提出了一个颇具影响力的分析框架（见表 1-6）。

表 1-6　评价与标准匹配的维度与指标 [1]

维度	指标
评价内容与标准的内容一致	评价的内容类别与标准的内容类别相同或一致。
	评价要求的知识范围与标准规定的相同。
	评价和标准对不同的内容主题、教学活动和任务的强调是类似的。
	评价试题考虑了标准中不同目标的平衡。
评价的认知和技能要求与标准界定的期望紧密匹配	评价和标准在复杂性、认知要求和技能要求上一致。
	评价采用的形式应当适合标准中的目标。
评价的难度水平要与标准的要求相一致	

　　教师必须清楚地知道评价所指向的确切的学习目标。教师运用课堂评价来促进学生学习的路径主要有两条，一是运用课堂评价所收集的信息调整自己的教学，二是运用这些信息给予学生反馈，让学生能基于这些信息调整学习。无论哪条路径，教师都必须非常清楚评价所指向的学习目标是什么，唯有如此，才能基于评价信息判断学生在哪些目标的达成上存在问题，才能进一步采取有针对性的教学干预措施。试想，如果教师不清楚评价所评的学习目标，那他很可能只能判定学生在某道题上做对了还是做错了，却无法推断出学生做错的原因，因而也就无法采取有针对性的干预或补救。

　　要使课堂评价更好地促进学生学习，还必须让学生知道评价目标。课堂评价是为教学服务的，其目的与教学目标一致，因此课堂评价必须"去神秘化"，更不能"评非所教"。

───────────────

[1]　Webb，N. L. Criteria for Alignment of Expectation and Assessment in Mathematics and Science Education[R]. The Council of Chief State School Officers，1997.

教师必须设定或与学生共同设定清晰、明确的学习目标，并让学生知道，这些学习目标就是接下来评价所要评的目标。再进一步，还得让学生知道，达成学习目标的具体表现是什么，让学生拥有并理解能够证明目标达成的成功指标。当学生拥有与教师相近甚至一致的衡量成功的指标时，他就能在走向目标的旅程中更有方向，并能有效地进行自我监控、自我调节。

其次，促进学习的课堂评价必须借助可靠的方法，以引出对改进有意义的、可靠的学习证据或信息。

我们期望课堂评价促进学习，可教学本来就是促进学习，那为何还需要课堂评价？与教学相比，课堂评价对学习的促进作用是通过对学生学习状况的精准把握来实现的。没有对学生学习状况的精准把握，课堂评价就不可能促进学习，甚至其本身也就丧失了"评价"的属性。

在某些情境中，学生的学习状况可能会通过一些外部表现自然地呈现出来，就像年龄比较小的学生，明白或不明白都写在脸上，此时教师只需要有意识地关注、观察，就能获取学生学习的信息。但是，在更多的情况下，由于学习经常是内隐的，教师难以直接收集到学生学习情况的信息，此时就需要用一些专门的方法把想获取的信息引出来。在这种情况下，课堂评价的方法就非常重要。

所谓可靠的评价方法，关键的考量就在于这种方法能否将想引出的信息引出来。一种方法是否可靠，要看它能否引出我们所想要的信息。近20年来，新教师大多经历了笔试和面试两关，原因就在于校方或教育行政部门想要招聘具有实际教育教学能力的教师，且他们确切地知道，笔试这种方法无法收集关于新教师实际能力方面的信息。驾照考试之所以要安排"路考"，就是因为科目一那种在计算机上回答选择题的方法无法引出关于实际驾驶操作技能的信息。就此而言，一种特定的方法无法被认为绝对可靠或不可靠，实际情况是，一种方法可能是可靠的也可能是不可靠的，这取决于您运用这种方法来获取什么样的信息——计算机上回答选择题，是考查知识掌握（确切地说，是知识的记忆）的可靠方法，但不是考查操作技能的可靠方法；反过来，"路考"能够考查实际的操作技能，但我们很难从操作技能中推断出相关知识的掌握情况。

教师运用课堂评价想收集什么样的信息？笼统地说就是收集有关学生学习状况的信息，确切地说就是学生在达成学习目标的过程中的学习状况信息。因此，评价方法的选择一定要与学习目标紧密联系，甚至在很大程度上取决于学习目标：如果目标指向口头表达能力，那么您就必须选择、设计"让学生说"的方法，以引出证明学生口头表达能力的证据或信息；如果目标指向创造能力，那么您就可以运用纸笔测验，但一定不能借助选择题或者其他有明确"标准答案"的试题。事实上，评价的确有许多方法，但对于特定的评价目标，不同的方法具有不同的适应性，或者说，评价方法与评价目标之间存在着比较确定的匹配关系（见表 1-7）。就此而言，要确定评价方法是否可靠，关键的判断指标是所用方法与评价目标之间的匹配关系。

表 1-7　评价方法与评价目标的匹配关系 [①]

评价目标	评价方法			
	选择性反应评价	论述式评价	表现性评价	交流式评价
知识和观点	能够考查学生对知识点的掌握程度。	可以测量学生对各个知识点之间的关系的理解。	不适用——优先考虑其他三种方法。	可以通过提问来评价学生的回答，但很费时间。
推理能力	可以评价学生对某些推理形式的应用。	对复杂问题解决的书面描述，可以考查学生的推理能力。	可以观察学生解决某些问题的能力或通过成果来推断的能力。	可以要求学生"出声思考"或者通过讨论问题来评价。
表现性技能	可以评价学生对表现性技能的理解，但不能评价技能本身。	可以评价学生对表现性技能的理解，但不能评价技能本身。	可以观察和评价学生的这些技能。	非常适于评价学生的口头演讲能力；可以评价学生对技能表现的基础知识的掌握情况。
产生成果的能力	只能评价学生对创作高质量产品的能力的认识和理解。	可以评价学生对产品创作的背景知识的掌握情况；短论文可以评价学生的写作能力。	可以评价创作产品的步骤是否清楚，产品本身的特性。	可以评价程序性知识和关于合格作品的特点的知识，不能评价作品的质量。
情感倾向	可以探测学生的情绪情感。	可以探测学生的情绪情感。	可以根据行为和产品推断学生的情感倾向。	可以跟学生交谈，了解其情绪。

　　进一步讲，基于促进学习的目的指向，教师运用课堂评价不再是"为评而评"，教师之所以想收集信息，是因为接下来要运用这些信息。如果收集了信息，但又不去运用，那么无论评价本身有多可靠，所收集到的信息有多准确，评价都不能有效地促进学

---

① 斯蒂金斯.促进学习的学生参与式课堂评价：第 4 版 [M].国家基础教育课程改革"促进教师发展与学生成长的评价研究"项目组，译.北京：中国轻工业出版社，2005：77.

习。然而，"有用"恐怕不是一个绝对客观的指标，信息的有用性或可用性在很大程度上取决于教师的意图：我之所以想引出这些信息，是因为我想运用这些信息作出某种决策——"对改进有意义"就体现在这一点上。比如，一位教师在一个教学环节结束后安排了评价活动，该教师是想明确"我可不可以进入下一环节"，此时，他所需要的应该是当前班级在上一环节中的目标总体达成情况。但是，如果教师安排评价是想确定哪几个学生需要额外的补充性指导或干预，那么他就需要学生个体的目标达成信息。教师的不同需求或设想的信息用途会直接影响评价方法的选择和设计。比如，在前一种情况下，评价完全可以匿名；而在后一种情况下，评价就不能匿名。

再次，促进学习的课堂评价必须正确地运用评价结果，即所收集的信息。

前面我们强调了要收集有用的、可用的信息，但如果这些有用的、可用的信息没有实际加以运用，那么评价促进学习的功能就不能得到发挥，至少会受到极大的限制。医生借助望闻问切或各种现代技术收集了患者的身体状况的诸多信息，意在利用这些信息来开处方，如果仅仅收集了这些信息，却不用来支持关于患者的任何决策，既不开处方，也不提示患者日常注意事项，那么这些信息对于患者身体状况的改善就没有价值。导航仪收集了你当前所在位置的信息，是通过对你当前所在位置与你的目的地的比较从而给出下一步行动的指引。空调温度计收集当前的室温信息，是通过对当前室温与你所设定的目标温度作比较，然后将之反馈给空调中的工作系统，从而做出继续运行或者暂停运行的决策。教师通过课堂评价收集的信息也只有为教师自己所用（用来调整教学）并且为学生所用（用来调整学习），才能真正对学生的学习产生影响。

不过，现实中鲜有得出评价结果却不运用评价结果的情况。经常的做法是，运用评价，收集有关学生表现的信息，然后对这些信息进行编码，形成一个分数或等级，进而将分数或等级告知学生，有时还可能告知学生该分数或等级在一个群体中所在的位置。然而，评价结果的这种运用方式并不是促进学习的评价所要求的"运用结果的正确方式"。正如前面所说，这种做法其实就是试图激发学生的学习动力，然后将改进工作留给学生自己。有时这种做法有成效，但并不总是有效，可能对某些学生有效，但并非对所有学生都有效。

评价结果的"正确运用"体现在两个方面：一方面，学生作为评价结果的用户，要运用相关结果调整学习；另一方面，教师作为评价结果的用户，要运用评价结果调整教学。教师还需要确保评价结果以适当的方式呈现并得到适当的解释。

评价结果最常见的呈现方式是分数和等级。无论是分数还是等级，其实都是对所收集的信息进行深度编码或加工之后得到的结果。一名学生在某次测验中得了85分，其实是将该生在构成本次测验的不同题目上的不同表现进行整合的结果。这样整合出来的结果对于某些情境——如高利害评价情境非常有用，因为它可以使学生之间的相互比较变得简单而方便。但是，毋庸置疑，这样的整合也使得原本比较丰富的信息被极度压缩，相应的评价结果甚至丧失了其信息价值——若不加以解释，一个分数或者等级可能传递不了关于学生学习的任何对改进有意义的信息：哪些目标已经掌握，哪些目标尚未掌握？失掉的分数是因为失误还是因为本来就未掌握？发生错误的原因在哪里？等等。极端情况下，两名在同一次测验中同样得了 85 分的学生，其各自失掉的 15 分很可能没有一分是重合的。要使这样的结果对改进有用，对结果的解释是不可或缺的。但这种解释不能是高利害评价中常用的那种解释，即根据所在群体的总体表现解释某个分数的意义（常模参照），而是要以预先设定的标准或学生先前的表现为参照系进行解释（前者为标准参照，后者为个体内差参照，见表 1-8）。

表 1-8　常模参照与标准参照

	常模参照	标准参照
参照系	常模群体	预定标准
性质	相对评价	绝对评价
用途	确定个体在群体中的位置	确定个体表现与标准要求的差距
适用情境	心理测量或高利害选拔考试	日常学习评价
结果的含义	学生所学相对于他人多（少）了多少	学生相对于预定标准学到了什么
可控性	学生无法控制自己的排名	学生可以控制自己学多少
对测验的要求	保证测验的区分度	保证测验正确反映目标的要求

　　无论是标准参照的解释还是个体内差参照的解释，本质上都是让通过整合或编码加工而得到的分数或等级回归到未整合或编码的信息。如此来看，将信息整合或编码成一个分数或等级的做法是否多余？诸多研究证明，的确如此，在课堂评价层面——如果我们期望它能促进学习——分数或等级不仅多余，甚至可能有害。对于改进最有帮助的信息是关于学生学习表现的具体信息，正如你去体检，你一定不期望医院提供的体检结果是一个分数或者等级，对你更有帮助的肯定是关于你身体状况的更具体的描述性信息。这也正是我们在评价结果之后加上"即所收集到的信息"的原因。

　　最后，促进学习的课堂评价一定是学生全程全面参与的评价。

　　传统上，学生在学习评价中扮演的角色就是被评价者，需要做的事就是配合学校、教师在特定的时间内按规定要求执行相关的指令，然后上交所完成的任务，再得到教师返还的加了分数或等级以及其他批改符号的试卷或作业，最后按教师的要求进行订正。在这一过程中，学生基本上是被动地参与的，这严重地限制了评价在促进学生学习上作用的发挥。

评价对学习的影响，无论是正面的还是负面的，都不是直接的。这种影响是通过一些中介而发生的，其中最重要的中介就是学生自己。换言之，评价对学生学习的促进最终要靠学生发挥自己的主体作用才能实现（见图1-1）。教师的教学、指导都必须通过学生的行动而发挥作用，教师基于评价给出的反馈同样只有在学生运用了反馈信息之后才能对学生的学习产生影响。而学生要运用反馈信息，他首先必须接受并真正理解反馈信息，如果他不认可、不接受或不理解反馈信息，那反馈信息就很可能不会被运用，或者运用得有偏差；学生要认可、接受、理解反馈信息，就必须理解评价的标准。就此而言，学生参与的课堂评价，应当超越当前实践中自评、互评的常规做法，从标准指标的设定开始，到基于评价结果采取行动，并就行动的过程和后果进行反思，整个评价过程都要让学生参与其中。

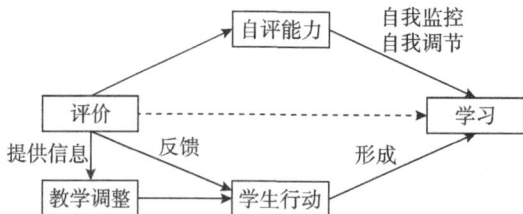

图1-1 评价对学习的影响路径

同样重要的是，评价本身就是学生学习目标的重要组成部分——你应该知道，在布卢姆的教育目标分类学中，评价与知识、领会、应用、分析、综合一样，都是认知学习领域的重要目标。作为认知领域中的高阶认知技能，学生只有在评价实践中才能学会评价，正如学会分析不能仅靠记住分析的要领而必须有实际进行分析的机会。如果学生没有参与、实施评价的机会，那么评价这种高阶认知技能就难以形成。而当学生有机会参与评价时，就更可能学会评价，从而发展自我评价的能力，实现对学习的自我监控、自我调节——一旦自我评价能力得以发展，就会反过来对学生未来的学习甚至更长远的生活或工作产生极为有益的影响。从这一意义上讲，套用叶圣陶先生的名言"教是为了不教""评是为了不评"同样成立。

本章主要参考文献：

1. Stiggins，R.，Arter，J.，Chappuis，J. Classroom Assessment for Student Learning：Doing It Right-Using It Well[M]. Portland，Ore.: ETS Assessment Training Institute，2004.

2. Sadler，D. R. Formative Assessment and the Design of Instructional Systems[J]. Instructional Science，1989.

3. 查普伊斯 . 学习评价 7 策略：支持学习的可行之道 [M]. 刘晓陵，等译 . 上海：华东师范大学出版社，2019.

4. 迪伦·威廉 . 融于教学的形成性评价：原著第 2 版 [M]. 王少非，译 . 南京：江苏凤凰科学技术出版社，2021.

5. 卡桑德拉·埃尔肯斯，等 . 有效评估 188 问 [M]. 王少非，王炜辰，译 . 南京：江苏凤凰科学技术出版社，2024.

6. 王少非，等 . 促进学习的课堂评价 [M]. 上海：华东师范大学出版社，2018.

第二章 课堂评价技术的内涵与应用

首次听到"课堂评价"这一说法时，你是否觉得课堂评价很简单？课堂评价不就是对学生的课堂表现进行回应吗？在阅读了上一部分内容之后，你已经知道，课堂评价确实包括对学生课堂表现的回应，但不限于这些。然而，你也许会觉得，那些道理我都懂，我想知道的是怎么做的。的确，在很多教师心中，评价一直以来就是一项高难度的工作，涉及大量的技术成分，其中包括很多数理统计方面的技术，让人望而生畏。课堂评价也是一项技术活，比如，如何分解课程目标形成教学目标，如何将教学目标转化成评价目标，如何设计适当的评价方法，如何收集和整理有关学生表现的信息，如何将评价结果反馈给学生，如何运用评价结果支持教学决策等，这些活动无不包含着技术因素。好在课堂评价不存在可能让你望而生畏的那些技术，恰恰相反，所谓的课堂评价技术经常是一些操作相当简便，易于教师上手的做法。

第一节 课堂评价技术的内涵

一、什么是课堂评价技术？

从字面意思上看，所谓的课堂评价技术就是指课堂评价中所涉及的那些技术。在英文文献中，课堂评价技术已经成为一个专有名词，即 Classroom Assessment Techniques，通常简称为"CATs"。

课堂评价技术是随着课堂评价的兴起而逐渐发展起来的。在课堂评价成为一个相对独立的研究领域之前，如今被称为"课堂评价技术"的一些做法实际上就已经存在，比如，苏格拉底对话，就是教师通过持续的提问引出学生关于某些主题的理解；又如，让学生运用某种手势表达自己的学习情况，或者根据学生的学习结果对学生进行分组并开展补充教学……只不过，这些在当时更多被视为教学的技术。课堂评价成为相对独立的研究领域后，不断有学者试图总结、梳理、创造那些主要用于教学过程中的能够快速收集学生学习状况的信息或检查学生的理解情况的做法，其中，最初的集大成者是美国学者安吉洛（Angelo）和克罗斯（Cross）。两人于 1988 年合作出版了《课堂评价技巧：大学教师手册》，并在 1993 年进行了修订。

反思时刻
2-1

　　根据上文对课堂评价技术的理解，你是否能在自己的实践中找到一些可称为课堂评价技术的做法？很可能你已经开发出了一种新的课堂评价技术。若有，请描述你的做法。

　　在安吉洛和克罗斯的研究中，课堂评价技术主要定位于"即时"的课堂反馈技术，目的不是对学生学习作出价值判断，而是了解当前的课堂情况，从学生那里获得即时的反馈。他们发现，很多教师以为学生学到了他们所教的东西，结果却在期末考试时得到了"令人失望"的反面证据，而此时再进行补救为时已晚。为此需要开发出一系列技术，用来支持教师在课堂中快速简便地了解学生的学习情况，从而作出及时的调整和补救。

　　本书主要从字面意思来理解课堂评价技术，即课堂评价中所用的相对固化的操作技巧。这些操作技巧不仅仅涉及收集信息的那些技术，也涉及收集信息这项具体活动之前及之后环节可能涉及的技术——换言之，本书所指的课堂评价技术包括从明晰目标到运用评价结果这一完整循环的全过程所涉及的简便、有效的操作技巧。除此之外，本书所讨论的课堂评价技术与安吉洛和克罗斯的课堂评价技术以及其他课堂评价技术或"快速检查"还有几个重要的差异。

　　第一，明确课堂评价技术应用的目的在于"促进学习"。以往强调的课堂评价技术，事实上隐含着促进学习的目的，但本书明确是在"促进学习的课堂评价"语境下来讨论课堂评价技术，特别强调技术应用的价值和目的，即促进学生学习。

　　第二，包括快速收集学生学习信息的技术，但不局限于"引出、收集信息"的技术。以往的课堂评价技术主要定位于快速收集、检查学生的理解情况，快速收集来自学生的反馈，本书尝试将课堂评价全过程所涉及的技术包括在内。

　　第三，包括书面的技术，但不限于书面的技术。关于课堂评价技术的讨论，有些聚焦于书面的方法，这对于他们的定位——大学课堂评价，是合适的。对于中小学课堂评价，借助书面的技术固然必要，但肯定不限于书面的技术，尤其是对年龄较小的学生。因此，本书中的课堂评价技术纳入了大量非书面的技术，包括一些借助口头表达的，借助动作的以及借助可视化方法的技术。

第四，尝试将技术与工具整合起来。技术一定涉及一套操作流程和规则的实际应用，通常回答了"怎么做"的问题，涉及一系列的行动或操作。但是技术经常是与工具联系在一起的——从某种意义上讲，技术实际上就是人使用工具的动作的组合；甚至就像狄德罗的《百科全书》所界定的那样，技术是为某一目的共同协作组成的各种工具和规则体系，技术本身就包括工具。因此，本书在呈现很多课堂评价技术时，还会呈现相关的工具。

二、课堂评价技术的特征

评价的技术有很多，尤其基于心理测量学的大规模评价在经历了百余年的发展之后，已经具备了"硬科学"的诸多特征，有大量成熟的技术；教师在日常实践层面的评价也有很多收集学生学习信息的简单做法，如在自然情境中的观察、交流等。那么，课堂评价技术与大规模评价中所运用的技术或日常的观察交流有何不同呢？课堂评价技术有它独有的特征。笼统地说，与大规模的外部评价相比较，我们可以随时运用课堂评价技术。课堂评价技术不需要占用太多专门的时间，可以嵌入教学过程之中，甚至有时还能融于教学过程，与教学成为一体，以至于很可能难以与教学技术、策略、方法相区分；课堂评价技术相对更不正式，大多是教师根据自己当下面临的情境选择、开发、实施的，具有高度的情境性、灵活性；可以快速地收集、处理信息，能够保证教师和学生及时地对所收集的信息作出教学或学习回应。与自然情境中的观察交流相比较，课堂评价技术更加正式，通常需要有预先的计划、设计，也更有结构，可以保证收集关于学生学习的更为准确的信息。具体而言，课堂评价技术具有以下特征。

①可以快速实施。这是课堂评价技术的一个非常有价值的属性，甚至可以说是课堂评价技术的核心价值的来源。奥苏伯尔说，教育心理学的最重要的原理就是要搞清楚学生已有的基础，并把教学建立在这一基础之上。如果不能快速实施评价，那么即使评价非常精准，也无法保证教师将教学建立在学生已有基础之上。正因如此，威廉说批改作业是对一些教师的惩罚。课堂评价技术本身就定位于在教学实施过程中快速地收集正在发生的学习信息，从而便于在教学过程中及时运用信息来解决学生学习上的问题，作出教学调整。有些甚至将相关的技术称为"试纸条"（dipsticks），就好像一些化学试纸，可以快速检测。因此，所有的课堂评价技术通常都是操作简便、程序简单的做法，学生不需要花很多时间就能完成，教师也不需要像编制测验题那样花很多时间来设计，也不需要花很多时间来收集处理信息，因而能够快速地根据收集的信息来作出回应，甚至能

够像导航仪那样作出"实时""即时"的回应。

②能与教学紧密结合。这同样是课堂评价技术的极有价值的属性之一，也是课堂评价技术核心价值的来源。一方面，课堂评价与大规模的外部评价不同，课堂评价本身没有独立的价值，其价值从属于教学价值。因此，很多课堂评价技术似乎不具备通常所理解的评价的"价值判断"属性，看起来不像是以往所理解的"评价"，倒像是教学的技术或策略。从实施的角度看，课堂评价技术能够让评价在自然的教学情境中发生——当评价发生时，学生甚至可能不会觉察到，就像许多视频游戏中的"隐藏的评价"一样；此外，课堂评价技术还有一个特点使得它不宜与教学区分，那就是，绝大多数的课堂评价技术经常是非评判性的，无需像常规的测验考试那样运用分数、等级来给个体打分，甚至有时学生是完全匿名地参与评价。用分数、等级来评定，在很多教师印象中就是"评价"的本质特征，对于学生也是如此。没有分数，没有等级，学生很可能不会把这些视为评价。能与教学紧密结合的另一个方面是，课堂评价技术经常需要依据特定的内容来调适，因而得到的信息通常与当下的教学内容和目标直接相关，从而可以直接用于教与学的决策。

③有结构，但能灵活调适。相对于自然情境中的观察、交流，课堂评价技术更有结构。实际上，一种做法能被称为技术，通常都会涉及一套做事的流程、方法，可能会涉及工具的运用及做事的规则。每一种特定的课堂评价技术都会包含一些基本的结构成分，这些结构成分有相对固定的程序，这些程序中的不同环节的行动遵循一定的规则，因此课堂评价技术体现出一定的结构化程度，尽管这种结构化相对于标准化的高利害评价要低得多。有时某种课堂评价技术中的某些成分发生了改变，这可能会让它变成另一种技术，比如，若将"一分钟测验"中的问题"你在本课中学到的最重要的是什么？你未能解决的最重要的问题又是什么？"变成"本课学习后还存在哪些不明白的地方"，它可能就变成了另一种常见的技术"最难理解点"。但是，课堂评价技术的结构化并不意味着其实施一定要遵循某种刻板的流程，相反，课堂评价技术若要真正有效，其在实施的时候必须依据具体的情境，如学生年龄、学科内容、目标类型等进行调适，而且，尽管有些课堂评价技术只适用于特定的学科或特定年龄阶段的学生，但大部分课堂评价技术因为不具备非常高的结构化程度，可以进行灵活的调适，从而适应不同情境中的评价。

④不很正式，但经常需要计划。相对于中高考等标准化的高利害评价，甚至常见的单元测验或期中考试等，课堂评价技术似乎很不正式，但这并不表明课堂评价技术的应用很随意。实际上，从某种角度讲，课堂评价技术的应用甚至比那些常规的测验、考试要求更高——至少，课堂评价技术旨在获得对接下来的教与学的直接有用的信息，因而

必须考虑教与学的需求，而以往定位于对学生学习做评判的评价经常不需要考虑如何满足教与学的需求。课堂评价技术的运用本质上是"决策驱动的评价"，也就是说，教师必须先预见自己在教学过程中需要做出什么样的决策，进而明晰要做出这样的决策需要什么样的信息，再来确定要获得这样的信息需要运用什么样的课堂评价技术。换言之，若想使课堂评价技术真正有效，教师就得提前做好计划。

反思时刻
2-2

在你的日常实践中，有没有一些符合上述特征的课堂评价技术？

我们相信，你一定拥有类似的技术，只不过，你很可能没有将之视为课堂评价技术，而可能将之归为教学策略、教学方法之类，或者，你可能有相关的做法，只是没有给这种做法起一个合适的名称。

请写下你的一些做法。说不定本书后面呈现的一些具体技术就源于你的实践。

第二节　课堂评价技术的来源与类型

一、课堂评价技术的来源

本书后面章节讨论了大量具体的课堂评价技术，这些课堂评价技术主要有两大来源。一是关于课堂评价的文献，这一来源又具体分为两个支脉，这与本书主要作者的研究历程有关。本书的主要作者在课堂评价领域已经研究近 20 年，研究前期主要聚焦于促进学习的课堂评价理论研究，在这一阶段积累了大量关于课堂评价的中外文献，其中有些文献涉及相关的实践案例和实用技术，这些就成为本书中讨论的课堂评价技术的重要来源。在最近七八年中，本书的主要作者开始转向促进学习的课堂评价实践研究，与合作伙伴一起收集了关于课堂评价技术、形成性评价技术领域的一些重要文献，其中包括威廉的《融于教学的形成性评价》(*Embedded Formative Assessment*)、吉莉（Keeley）的《科学形成性评价：联结评价与教学、学习的 75 种策略》（*Science Formative Assessment: 75 Practical Strategies for Linking Assessment, Instruction, and Learning*）、费希尔和弗雷（Fisher & Frey）的《为理解而检查：课堂中的形成性评价技术》（*Checking for Understanding: Formative Assessment Techniques for Your Classroom*）、查普伊斯的《学习评价 7 策略：支持学习的可行之道》（*Seven Strategies of Assessment for Learning*）等，其中有些直接关注技术，有些包含了大量技术层面的内容，这些文献成为本书课堂评价技术的主要来源之一。

在促进学习的课堂评价实践研究阶段，作者在多个区域与多所学校合作开展了相关实践研究。在这一过程中，一方面收集了一线教师中日常运用的一些行之有效的课堂评价实践操作，另一方面也有意识地指导教师开发了自己的课堂评价技术，积累了一些非常重要的素材。这些素材就是本书中课堂评价技术的另一主要来源。

基于文献和实践素材，作者还对相关技术作了筛选，最终对纳入本书的课堂评价技术特别关注以下几个方面。

第一，有效性。这里的有效性不是传统心理测量学范式中的评价效度，即能否从评价结果中作出关于学生学习的准确推论，而是超越常规效度观，关注评价技术的后果效度，即对教师教学改进和学生学习改进的实际影响。在选择时重点关注两个方面：一是看有没有基于实证的效果证据，排除那些缺少实证成效证据的技术。二是看是否符合促进学习的评价原理，即使有研究宣称某种技术有成效，但若其实施不符合促进学习的课堂评价的基本原理，那么这些技术也同样被排除在外。

第二，易用性。有效的课堂评价技术之所以能够促进学习，关键之一在于其能够融入教学过程之中、快速便利地实施。因此，可用的课堂评价技术必须易于操作，不能占用太多课堂教学时间。

第三，适应性。课堂评价技术与"课堂"的确存在紧密的关联，不同学段不同科目的课堂经常有其适合的课堂评价技术。本书所选的课堂评价技术考虑了学段特性，主要定位于基础教育阶段，因此不考虑主要适用于高等教育的那些技术；不考虑科目的特性，主要选择那些对不同科目的课堂具有普遍适用性的课堂评价技术——有些技术可能在不同科目中有不同的变式，我们会在行文中指出。此外，本书选择的课堂评价技术还考虑了其能适应多种课堂结构，如个体学习、小组学习或班级授课，同时，所选的技术不会受学校、课堂等物质条件的太多限制。

第四，吸引力。如果期望评价能够更好地促进学生学习，那么评价就必须让学生主动参与其中。实际上，任何以学生学习为对象的评价都需要学生的配合，如果评价活动不能吸引学生参与，甚至不愿对评价技术作出反应，那么评价就不可能实现其功能。因此，在选择课堂评价技术时，我们也特别关注相关技术对学生的吸引力，关注相关技术能否激发学生参与其中的愿望。

二、课堂评价技术的分类

绝大部分的课堂评价技术源于一线教师的创造性工作，因此，如果你关注课堂评价技术方面的文献，很可能会发现，一些做法实际上差不多，但在不同的教师那里可能有不同的名称。有些有具体的做法，但可能没有合适的名称，以至于有些技术拥有一些不像"名称"的名称，比如，"找我之前先找三名同学"（C3B4ME），又如"如果你不知道，我会回到你身边"，这使得对课堂评价技术的系统分类变得非常困难。

事实上，很多关于课堂评价技术的讨论并未对具体技术进行分类，如安吉洛和克罗斯没有对他们所提出的课堂评价技术进行分类；吉莉在讨论科学中的形成性课堂评价技术（FACTs）时，按首字母顺序列举了 75 种技术，同样未加以分类。但有些相关的讨论从不同的视角对相关技术（或策略）进行了某种分类，如雷吉尔（Regie）列举了 60 种形成性评价策略，并简单地分了两类：教师用的策略和学生用的策略；费希尔和弗雷在讨论"检查学生的理解"时从方法角度对相关做法进行了分类：运用口头语言、运用问题、运用写作、运用项目和表现、运用测验、运用共同评估；教学思维团队则按学生在评价中的反应方式将其"日常形成性评价策略"分成了 5 个类别：动觉策略与技术、基于讨论的策略与技术、视觉策略与技术、书面策略与技术、数字化策略与技术。

如前所述，本书所讨论的课堂评价技术容纳了课堂评价全过程中所涉及的技术，因而可以从课堂评价系统以及促进学习的课堂评价关键特征的视角对课堂评价技术进行粗略的分类。威廉在其《融于教学的形成性评价》一书中就将 70 余种技术归入 5 种策略之中，基本上就采用了这种归类视角。在本书中，我们尝试综合考虑课堂评价的基本要素，以及促进学习的课堂评价的基本特征，在此基础上构建促进学习的课堂评价的五大策略，并以此作为课堂评价技术的分类框架。

我们之前已经讨论了促进学习的课堂评价的应有特征，换一个视角，那些特征也就可以被理解为促进学习的课堂评价策略。或许，根据特定的课堂评价技术对课堂评价不同策略的支撑作用来对课堂评价技术进行分类，是一种可行的思路。我们在前面总结了促进学习的课堂评价的四个特征，相应地，促进学习的课堂评价策略也可以分成四类，而由于不同的课堂评价技术经常用来支撑这些不同的策略，因此可以归入不同的策略之中。由于一类策略可能会涉及多个方面的要求，比如，有关"目标"的策略，既涉及"设定评价目标"，又涉及"与学生分享目标"；有些策略的实施经常需要先解决一些前提性的问题；比如，"正确运用评价结果"，首先需要"对评价结果进行处理和解释"，因此，在四大策略之下，我们大致上可以梳理出 6 类技术（见表 2-1）。

表 2-1　促进学习的课堂评价策略与技术

策略	子策略	课堂评价技术类型
必须有清晰明确且与学习目标一致的评价目标，并确保学生明确目标，知道达成目标的具体表现。	设定清晰明确且与学习目标一致的评价目标。	目标设定的技术
	与学生分享目标。	目标分享的技术
必须借助可靠的方法引出关于改进的有意义的、可靠的学习证据或信息。	引出有关学生学习的可靠信息。	引出学习证据的技术
必须正确地运用评价结果。	适当地处理和解释评价结果。	证据处理和解释的技术
	教师和学生有效地运用评价结果。	结果运用的技术
必须让学生全程全面参与评价。	学生参与评价。	促进学生参与的技术

这种分类有学理上的依据，逻辑上讲是成立的，但有些技术的确具有综合性，并不局限于课堂评价过程的某一环节。不过，我们期望本书所提供的课堂评价技术更具有实践性、操作性，因而尝试从这一视角来对课堂评价技术进行分类，并以此分类作为后面各章具体的"课堂评价技术"的组织框架。

但是，由于不同策略领域研究的深度不同，在以往关于课堂评价的研究中，关于不同策略的研究并不平衡，有些领域有非常深入的研究，比如，涉及"有效反馈"的研究有漫长的历史，而以往有关课堂评价技术的研究主要聚焦于"引出学习证据的技术"，因此相关研究成果相当丰富。但是，尽管有些领域的研究历史同样很漫长，成果同样很丰富，但更多是心理测量学视野中的评价技术，比如，经典测量理论"项目反应理论"中的"双向细目表"以及评定技术，这些并不完全适用于课堂评价，而在这些领域中适用于课堂评价的相关技术的开发相对滞后，成果较少。而且，促进学习的课堂评价的某些重要的策略直至新近才得到较为普遍的关注，比如，评价结果的呈现，基于评价结果的教学干预，总体上相关研究成果（包括成型的技术）相对较少。鉴于上述现实，本书后面章节内容对6类技术作了重新组织，将"目标设定的技术"与"目标分享的技术"合并，并将"结果运用的技术"按运用主体——学生和教师，拆分为"有效反馈的技术"和"有效干预的技术"两类。

需要说明的是，本书对课堂评价技术的分类主要出于三个方面的考虑：一是出于呈现或表达方面的需求，二是为教师选用相关技术提供一个粗略的索引，三是明确不同技术的主要作用。这种分类并不表明不同类别的技术互不关联。实际上，某一类别中的某种技术的有效运用经常需要其他类别的相关技术的支撑，而且某种具体类别中的具体技术也可以进行扩展，形成一套综合的技术，比如，我们根据"出口卡"的核心功能将其放在"引出学习证据的技术"中，但出口卡一定会涉及数据的处理，如其最简单的处理方式又被放在"证据呈现与解释的技术"之中，当不同类别的相关技术整合起来运用时，会成为一种具有综合性的课堂评价技术。

第三节　课堂评价技术的应用

教师运用课堂评价技术的出发点在于改进教与学，从而提升教学的效果和质量。然而，尽管本书后面部分罗列的上百种课堂评价技术的确符合促进学习的课堂评价原理且部分还得到实证证据的支持，但并不表明只要用了这些技术，就能产生预期的成效。确保这些技术的运用成效并非简单的事情，如在后面章节所看到的，所有技术都很简单，没有非常复杂的操作流程，在课堂中可以轻而易举地依样操作，但难的是，如何在适当的情境中为特定的目的选择适当的技术并加以运用。正如课堂评价的成功需要遵循相应的指南，课堂评价技术的应用也必须遵循一定的基本要求。

背景知识 2-1

安吉洛的成功课堂评价指南

安吉洛根据上百位有经验的课堂评价者的建议提供了保证课堂评价成功的七条指南。

- 如果你不想知道就别去问。不要去寻找关于你不能或不想改变的事的反馈。
- 收集的信息不要太多，应限于你能分析且下一次课能回应的反馈。

- 不要简单地运用他人的评价技术，要调适适合你的学科和学生的评价技术。

- 要明白所获得的反馈如何帮助你和学生改善自己。如果你不知道信息如何有助于改善，就不要进行评价。

- 利用霍桑效应。如果学生知道你运用课堂评价技术来促进其参与，他们就可能更为投入；如果学生知道你用课堂评价技术来促进反思和元认知，他们就可能发展这方面的能力。

- 教学生如何给出有用的反馈，让学生知道如何做是非常有价值的。

- 构建反馈环。让学生知道你从这些回答中了解了什么，以及你和他们如何运用这种信息来改善教与学。

资料来源：Angelo，T. A. Classroom Assessment：Guidelines for Success.

一、创建以学为中心的氛围

课堂氛围对于课堂评价技术的运用成效非常重要。课堂氛围受很多因素的影响，教师和学生所持有的评价观念和实际开展的评价实践就是一个影响因素。按照斯蒂金斯和考克林的观点，课堂中存在着一种由评价所创建的文化品性，课堂氛围是竞争的还是合作的，是安全的还是具有威胁性的，在很大程度上就是其中所实施的评价的产物；反过来，某种课堂氛围一旦形成，又会鼓励某些特定的评价实践而抑制另一些评价实践，与这种氛围相冲突的评价实践很可能就难以进行有效开展。

尽管教师都很清楚自己在日常实践中实施的评价与中高考之类的外部高利害评价不同，但是，除了适用于外部高利害评价的那套规则和技术之外，教师似乎没有被提供给另一套不同的实践常规，因此，教师日常实践中的评价经常模拟甚至是过度模拟了外部评价。这种实践强调价值判断或"证明"，强调对学生的区分，强调机械的"公平"，强化学生之间的竞争……在这种实践所造就的课堂中，评价对于学生而言是一个"秘密花园"，永远蒙着神秘的面纱，学生只需要接受结果，而这种结果是不可争议的；学生经常会以"超过他人"为成功标准，会过度关注分数等结果，甚至可能为追求分数而产生一些不合伦理的行为，却因此完全失去对真正的学习的关注；学生可能将评价视为一种潜在的威胁，将可能的失败视为对自尊的伤害，因而尽力避免诚实地暴露自己学习上存在的不足或问题。当这样一种氛围形成且成为常态时，我们所说的课堂评价技术的应用就会受到负面的影响。很显然，某些课堂评价技术，如"重评"，或者某些课堂评价技术所拥有的一些特征，如很多课堂评价技术所要求的"匿名""无分"，都与这样的课堂氛围格格不入。

自评时刻
2-1

看看表 2-2 中的说法是否符合你的日常评价实践。

表 2-2　调查问卷

1	学生很清楚我的日常评价的常规做法。	□完全符合 □基本符合 □不确定 □基本不符合 □完全符合
2	当我在课堂中提问时不会有学生感到压力。	□完全符合 □基本符合 □不确定 □基本不符合 □完全符合
3	我的学生从不害怕被评价。	□完全符合 □基本符合 □不确定 □基本不符合 □完全符合
4	我的学生会每分必争。	□完全符合 □基本符合 □不确定 □基本不符合 □完全符合
5	如果学生的选择题空着，我会批评他。	□完全符合 □基本符合 □不确定 □基本不符合 □完全符合
6	我的学生会勇于表达自己的想法。	□完全符合 □基本符合 □不确定 □基本不符合 □完全符合
7	我会根据学生的实际表现确定他们的分数。	□完全符合 □基本符合 □不确定 □基本不符合 □完全符合
8	我的学生会主动寻求教师或同学的帮助。	□完全符合 □基本符合 □不确定 □基本不符合 □完全符合
9	我的学生不会因学习上出错而感到着耻。	□完全符合 □基本符合 □不确定 □基本不符合 □完全符合
10	我经常以班级排名来激励学生。	□完全符合 □基本符合 □不确定 □基本不符合 □完全符合

要使课堂评价技术发挥其应有功效，就应当努力营造以学为中心的课堂氛围。在这样的课堂中，所有学生的学习进步——真正的掌握而不是分数的提高——是一切教学、评价行为的出发点；评价不再是对作为一个人的学生的判断，不再成为对某些学生自尊的威胁，所有学生都能看到评价所传达的善意；评价不是为少数学生提供"成功"机会，而是所有学生的学习资源，是学生就学习进行自我反思和沟通协作的激发器；评价不再神秘，而是变得透明，成为将证据和解释整合起来的公开化的论证过程，所有学生都能看到评价的运行；所有学生都可以安全地表达或暴露自己的真实思考或想法，各种错误都会被当作学习的宝贵资源而得到珍视。

如果课堂评价技术能够在这样的课堂氛围中运用，那么课堂评价技术的功效可能会被成倍放大。然而，我们永远无法期望等到这样的课堂氛围完全形成之后再来运用课堂评价技术——如果不运用课堂评价技术，那么在课堂中只能依赖传统的评价实践；如果传统的评价实践在课堂中占据主流，那么以学为中心的课堂氛围的生长空间就只能被压缩。因此，尝试用一些课堂评价技术来推动课堂氛围的转型吧！

- 多运用能够让所有学生参与的技术，少用只能让少数人展示自己的技术。

- 多运用激发自我反思和合作交流的技术。

- 多运用一些匿名的技术，让学生逐渐习惯表达自己。

- 运用技术时不对学生做评判，运用技术展示用证据说话的过程。

- 让学生看到技术应用的效果，尤其是让他们看到你所做的教学调整。

- 无论选用什么样的技术，都要保持对学生反应的敏感性，并依据学生的反应调适技术的运用。

- 无论选用什么样的技术，都要让学生知道，这不是对他们的评判，而是为了更好地为他们提供帮助。

二、规划课堂评价技术的运用

相对于正式的需要专门时间的测验、考试，课堂评价技术的使用就显得非正式，结构化程度不那么高。但是这并不意味着课堂评价技术的使用不需要事先的规划。如果能够事先对课堂评价技术的运用进行规划并将之纳入教学计划中，往往能够起到事半功倍的成效。

所有技术的运用都服从目的，促进学习的课堂评价的一个重要特点就是其永远服从教学的需要，始终为了满足教学的需求而评，而不是为评而评。教师在选择运用何种技术、何时使用以及如何解释和运用结果时，首先必须明确的是要运用技术来做什么。比如，第四章中提及多种"引出学生学习证据"的技术，选用哪一种技术，或者对某种技术要做哪些调整，就取决于教师想获得什么样的信息——正如安吉洛的第一条建议所强调的，"如果你不想知道就别去问。不要去寻找关于你不能或不想改变的事的反馈"——这最终取决于教师想要做出什么样的决策。如果教师想在一个教学环节之后决定"是否进入下一个教学环节"，那么在运用课堂评价技术时就无须考虑能不能得到学生个体的信息，因此，各种匿名评价的技术是适当的；但如果教师要做出的决策涉及"哪些学生需要后续的补充性教学"，那么就需要运用能够获得学生个体学习信息的课堂评价技术，因此，匿名评价的技术就不合适了。

反思时刻
2-3

我们知道，教学过程中的评价很重要，我们事先设计评价，并将评价嵌入教学过程之中。那么，我们到底为何而评？只是为评而评吗？

因此，在教学设计阶段，教师就需要同时考虑课堂评价及其技术的应用：在何时用？用什么样的技术？花多少时间？得到的结果用来做什么？……表2-3能够为教师规划课堂评价技术的使用提供思考方向。

表2-3　课堂评价技术运用规划思考框架

问题	环节			
	1	2	3	……
我需要做出什么样的决策？				
要做出这样的决策我需要什么样的信息？				
运用何种技术能够让我获得这样的信息？				
如何运用这种技术以支持我将要做的决策？				

要明确运用何种技术，另一个关键前提是教师得事先了解一些评价技术，知晓不同技术的主要功能、适用范围、实施和分析所需要的时间和资源。前面讨论到的课堂评价技术的分类其实也初步明晰了不同技术的核心功能，具体的课堂评价技术也各有自己的特点，对教师和学生的要求就各不相同，如表 2-4 呈现的就是安吉洛和克罗斯所讨论的不同课堂评价技术所需要的投入。

表 2-4　不同课堂评价技术所需要的投入 [1]

课堂评价技术	预计需投入的时间和精力等级		
	教师的准备工作	学生作答	教师的数据分析
一分钟试卷	低	低	低
最难理解点	低	低	低
一句话总结	低	中	中
应用卡片	低	低到中	低到中
RSQC2	低	低到中	低
问题辨析	中	低	低
问题解决记录	低	中	中到高
背景知识调查	中	低	中
概念地图	中	中	中到高
定义性特征	中	低	低

三、选择与评价目标相匹配的技术

在一个评价系统中，评价目标居于核心地位，决定课程的评价的设计，评价方法、技术在很大程度上就取决于评价目标。比如，若语文评价目标是"读"，那么要用的评价技术一定包含学生口头表达的成分，各种以"写"为主要活动形式的课堂评价技术就不适用；若科学学科的评价目标指向"概念理解""推理""迁移应用"，所选用的课堂评价技术也应有所不同。简言之，当你想运用课堂评价技术引出学生的学习证据时，一定得清楚这是一种什么样的学习，所用的技术能否将想要获得的信息引出来；当你想运用课堂评价技术来提供反馈或进行教学干预时，你一定得考虑相关技术的运用能否帮助

[1] Angelo，T. A.，Cross，K. P. Classroom Assessment Techniques：A Handbook for College Teachers，(2nd ed.) [M]. San Francisco：Jossey-Bass，1993.

学生更好地达成目标。不同的课程经常有不同的目标，比如，体育课程会涉及更多的动作技能目标，而数学课程所涉及的技能目标主要关乎心智技能。因此，不同的课程适用的课堂评价技术一定存在差别，不同课程的教师需要选择适合自己特定课程的评价技术。

正如我们所知，目标思维是课程思维的核心，无论是教学还是评价，都必须充分考虑目标的要求，甚至要从澄清目标开始。不考虑目标的需求，而仅因某种技术有趣而选择它，那就偏离了运用技术的初衷。吉莉建议，选用课堂评价技术之前，一定要问自己一些与学习内容和学习目标相关的问题（见表2-5）。尽管她主要关注科学课程中课堂评价技术的运用，但这些建议对其他课程同样有意义。

表 2-5　课堂评价技术选择应当考虑的内容和目标问题 [①]

序号	应当考虑的内容和目标问题
1	我多大程度地理解了内容或技能？
2	这个学习目标是关于什么的？
3	什么样的具体观念为概念提供了意义？
4	这个科学过程包括哪些具体技能？
5	在我所教的水平上，什么内容对于发展是合适的？
6	对我所教的学生，什么样的复杂性水平是适当的？
7	在这一观念或技能中，学生应当理解和运用哪些术语？
8	什么类型的现象可以用来帮助学生理解这个想法？
9	哪些类型的表征可以让学习者理解内容？
10	为了培养理解能力，学生首先需要什么样的先导性思想或技能？
11	哪些观念或技能有助于培养学生理解和运用科学知识和技能的能力？
12	我预见到学生对此内容有哪些常见的固有观念或困难？

四、有效地运用课堂评价技术

课堂评价技术运用的规划和具体技术的选择会影响课堂评价技术可能产生的实际效能，但既然是"技术"，那么其实际成效在更大程度上取决于其实际运用——众所周知，

---

① Keeley, P. Science Formative Assessment: 75 Practical Strategies for Linking Assessment, Instruction, and Learning[M]. London: Corwin Press, 2008: 32.

同样的技术在同样的情境中由不同的人来运用，实际效果可能会存在巨大差异。

技术的有效性取决于技术运用者的熟练程度，如果你发现本书中某种技术很有意思也很有意义，打算尝试着去运用，那很好，但最好先想清楚这种技术的运用有什么样的限制条件，需要事先准备什么样的工具，如何收集和处理数据，所收集的数据或信息如何运用，用来做什么，等等。同样重要的是，要先在模拟情境中试试这种技术，就像实习生试教那样，自己先熟练地掌握这种技术。与此相关的另一种考虑是，不要同时尝试太多技术。作为本书中课堂评价技术的遴选者和共同开发者，我们当然乐见你去尝试本书中所有的技术，本书涉及的所有技术都有它们的价值——但我们还是强烈建议，你可以从中挑选适合你课程特点也适合你个人风格的那些技术，按照想尝试的程度形成一个技术列表，一步一步地来。总是运用一种技术可能会使学生感到厌倦，因而你需要运用多样化的技术，但请记住，技术的多样性不是首要的考虑，技术的适用性才是。

技术的有效性取决于技术的运用者，但这并不表明，课堂评价技术应用的有效性只取决于教师。课堂评价永远是教师和学生共同的活动，课堂评价技术的运用者一定包括学生。实际上，在课堂评价技术的应用中，教师和学生永远是一个共同体。几乎所有的课堂评价技术都需要学生的参与，在有些课堂评价技术的运用中，学生可能无须专门的学习，如一些接近纸笔测验的技术，但更多的课堂评价技术涉及完全不同的程序，对学生有不同的要求，那就需要学生有时间来学习、适应。因此，如何能让学生更好地参与课堂评价技术的运用，是一个很重要的考虑。这并非只需要借助选用"有趣"的技术来实现，也需要在运用过程中做更多的工作。以下建议也许会对你有帮助。

- 在开始运用课堂评价技术时，不要同时运用太多技术，运用一种课堂评价技术让学生逐渐掌握，然后引入另一种技术可能是一种适当的选择。

- 在初次使用一种课堂评价技术时，要向学生介绍这种技术，让他们清楚这种技术的运用流程以及对他们的要求。有时候，教师有必要专门花时间教学生使用这种技术或向学生示范技术的运用。比如，"运用样例"来明晰目标，这种技术的使用就需要相应的教学时间和练习时间。

- 在尝试一种新的课堂评价技术时，关注学生运用这种技术的情况，询问他们对所用技术的看法，收集他们对这种技术的反馈，用以支持这种技术运用的调整。

- 向学生解释运用某种特定课堂评价的具体理由，并让他们知道运用这种技术最终是为了帮助他们的学习。如果学生明确了技术运用的具体目的，他们会更愿意参与其中，对技术的反应质量将会更高。

- 在学生熟悉了一种课堂评价技术之后，考虑对技术的运用加以适当调适，或者运用其变式。如果反复运用同样的技术，学生很可能会厌倦。在熟悉的技术上加上一些新元素是一种好做法。有时还可以为特定的学生群体调整技术的运用，体现评价的差异化。

- 一定要让学生看到课堂评价技术运用的实际好处。实际的好处最终体现为学生学习的改进，但具体实施过程中的"实际好处"可能体现在很多方面，比如，学生面对评价更加放松而不会感受到威胁，表现得到回应，问题得到解决，或者是成绩得到提高。当学生看到评价技术有好的效果时，会更有意愿和动力参与其中。

五、在共同体中发展课堂评价技术

课堂评价技术的运用总体上是个性化的，其有效性受科目、课程目标、学生特点以及教师个人风格的影响。但这并不表明教师专业实践共同体无法在课堂评价技术的发展和完善中开展合作实践。相反，课堂评价技术的发展和完善在很多方面依赖共同体的合作，比如，如前所述，课堂评价技术的适当性和有效性在很大程度上取决于其与学习目标或评价目标的关联性，换言之，也取决于教师对学习目标或评价目标的准确把握，进而取决于对学生在达成特定目标过程中常见问题的准确把握，取决于教师对针对学生特定问题的有效的教学干预的准确把握。所有这些都不是单靠教师个体完成的。教师专业实践共同体在这些方面能够发挥巨大的作用。除此之外，课堂评价技术的运用就像教学，如果有常规化的观察、交流、分享课堂评价技术的机制，课堂评价技术的运用会取得更好的成效。以下方面的工作很重要。

- 合作澄清学习目标，形成关于目标的共识，并保证评价目标与学习目标相匹配。

- 合作明晰学生最容易出现问题的目标领域，或在达成特定目标过程中的常见先入观念或误解。

- 在课堂评价技术运用上相互观察，分析技术运用的成效及可调整或改进之处。

- 相互交流有成效的课堂评价技术，扩展个人的课堂评价技术库。

本章主要参考文献：

1. Keeley, P. Science Formative Assessment: 75 Practical Strategies for Linking Assessment, Instruction, and Learning[M]. London: Corwin Press, 2008.

2. 安吉洛, 克罗斯 . 课堂评价技巧: 大学教师手册: 第 2 版 [M]. 唐艳芳, 译 . 杭州: 浙江大学出版社, 2006.

3. 王少非 . 课堂评价 [M]. 上海: 华东师范大学出版社, 2013.

第三章　目标设定与分享的技术

在刘易斯·卡罗尔的《爱丽丝漫游奇境记》中，爱丽丝和猫有一段对话：

"请你告诉我，我该走哪条路？"爱丽丝问。

"那要看你想去哪里？"猫说。

"去哪儿无所谓。"

"那么走哪条路也就无所谓了。"猫说。

从这段对话中，您能得到什么启发？

如果不确定要去哪里，那怎么走都无所谓。当教师尚不清楚要让学生达成什么目标时，就考虑用什么样的方法教，安排哪些环节，确定让学生开展什么样的活动，是否合乎常识？

是的，这不合乎常识。然而，这与评价有什么关系？与教学一样，评价也必须有清晰明确的目标。

第一节　目标的重要性

课堂评价是一个系统，这个系统有多个要素，但不同的要素所发挥的作用通常存在差异。其中，评价目标是课堂评价系统中的关键要素，甚至可以说，评价目标决定了评价的具体设计，评价的内容、方法、工具等都在很大程度上受制于评价目标。

评价目标要回答的是"评什么"的问题。通常，"评什么"经常会被理解为要评的学习内容，比如"知识点"，但确切地说，要评价的不是知识点本身，而是学生对那些知识的掌握程度或学习水平。语文中的"推断"是一个知识点，但要评价的是学生是否理解了推断，是否能够进行推断；数学中三角形面积是一个知识点，但要评价的是学生是否理解了三角形面积，能否计算三角形面积，以及能否运用三角形面积公式来解决实际问题。无论是对一个概念的"推断"或"三角形面积"的理解，还是关于这些知识的实际运用，都已经不是学习的内容，而是学习的目标。评价目标就是要评价的学习目标，换言之，你期望学生学会什么，你就得评价什么。

这是当前倡导的"教—学—评"一致性的核心。教学、学习、评价相互匹配，关键就在于三者都指向相同的目标。如果目标不一致或不匹配，那么评价就不能起到促进学习的作用。

从现实来看，教师知道要用评价来反映学生的学习情况，也将评价结果视为学生学习情况的体现。然而，不能否认的是，有些时候甚至很多时候，评价所反映的很可能只是笼统的学习情况。"学得怎么样"，实际上可以有两种理解。一是不考虑对学习目标的学习情况。二是针对特定的学习目标，学生是否在正确的轨道上。如果在，现在在哪里，离目标的距离有多远；如果不在，在哪里出了偏差，偏差有多大，原因是什么。

反思时刻
3-1

在选择或设计作业、试题时，你是否总是清楚本题所指向的学习目标（注意，不只是知识点）？

在批改试题、作业时，你能否根据学生的表现推断出其在哪些目标的学习上还存在问题？

在整理评价数据时，你是否会按所考察的目标分别整理数据，或者只统计每道题的得分率？

评价之后要采取干预措施时，你是否会将在同一目标上存在问题的学生放在一起进行补充性教学？

课堂评价旨在促进学习。确切地说，课堂评价要促进的是学习目标所要求的学习。因而，教师必须明确评价目标，且保证评价目标与学习目标相匹配。唯有如此，教师通过评价获取的信息才能反映学生相对于学习目标的学习状况，这种信息才能用来支持自己的教学决策，支持学生的学习决策。当学生明确评价目标时，他在后续的学习上会更有方向，也更有可能运用目标来监控、反思自己的学习。

因此，如何设定目标并与学生分享，是课堂评价促进学习的关键影响因素。本章关注评价目标设定与分享的相关技术，并提供一些可用的工具；特别关注一些能够让目标设定与分享融为一体的做法，即目标设定过程，也就是目标分享过程。

第二节　目标设定及其技术

目标设定，也就是要确定学生的学习所要达成的结果。这是教学设计的第一步，也是评价设计的第一步。无论是教学设计还是评价设计，本质上都是事先的计划或规划，因而与所有的规划一样，都需要遵循"以终为始"的思路，从目标出发，围绕目标确定行动方案。理论上讲，当教学目标确定后，评价目标也就确定了。因此，这里讨论的目标设定从教学目标的设定开始。

众所周知，教学目标的设定不能是随意的。在正规学校教育情境中，目标居于核心位置，且以一个完整体系来呈现，多层目标之间存在明显的层级关系。在这些目标中，教育目的是国家政策文件明文规定的；在基础教育阶段，培养目标、课程目标（不含学期目标）同样是由国家相关政策文件明确加以规定的。课程目标就体现在国家课程标准之中，学期课程目标（通常呈现在课程纲要中）和教学目标（通常呈现在教案中）则是由教师自行制定的。但是，学期课程目标和教学目标由教师来制定，并不意味着教师可以任意确定这些目标——实际上在制度化的学校教育中，教师在理论上从来都没有确定教学目标的绝对的、完全的自由——在课程标准印发之前，教材是教学目标确定的依据；在有了课程标准之后，课程标准就成了教师确定目标的最根本的依据。

背景知识
3-1

教育目标的层级关系

- 教育目的：所有阶段、所有类型的教育都必须指向要达成的结果。

- 培养目标：指向教育目的。即特定阶段、特定类型的教育必须达成的目标，如义务教育培养目标或全日制本科小学教育专业培养目标。

- 课程目标：指向培养目标。某一特定阶段、特定类型的教育中某门特定课程希望达成的结果，即学生在学完这门课程以后要达成的结果，如义务教育语文课程目标，或全日制本科小学教育专业"课堂评价"课程目标。它可能体现为一门课程的总目标，也经常包括学生在一个较长的学习时段（如一个学段、一个学年或学期）结束时要达成的目标。

- 教学目标：指向课程目标。通常是在一个相对较短的学习时段中要达成的目标，一般体现为单元目标和课时目标。

当然，说课程标准是确定教学目标的根本依据，并不是说设定教学目标时只需要考虑课程标准。实际上，当教师在设定教学目标时，除了课程标准，至少还要考虑当前的学习材料以及自己所面对的学生。图 3-1 呈现的是一个整合课程标准、教材和学生三方面的依据来设定目标的基本思路。

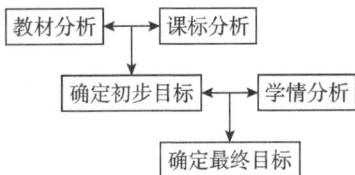

图 3-1 设定目标的基本思路

第一步，分析教材，推断其可能指向的潜在目标。教材是依据课程标准编写的，是为达成课程标准规定的目标的学习内容载体，其背后隐含着对学生学习结果的期望，甚至有时教材中也会直接提供关于学习目标的提示。比如，部编版小学语文三年级之后的教材每个单元都有这样的提示，如三年级上册第一单元"阅读时，关注有新鲜感的词语和句子。体会习作的乐趣。"，六年级上册第三单元"根据不同的阅读目的，选用恰当的阅读方法。试着在写事物时，融入感情表达看法。"教师需要通过对教材的分析来推断相关教学内容可能指向的潜在目标。如果教师在分析教材之前已经非常熟悉课程标准，那么所做的推断的准确性就会极大提高。

第二步，运用课程标准上的课程目标印证或修正自己的推断。推断出可能的目标之后就对课程标准进行分析，进而将所推断出的可能的目标与课程标准中的总目标、学段目标、学业质量标准中的陈述相比较，看看所推断出的目标是否符合课程标准的要求，是否有遗漏，或者是否超出课程标准的要求。在做了这样的印证或修正之后，教师可以确定初步目标。

第三步，确定初步目标后，教师还需要根据学生的实际情况对初步目标进行调适。有时，教师可能需要去除一些目标，因为学生已经达成；有时，教师可能需要将增加达成本目标所需的前备知识技能作为补充目标；更多时候，教师会结合学情确定重点目标或者对目标的优先顺序进行重新排列。

在这一过程中，最关键的支撑技术就是目标匹配，即如何确保所设定的目标与课程标准中的目标保持一致。这种技术通常可以借助以下流程来实现。

第一步，确定关键词。在相应的课程目标中寻找关键动词和核心名词。所有的目标简化之后都有相同的语法结构，即动宾结构。单一的名词成不了目标，仅有动词也不是目标的表述，目标描述的是"在什么上做到什么"，比如"辨认……简单几何图形"是一个目标，但"简单几何图形""辨认"都不是目标。首要的一步就是在课程目标中确定关键动词和核心名词，后者代表的是"教师需要教和学生需要学的内容"，前者代表的是"在这个内容上，教师需要教到哪种程度，学生应当学到哪种程度"。

第二步，对关键词进行剖析。对关键动词和核心名词进行分解，明确其所表达的意义或所包含的内容。相对而言，一贯重视知识点的教师可以很容易地确定核心名词所包括的内容，有时课程目标中甚至已经罗列了核心名词的内容，就像前面所引的"简单几何图形"——未尽之处就是"……"，但教师也可以轻易地确定这个"……"所包含的内容——一定是平面图形而非立体图形，一定是简单而非复杂的图形，一定不包括尚未教过的简单几何图形。难点在于分解动词，就是要确定动词的具体含义（"背景知识3-2"有助于您理解目标中所用的动词）。一种方法是思考：如果学生要证明他已经达到动词所要求的那种水平，那么他还需要做到什么？还是以"辨认……简单几何图形"为例，教师需要想清楚，学生需要在简单几何图形上做到什么，才能证明他已经会"辨认"。如果学生能从多种简单几何图形中"找出"某种指定的图形，能够对简单几何图形进行"命名"，或者能够对简单几何图形进行"归类"，显然都能证明他已经能够"辨认"。

第三步，形成剖析图。当关键动词和核心名词被加以分解之后，若对所分解出来的动词和名词进行重新组合，就会形成多种新的动宾结构词组，原先的 AB 结构，现在可以呈现为 A1B2、A1B3、A2B1、A3B5 等。图 3-2 就呈现了"辨认……简单几何图形"这一课程目标的剖析图，这些新的组合就可以形成教学目标。

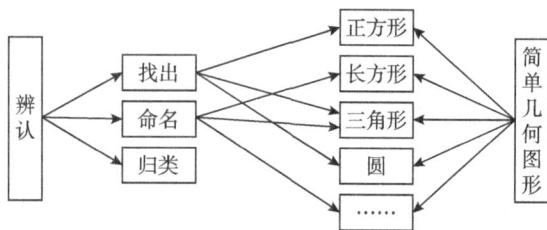

图 3-2　目标剖析图示例

如果教师所设定的目标在这些新的组合范围之内，那就表明所设定的教学目标与课程目标具有匹配性，或者说，所设定的教学目标对课程目标具有代表性。否则，教学目标就会与课程目标不匹配。

教育目标的类型

对学习目标进行分类，始于布卢姆等人的创造性工作。1956 年，布卢姆等出版了《教育目标分类学 第一分册 认知领域》，引起了巨大的反响。尽管随后出版的《教育目标分类学 第二分册 情感领域》《教育目标分类学 第三分册 动作技能领域》未能引发广泛的关注，但目标分类的思想成为学术界的主流，引发了诸多学者的研究。时至今日，仅认知领域，有影响的目标分类框架就不下 20 种。

在这些分类框架中，有些只考虑大的内容领域，而在具体的内容领域中，只依据目标所期望学生做出的反应来分类，如布卢姆的分类框架；有些只关注目标所期望的学生行为反应，如库尔马兹的分类框架和比格斯的 SOLO 分类框架；有些从内容视角来加以分类，如马扎诺等的学习模型框架；还有些则试图整合内容与反应，如安德森的分类框架。无论是何种分类框架，都会关注学生所做出的反应——即使是马扎诺等主要从内容视角进行分类，其中也仍然能够看出"反应"——从目标描述的角度看，这种反应就体现在动词上。

1. 布卢姆的分类框架

布卢姆等将学习领域分成认知、情感、动作技能三大领域，其中的认知领域目标分为 6 类：知识、领会、应用、分析、综合、评价。这些目标的差别具体反映在描述目标所用的动词上。

2. 加涅的学习结果分类框架

加涅同时考虑了多个领域的学习结果，根据内部心理实质和外部行为表现的不同，将学生的学习结果分为 5 类：言语信息、智慧技能、认知策略、动作技能和态度。其中言语信息、智慧技能和认知策略是认知领域的学习结果。

3. 库尔马兹的分类框架

库尔马兹同样聚焦于认知领域，将目标分成回忆、分析、比较、推断、评价。

4. 比格斯的 SOLO 分类框架

比格斯提出的"可观察的学习结果结构"从思维结构水平将学习结果分成 5 类。仅从类别名称看，似乎主要从内容上来分，但实质上这些思维结构水平体现的是学习者的反应方式，我们从 5 个类别的具体含义上就可以看出（见表 3-1）。

表 3-1　比格斯的 SOLO 分类框架

思维结构水平	具体含义
前结构水平	空白；回答与问题无关。
单点结构水平	学生能运用已有或题目中的单一知识点解决问题。
多点结构水平	学生能运用已有或题目中的两个或两个以上孤立知识点解决问题。
关联结构水平	学生能把已有或题目中的两个或两个以上孤立知识点进行有效整合，并用于解决问题。
拓展抽象结构水平	学生能把已有知识运用或拓展到新情境中，并解决相关问题。

5.马扎诺等的分类框架

马扎诺、皮克林、麦克泰聚焦于学习结果，将学习结果分成陈述性知识、程序性知识、复杂思考、信息加工、有效沟通、合作、思维习惯 7 类。这些类别似乎关注内容领域，但不同的内容其实隐含着对学生的不同要求，需要学生做出特定的行为反应。

6.安德森的分类框架

安德森对布卢姆的认知领域教育目标分类进行了修订，形成了一个认知目标的二维矩阵（见表 3-2）。

表 3-2　安德森的分类框架

知识维度	认知过程维度					
	记忆	理解	应用	分析	评价	创造
事实性知识						
概念性知识						
程序性知识						
元认知知识						

在这些目标分类中，无论是哪一领域的目标，都会涉及学生的反应，因此，在描述目标时，总是会涉及相关的动词。知道不同的目标可以用什么样的相关动词来表述，对于教师设定准确的目标非常重要。表 3-3 中关于特定目标的相关动词汇总可以成为教师的工具之一。

表 3-3 特定目标的相关动词汇总

领域	目标	相关动词
认知	知识	回忆、识别、辨认、获得、区分、说出、界定、命名、列举、标出、排列
	领会	转述、推断、转换、解释、抽象、选择、说明、表示、表述、分类、理解
	应用	应用、排序、实施、解决、准备、操作、概括、计划、修正、解释、预测、演示、指导、计算、使用、执行、实施、利用
	分析	分析、估计、比较、观察、检测、分类、发现、区分、探索、编目、调查、分解、排序、确定、区分、剖析、对比、检查、解释
	综合	写作、计划、整合、制定、提议、具体说明、产生、组织、理论化、设计、构建、系统化、组合、总结、重述、争论、讨论、推导、关联、概括、总结、安排、合并、重安排、重组织
	评价	评价、验证、评估、测试、判断、分级、测量、鉴赏、选择、检查、判断、证明、决定、支持、辩护、批评、权衡
	创造	组合、设计、发明、归纳、形成、制作、表示、提出、生产
情感		同意、避免、支持、参与、合作、赞美、帮助、提供、加入
动作技能		调整、修理、体验、测量、执行、操作、使用、移动

当确定了教学目标后，教学活动的具体主题也就随之确定，评价目标的范围同样随之确定。在"辨认……简单几何图形"那条目标之下，教师可以设计活动，让学生去"找出""命名""归类"，评价也就是要看学生能否"找出""命名""归类"。因此，上述的技术也可以被视为确定评价目标的技术。实际上，当这个剖析图形成之后，就很容易通过这些新组合来设计评价任务。

需要澄清的是，学习目标或教学目标的确定并不意味着评价目标就确定了——所确定的是评价目标的范围。从本质上讲，评价是一种抽样，即从学习目标中抽一些目标作为评价目标，然后从学生的表现中推断出学生达成目标的状况。抽一些目标来评，而不是评所有目标，几乎所有的评价均如此：高考显然不可能覆盖高中三年所有的学习目标，期末考试同样不可能覆盖本学期所有的学习目标，单元测验同样如此——或许随堂小测验能够覆盖本单元课程的所有学习目标，但没有必要。当作这样的抽样时，关键在于确保评价目标能适当地代表学习目标或教学目标——既不能超出学习目标范围（这是代表性偏差），也不能过度集中于某些目标而忽略另一些目标（这是代表性不足）。

在课堂评价中，评价目标同样需要在学习目标中抽取。不过，这种抽取不能发生代表性偏差，但允许代表性不足——确切地说，允许有意识地抽取部分目标。理论上讲，课堂评价是要收集学生学习中所有重要的信息，但收集这些信息不是要对学生的学习作出判断，而是为了支持教与学决策。就此而言，课堂评价是一种"决策驱动的评价"。评或者不评，评这些还是那些，取决于教师在作出特定决策时的信息需求。教师作出特定的决策经常需要特定的信息作为依据，因此，确定学习目标中的哪一个或哪一些作为评价目标，背后需要经历这样一种思考过程：我要作出什么样的决策？作出这种决策需要什么样的信息？要获得这样的信息我该评什么？若无须做决策，或者已经获得作出决策所需要的信息，那么就不需要评价。

当评价目标确定下来后，就需要设计适当的评价任务，然后让学生完成相应的评价任务，以了解学生在这些特定评价目标上的学习情况。设计评价任务的一种简单的技术就是将评价目标转化成需要学生做的事。表 3-4、表 3-5 呈现了特定的目标类型与可能的任务范例之间的匹配关系，以及特定目标下可以建构的问题样例。

表 3-4　目标及任务范例

目标类型	范例 1	范例 2
知识	再认	回忆
理解	用自己的话说明	……是什么意思
应用	如何运用原理来解决问题	列举某项原理的应用情境
分析	说出文章中所犯的推理错误	列举、描述某事物的主要特征
综合	拟订一份报告证明一个观点	写一份报告说明事件的完整过程
评价	说出某选项的优缺点	用标准来评价某事物

表 3-5　目标及对应问题样例

目标类型	可能的问题或指令
知识	在哪里…… 是什么…… 谁是…… 什么时候…… 有多少…… 在文本中找出、画出、标出……

续表

目标类型	可能的问题或指令
理解	用你自己的话来解释…… 这是什么意思？ 能不能举个例子来说明…… 描述一下…… 绘制……的地图。 ……的主旨是什么？
应用	如果……你会怎么样？ 这个知识在日常生活中有什么用？ 在互联网上找到关于……的信息。 如果你在那里，你会怎么做？ 你怎么解决这个问题？
分析	这件事可能的原因是什么？ 还有什么方法可以…… 什么东西与……相似 / 不同？ 有哪些因素可能会影响…… 你对这个故事的哪一部分最感兴趣？为什么？ 哪些事情在现实生活中是不可能发生的？ 做……的基本过程是怎样的？
综合	如果……会是什么样子？会发生什么？ 生活在……会是什么样子？ 设计一个…… 假设你是一个…… 用你的想象来画一幅……的图画。 说 / 写出一个不同的结局。
评价	向同学推荐一本书（动画片、游戏），并说明理由。 选择最好的……为什么它是最好的？ 你为什么这么想？ 这个故事真的会发生吗？ 你最想见到哪个角色？ ……是好还是坏？为什么？ 你喜欢这个故事吗？为什么？

上面所列的只是特定目标下评价任务的少量范例，实际上，每一类目标下都可以有多种多样的评价任务。至关重要的是，教师必须设定明确的评价目标，并确保所设计的评价任务指向评价目标。在这一方面，教师可以从两个方面来提升保证评价与目标相匹配的意识和能力。一是对具体的任务进行分析，明确其所指向的目标，并确定该目标能否在课程标准上找到依据（见表 3-6）；二是在课程标准中选定一条目标进行适当的分解，确定与特定内容相关的学习目标，然后设计相应的评价任务（见表 3-7）。

表 3-6　评价与目标匹配的练习工具（一）

具体任务	指向目标	相关课程目标

表 3-7　评价与目标匹配的练习工具（二）

课程目标	学习目标	所设计的任务

自评时刻

3-1

选择一条你所设定的学习目标，然后问自己：

· 该目标是否反映了学生通过学习之后要达成的结果？

· 该目标源于课程目标吗？

· 该目标与当前的学习内容有紧密关联吗？

· 该目标是可测量的吗？

· 该目标是否针对预期表现的某个特定方面？

· 该目标是否使用了指向期望表现水平的有效的行为动词？

· 你能从该目标中推断出应当安排什么样的教学活动吗？

· 你能从该目标中推断出接下来评价的重点和要点吗？

这里我们运用了一种评价工具。也许你目前还不知道这是哪种评价工具，没关系，学习了后面的内容后，你就会知道，这种评价工具叫作＿＿＿＿＿＿＿＿＿＿＿＿＿＿＿＿。

第三节 目标分享及其技术

教师设定目标，最直接的目的就是让自己明确目标，以引导接下来的"教—学—评"活动。但仅仅教师自己明确目标是不够的，还要让学生明确目标且知道这些目标就是评价目标。在以往的"对学习的评价"范式中，评价用以对学生的学习做判断、下结论，因此，评价经常被当作一种秘密议程，对学生不透明。学生可能事先知道怎么评，甚至知道评价内容的范围及相应的要求，但可能不知道评价的标准，不知道考试组织者所认为的"好"是什么样的，经常需要玩一种游戏：猜猜考官想要什么。那些更擅长玩这个游戏的学生显然更可能在评价中获益。

要让学生知道评价目标，不就是要让学生知道考什么吗？这种说法听起来很出格。然而，课程标准是教学、评价、考试命题的依据——《义务教育课程方案（2022版）》强调课程标准是教学、评价、考试命题的直接依据。课程标准的核心内容包括课程目标（确定教学目标、学习目标的根本依据），课程标准是公开的，评价目标也就公开了。这样来说，要让学生知道评价目标，是否就是很自然的事？在"对学习的评价"范式中，让学生知道评价目标不只是理所当然的，而且是必须的事。而且，不仅要让学生知道评价目标，还要让学生知道"成功指标"或"质量标准"，也就是要让学生知道考官（在课堂评价情境中就是教师）眼中的"好"是什么样的。就像萨德勒说的，改进的不可或缺的条件是，学生拥有与教师大致类似的质量概念。[①] 教师通过与学生分享评价目标和成功指标，发展学生的质量意识——如威廉所说的"质量嗅觉"（nose for quality）。

自评时刻
3-2

你能够想到教师在哪些场合可以与学生分享目标？

- 在课程纲要中分享。课程纲要是对一个学期某门课的课程目标、课程内容、课程实施和课程评价的整体化设计。通常，教师应在一个学期开始的第一课与学生分享课程纲要。

- 在进行大单元教学时，有些教师可能会以单元学历案的方式与学生分享单元目标。

---

① Sadler, D. R. Formative Assessment and the Design of Instructional Systems[J]. Instructional Science，1989，18：119-144.

- 有些教师可能会在每堂课开始时用幻灯片呈现本课的学习目标；有些教师可能会在每堂课结束时与学生分享目标，让学生估计自己在多大程度上达成了相关的目标。

- 有些教师可能会在教学过程的一些重要节点，如布置相关小组任务、启动某个项目时，与学生分享目标。

- 有些教师可能会在课程材料，如在自学材料的开始部分，或基于计算机的学习程序的前几页上，呈现学习目标。

- 有些时候，评价任务中会附加上以"要求"形式出现的目标。

你通常在什么场合与学生分享目标？

不过，绝大多数情况下，当教师与学生分享目标时，所分享的目标更多定位于"学习目标"而非"评价目标"。甚至很多时候，教师在分享学习目标时没有想到其与评价目标之间的关联，可能很少告知学生，这些目标既然是我们学习要达成的结果，那也就必然是将来要评价的内容。

由此来看，要让课堂评价能够有效地促进学生学习，教师就得为评价设定清晰明确的目标，确保每一个评价任务都指向清晰明确且与学习目标相匹配的评价目标，还得与学生分享评价目标，确保学生真正理解目标并能运用评价目标来引导、监控、调节自己的学习。

让学生知道评价目标有多重要？威廉的结论是，确保所有学生都知道高质量的工作是什么样子的，这对成绩差距有着深远的影响。他用来自怀特和弗雷德里克森的一个研究证明了他的结论：[1]

两所中学共 12 个班级的学生花 11 周的时间学习了一门旨在促进科学思维的课程。该课程共 7 个模块，每个模块都包含了评价活动。6 个班级被随机挑出来作为实验组，另 6 个班级作为对照组。这两个组的教学时间完全相同，每

---

[1] 迪伦·威廉.融于教学的形成性评价：原著第 2 版 [M].王少非，译.南京：江苏凤凰科学技术出版社，2021：74-76.

周 45 分钟，所接受的教学是相似的。

在模块 3 结束时，所有学生都参加了基本技能综合测试（comprehensive test of basic skills，CTBS），结果发现，对照组的平均分为 2.6（总分为 5），且其中得分较低的一半和较高的一半学生的平均分分别为 1.9 和 3.4，实验组的平均分为 3.2，其中较低的一半和较高的一半学生的平均分分别为 3.0 和 3.5。通过观察这些数据，可以明显看到实验组学生的平均成绩高于对照组；更重要的是，在实验组中高分学生与低分学生的成绩差距缩小为 0.5。

课程结束时，对所有学生进行科学探究测试，以百分制来评分，然后将所得到的成绩与研究开始时的前测成绩作比较，结果如表 3-8 所示。

表 3-8　前测成绩与后测成绩对比

组别	前测		后测	
	较低的一半	较高的一半	较低的一半	较高的一半
对照组	32	59	39	68
实验组	28	52	53	72

显而易见，无论是成绩较低的一半还是成绩较高的一半，实验组的提高幅度都远远超过对照组，而且实验组中成绩较低的一半比较高的一半获益更大。

产生这种差异的原因是什么？实验组与对照组的唯一差别在于评价活动的组织——关键在于实验组的学生知道评价指标，且尝试运用评价指标来评价（见表 3-9）。

表 3-9　实验组与对照组的评价活动的组织

对照组	实验组
讨论学习主题中自己喜欢或不喜欢的内容	教师向学生介绍了评价学习质量的 9 个指标。
	每一模块中的每一片段结束后，学生用其中的两个指标来评价自己的学习。
	在整个模块结束后，学生用全部 9 个指标评价自己的学习，同时提供评价的理由。
	在每个模块的最后，学生展示自己的学习成果，其他学生运用指标提供反馈。

与学生分享目标涉及两个方面：第一方面，所分享的目标，也即学生学习之后要达成的结果；第二方面，分享意味着学生的真正理解，而不是教师简单地将目标呈现出来。

许多教师以为自己做到了第一方面，因为他们经常会以类似这样的一段话为一个活动或一堂课的导入："好，同学们，我们开始上课了。请大家把语文教材翻到第 98 页。

大家一起来读课题……今天我们要学习的就是《古诗三首》。现在请大家默读，在学习单上把不会读的字词勾出来。"这段话中有没有将目标呈现出来？教师说了什么？科目（语文）、主题（《古诗三首》）、资源（教材第 98 页、学习单）、活动（默读、勾出来），但就是没有说目标。

在第二方面，有些教师会把目标通过幻灯片或学习单直接呈现给学生。在当前"以终为始"观念的引领下，越来越多的教师开始认识到目标的重要性，更愿意花时间去思考、设定目标，并且努力以规范的方式叙写目标。教师在写出目标之后，将目标呈现给学生，比如，一位小学数学教师将六年级"圆"这一单元的学习目标设定为以下三个方面，并以学习单的方式呈现给学生。

通过观察、操作，认识圆和扇形，掌握圆的基本特征，理解直径与半径的相互关系，学会用圆规画圆，发展空间观念。

通过操作，了解圆的周长与直径的比为定值，理解圆周率的意义，掌握圆周率的近似值，感受化曲为直的数学思想，培养推理能力。

通过操作、自主探索、小组交流等方式，理解和掌握圆的周长与面积的计算公式，能正确计算圆的周长与面积，并能解决简单的实际问题，培养推理能力、转化思想和运用能力。

从规范性角度看，教师所设定的目标没有太多可挑剔的地方。但是，当这些目标呈现给学生的时候，对学生学习可能会产生什么样的影响？即使教师专门安排了学生阅读目标的时间，这些目标也依然可能对学生不起作用，原因就在于，分享的目的在于让学生理解，而如果不能运用"对学生友好"的语言，学生就可能会不理解。当学生不理解时，目标的呈现就没有意义了——甚至这种呈现无法被称为"分享"。

背景知识 3-3

目标叙写规范

关于目标叙写，有一些比较明确的规范。其中，经常为人所提及的有 ABCD 陈述法、SMART 陈述法等。

ABCD 陈述法：A：Audience，指达成目标的主体，该主体必须是学生；B：Behavior，指目标必须运用具体的行为动词；C：Condition，规定行为产生的条件，如情境、资源、工具等；D：Degree，表现程度，也就是行为需要达到的水平。

SMART 陈述法：S：Specific，强调目标要明确、具体，不能笼统，不能含糊其词；M：Measurable，即目标应当可测量，要有明确的标准或指标来衡量目标是否达成；A：Attainable，即目标应当是可达成的，且必须在学生的最近发展区之内；R：Relevant，即该目标的达成与其他目标的达成具有相关性，能够支持其他目标的达成；T：Time-based，即目标的达成应当在规定时间内。

　　教师在进行教学设计时陈述目标，要做的是在正式的课程文本，如课程纲要、教案中陈述目标。通常情况下，正式的课程文本的阅读对象是教师本人、教学督导等，其中的目标陈述与那些课程文本中的其他部分一样，具有规范性、科学性、精确性的特征。但在"目标分享"情境中，目标陈述（当然也包括借助课程纲要、学习单、学历案等形式以文字方式来呈现）所面向的对象是学生，确保学生能够理解应该是首要考虑——有时牺牲一些规范性、精确性是可以接受的，甚至是必要的。比如，在教学设计中，目标中的条件规定如"靠自己""不用计算器或计算机""在考试条件下""借助标准积分列表"等可能很有价值，但在分享目标时，这些细节很可能会引发学生的过度关注，从而忽略被期望达成的关键的学习结果；陈述时也不一定以"学生"为主语，以"你"为主语更有助于学生将目标视为自己的，而不是他人的……

背景知识
3-4

对"学生友好"的目标陈述

　　查普伊斯创建了一种用学生友好的语言来转化学习目标的程序。

　　1. 找出目标中需要搞清楚的词或短语，预见学生可能遇到的理解困难。

　　2. 借助词典、教材、课程标准或其他教学参考材料对所找出的词或短语下定义。教同一课程的教师通过合作讨论来定义是一种好做法，有助于就定义达成共识。

　　3. 将定义转换成学生容易理解的语言。

　　4. 将"学生友好型"目标的主语确定为"我"或"我们"，如"我能够……""我们可以……"

　　表 3-10 呈现了运用上述过程的两个应用实例。

表 3-10　对"学生友好"的目标陈述的应用实例

学习目标	根据说明文作出推论	概括课文之外的信息
需要界定的词语	推论	概括
定义	根据证据和逻辑得出结论	基于具体样例的观察作出扼要陈述
学生友好型定义	根据线索作出猜想	找出具体样例之间的相似性，并得到适合这些样例及其他相似样例的陈述
学生友好型目标	可以根据所阅读的内容作出推论，也就是可以根据文章提供的线索作出猜想。	概括课文之外的信息，也就是能发现几个样例之间的相似之处，并且得到的陈述对于这些样例以及其他相似样例都是正确的。

资料来源：查普伊斯 . 学习评价 7 策略：支持学习的可行之道 [M]. 刘晓陵，等译 . 上海：华东师范大学出版社，2019：44.

下面我们来讨论分享目标的技术。

一、直接呈现目标

教师在设定了学习目标之后，将目标直接呈现给学生。这种做法由来已久，20 世纪最后 20 年，很多课堂都有这样的做法，教师事先将课时学习目标写在小黑板上，上课开始时将小黑板挂在前方；在投影仪普及之后，很多教师会将学习目标放在幻灯片上，直接呈现给学生。

这种技术的使用会迫使教师去表述、思考自己的教学目标，而且，公开呈现自己的教学目标，实际上是将教师的整个教学设计和实施的意图公开化，为他人判断教与学活动设计和实施的有效性提供了一个框架，从而迫使教师去思考、关注教学活动与目标的一致性。

但这种做法不能成为一种形式化的活动。一些教师说："这种做法很老套，30 年前就在用了。""早就不流行了，因为不起作用。"的确是，当这种做法仅仅是一种形式时，它的确不起作用。教师主导了目标设定，然后将目标呈现出来，目的是什么？目的是让学生知道目标，进而能运用目标来引导学习方向、监控学习过程。而要让目标对学生发挥这样的作用，学生就必须理解目标。换言之，"直接呈现目标"的出发点是将教师主导设定的目标"告知"学生，而这种做法不起作用的原因很可能就在于"教师说了，学生却不知"或者"学生知道目标是什么，却不知道它有何用，也不会用"。

这种技术通常用于教学开始之前，在教学或一项活动刚刚开始时教师就直接呈现目标，但不是说在教学过程中的其他时间节点上就无法运用。实际上，有时候，尤其是涉及综合应用的问题解决或探索性的活动，一开始就呈现目标可能会使学习过程变得索然无味，因为目标提供了太过明确的思考方向。就像威廉所发现的，从一些学生的视角看，总是从目标开始，会让他们感到厌倦。因此，就像写文章时不一定就在开头点题，也可以在过程中，甚至在结尾时揭示主旨，还可以在学习过程的多个时间节点上呈现目标。

直接呈现目标可以用在评价中。比如，在评价任务的指导语中将评价目标呈现出来，一位数学教师在临近下课时，发给学生一张只有三道有关分数加减题目的口算题卡，并以口头指导语的方式呈现了目标：这堂课我们学习了如何通分，现在大家要完成三道题目，我要看看大家是不是学会通分了。埃尔肯斯等甚至要求确保每次评价都将标准和学习目标呈现在评价工具上，他们提出了一种技术，即在评价工具（如试卷）上加一个封面或封底，来说明哪些试题评价了哪些标准或学习目标[①]。在评价工具中，呈现目标可以有两种方式，一是根据具体任务明确其考查目标（见表 3-11），二是按所考查的目标来类聚具体任务（见表 3-12）。

表 3-11 任务与目标对应表

题号	目标
1	目标 A
2	目标 C
3	目标 A
4	目标 B
5	目标 D

表 3-12 目标与任务对应表

目标	题号
目标 A	1、5、7、13
目标 B	3、9、12、15

---

① 卡桑德拉·埃尔肯斯，等. 有效评估 188 问 [M]. 王少非，王炜辰，译. 南京：江苏凤凰科学技术出版社，2024：245.

续表

目标	题号
目标 C	2、4、10、11
目标 D	5、6、8、12

这种技术适用于那些比较简单的目标。当目标的达成只需要运用简单的、单一的指标来衡量时，比如，"会整数加减法"，衡量这一目标达成的指标可以从目标中直接看出来，学生很容易理解这个目标中的"会"，也能很好地判断自己是否"会"，此时，直接呈现目标就很有用。

但这种技术不适用于很难清晰定义的目标。理论上讲，凡是学习目标都可以用语言文字加以表述，因此都能直接呈现。然而，呈现目标是为了与学生"分享"目标，因此仅仅将目标呈现出来还不够，关键在于让学生能够理解目标并清晰知道"怎样才算达成目标"。要做到这一点，对于某些目标，用语言文字叙述出来可能会令人感到很乏力。比如，一位语文老师在写作课上呈现的目标之一是"学会写出有吸引力的开头"，该目标表述得很明确，学生也理解其字面意思，然而，他们可能不知道，怎样的开头才算"有吸引力"。即使将"有吸引力"替换为"让人想读下去"，缺少经验的学生也依然无法想象出怎样的开头会让人想读下去。

因此，要保证这种技术的有效性，需要做到：

- 确保所呈现的目标能被学生理解。为此，有时不用过于强调目标陈述的规范性、精准性，可以运用学生能理解的语言来陈述目标。有时有必要借助"拇指法""交通信号灯法"等技术快速检查学生对目标的理解。

- 确保学生明确呈现目标的原因。在使用这种技术之前，要采用适当的措施让学生理解教师呈现目标的原因，并就如何运用目标对学生进行指导或培训。

- 确保学生知道目标的意义，如目标在他们的学习中扮演的角色，尤其是目标与接下来可能发生的评价的关联。教师需要直接告知学生，这些目标就是对他们学习的要求或需要达成的结果，接下来的考试或评价就在这些目标范围之内。

- 让学生对目标产生拥有感。前面提到，目标必须从学生视角来表达，也就是说，描述目标的那个句子必须以学生为主语——但在陈述目标时，这个主语经常可以省略。在向学生呈现目标时，可能需要做些调整：不能没有主语，就像"掌握圆的基本特征，理解直径与半径的相互关系"，学生很可能不会觉得这是他的事；

也不能用"学生"作主语，如"学生掌握圆的基本特征，理解直径与半径的相互关系"，这样虽然表达得很清晰，但显得有些冷冰冰。一种好的做法是从"你"开始来表述，如"你将会……"，这有助于学生将教师呈现的目标当成自己的目标。

二、目标解释

目标，即学习后要达成的结果，通常是学生当前尚未掌握的内容或者尚未达到的水平。因此，目标之中经常会有一些学生初次接触到的全新的学习结果表述。如果教师在相关的学习开始之前呈现目标，学生可能不理解目标。此时，教师需要用学生能够理解的语言对目标中所涉及的关键概念、术语等进行解释，让学生清晰地知道目标对他们的要求。比如，在语文课中，学习目标中出现了"推断"，对于学生来说这是之前没有接触过的，至少是没有专门学过的，此时，教师就需要对"推断"作出解释，比如，"今天我们要学会推断，也就是要学习运用一些线索作出合理的猜测"。

这种做法的显著好处就是让学生能够理解目标中出现的新概念、新术语，从而更清楚地知道在学习中要做什么，怎么做。另一个隐含的好处是让教师能够将目标与学生已有的知识基础建立起关联。从本质上讲，"理解"一定是基于已有的知识经验与新学习内容的互动而建构起来的，要保证自己的解释能为学生所理解，就迫使教师去探究学生拥有的与当前学习相关的知识经验基础，进而搞清楚怎样解释才能让学生理解目标中的新概念、新术语。此外，当对目标作出清晰明确的解释时，教师会更加明确接下来要讲的教学重点。比如，当"推断"被解释为"运用一些线索作出合理的猜测"时，相关的教学重点也就明确了："线索"意味着猜测不是凭空的，一定能在材料中找到相应的依据；"合理"意味着合乎逻辑或合乎经验；"猜测"意味着提出材料中没有直接涉及的东西。

目标解释的最常规做法就是对目标中出现的新概念、新术语进行释义，相关的解释可以与目标一起呈现出来，也可以在呈现目标之后运用口头语言进行解释。此外，目标解释也不一定就借助对新概念、新术语的"释义"，也可以用举例的方法进行解释。比如，所呈现的目标是"学会推断"，随后可以用例子来解释：那什么是推断呢？假如小明告诉你，他昨天晚上吃了蛋糕，吹了蜡烛。根据这些信息，你能猜到什么？通过对学生答案的辨析，可以让他们分清什么是推断，什么不是推断。

这种技术适用于大多数涉及新知识的课，当涉及的新知识能够进行比较精确的界定，且学生具备相应的知识基础时，这种技术尤其有用。但它不适合新授课之后的活动、练习情境，这些活动、练习旨在让学生运用所学来解决问题，理论上讲，那时学生已经学会了学习目标期望他们学习的东西，因此无须再提供关于目标的解释。但是，难免有部分学生尚未完全掌握，因而，教师可以在一些差异化活动、练习中以提供目标解释的方式为这部分学生提供活动支架。比如，下面例子的 B 选项中斜体部分就将关于目标的解释整合到了学生的作业中。

在学生学习推断之后，教师设计了两种作业，以适应不同学生的学习情况。

A 选项：

根据你读过的《×××》一书，判断下面哪些答案是合理的推理，请用圆圈标出序号。

1.

2.

3.

4.

……

有些选项根本不是推理，请在括号中写出这类错误答案的序号。（　　　）

有些选项仅仅是猜测，请在括号中写出这类错误答案的序号。（　　　）

B 选项：

根据你读过的《×××》一书，判断下面哪些答案是合理的推理，请用圆圈标出序号。*这些之所以是合理的推理，就是因为它是根据文中的线索或证据做出的推测。*

1.

2.

3.

4.

……

*有些选项根本不是推理而是故事，会直接告诉你事实。*请在括号中写出这类错误答案的序号。（　　　）

*有些选项属于猜测，但故事中没有证据支持它。*请在括号中写出这类错误答案的序号。（　　　）

使用"直接呈现目标"的那些要点同样适用于"目标解释"。除此之外,"目标解释"的有效性还要求:

- 教师准确理解目标的内涵,并明晰达成目标的具体表现。

- 教师搞清楚学生达成本目标已经具有的前备知识、技能或经验,并在解释目标时联系学生已有的知识经验。

- 教师将目标解释当作教学中的一个正式环节。不要吝啬在这一环节上花时间,这一环节上所花的时间不会是浪费——如果做得好,它会带来学生学习结果以及学习方式上丰厚的回报。

三、目标外延列举

目标解释聚焦于对目标内涵的释义,目标外延列举则是通过罗列从属于该目标的子目标来帮助学生理解。在我们期望学生达成的目标中,有些目标有精确的内涵,且对其所做的界定易于理解。但有些目标可能涉及全新的学科术语,其所代表的精确的学科定义不易理解,也难以转换成学生可理解的语言来表述,比如,将"分数"的数学定义"一个整数 a 和一个正整数 b 的不等于整数的比"直接呈现出来,学生很难理解;转换成描述性的定义"把单位'1'平均分成若干份,表示这样的一份或几份的数叫作分数",可能依然难以让学生理解。此时,列举该目标的外延,即从属于该目标的那些子目标,是帮助学生理解的一种好方法。"初步认识分数"这一目标中就有很多子目标:知道分数的各个组成部分;读出和写出"几分之一"和"几分之几";能用实物和图形来表示"几分之一"和"几分之几";能根据实物和图形来比较分数的大小……这些都从属于"初步认识分数"的子目标,或者可以说是"初步认识分数"这一目标的外延。通过列举这些子目标或具体目标,如"能读出 1/2、1/3、1/7、3/5、5/9;将一张长方形纸折一折,表示它的 1/8……"学生能够获得对目标的直观理解。

这种做法的好处在于能够让学生获得对目标的直观认识,明确要学习的具体目标;对学生更大的好处在于,这种做法有助于他们将学习目标与已有知识经验联系起来,如学生之前可能从未接触过"分数"这一术语,但很可能在日常生活中听到过"1/2、3/4"之类的说法,当教师以列举的方式呈现目标时,学生头脑中就可能发生"上位学习"过程,将原有的"1/2、3/4"归为"分数"。此外,以这种方式来呈现目标,会迫使教师思考所列举的子目标与学习目标的匹配关系。当教师列举出与学习目标精准匹配的子目标时,教学的方向会变得更加明确。

将目标外延后,也可以让学生自己评估关于这些子目标的先前知识经验或掌握情况，进而按优先学习顺序排列相关的目标，或者运用"交通信号灯法"标记自己目前的学习情况。这相当于一个前测，可以了解学生的知识准备，也有助于教师更好地安排接下来的教学时间。例如，前测发现，绝大部分学生都在"目标2"（见表3-13）上标上绿色小圆点，那一部分就只需要少量的抽检以及安排针对少数未掌握的学生的同伴辅导，而无须花很多时间面向全班进行教学。

表3-13　目标自评

目标	我的自评	交通信号灯
1. 我知道分数的三个组成部分的名称。	5 4 3 2 1	
2. 我会读出 1/4、2/3、7/8。	5 4 3 2 1	
3. 我能在图上标出 1/3、1/5。	5 4 3 2 1	
4. 我知道 2/3 和 3/4 相比哪个更大。	5 4 3 2 1	
……	5 4 3 2 1	

表3-13还可以用于教学活动完成以后让学生评价自己的目标达成情况。根据学生自评情况，教师可以快速安排后续干预活动。

这种技术适用于多种目标，尤其当目标涉及学生拥有较为丰富的下位观念但尚未形成上位观念的新概念时，这种技术特别有用。

除了要遵循"直接呈现目标"中涉及的那些使用要点外，这种技术的使用需要特别关注以下两点。

• 要确保列举的外延符合当前学习单位所指向的目标。一方面要穷尽当前的目标，不遗漏，尤其是不能遗漏重要的目标；另一方面，不能超出当前课程或活动的要求。这听起来简单，其实需要教师对当前课程或活动目标有精准的把握。当考虑"穷尽"的时候，很容易将该目标之下所有子目标都罗列出来，实践中一个常见的问题就是教师只根据主题来考虑目标，而没有将该主题与特定的学习单位的安排联系起来考虑，以至于所罗列的子目标会出现一些超出当前学习单位所要求的目标。比如，关于"分数"，相关的内容会安排在不同的课时、单元，甚至分散在不同学段中，不同学习单位都涉及"分数"，但具体目标不同。目标列举要包括且仅包括特定学习单位所指向的那些子目标，而不是某个学习主题之下的所有目标。

- 确保不忽略整体目标。目标外延列举的确能够让学生获得关于目标的直观认识，但对外延的列举，即使是穷尽的列举，也并不能代表全部，正如认识了苹果、香蕉、杨梅等，不能代表认识了水果，目标不等于其所有子目标的相加。这一认识在当前核心素养导向的教学中尤为重要，一个特定的课时甚至单元目标不一定直接支撑核心素养，甚至不直接指向某个学科大观念，但所有的目标一定会涉及下位学习，即形成一个包容性更大的观念，然后用它来整合其中的其他例子，比如，认识了水果，然后会用对水果的认识来认识榴莲、佛手等。

四、期望—理由

教师将目标分成两个部分来陈述："我想看到什么""我为什么想看到这个"。比如，目标是"搞清楚消化系统不同部分所起的作用"，提供给学生的说法可以转换为"我想知道你是否能够运用身体器官的名称来解释食物从进口到出口的旅程。这将有助于你理解你的身体是如何运行的"。

这种做法不仅将目标转换成学生可以理解的语言，而且能够指示学习的具体方向，更重要的是，这种做法能够将学习目标与学生日常的关注点或日常应用情境联系起来，从而使学习目标获得个人意义。当学生看到掌握某种知识或获得某种技能或能力的短期和长期好处时，他们更有可能去尝试实现它。

克拉克在这种技术中加了一个部分，即达成目标的指标，把它变成了"WALT，WILF，and TIB"[①]，即运用这样一种框架来向学生呈现目标：先陈述"我们将学什么（We are learning to）"，如"我们要学习怎么写出总—分—总结构的片段"；然后让学生知道具体要学的是什么以及衡量学会的指标，"我在寻找什么（What I'm looking for）"，如"我要看看你能不能写出一个好的总起句，然后用多个方面来具体阐述总起句的意思，最后用一个总结句来总结并呼应总起句"；最后提供理由"这是因为（This is because）"说明为什么要做到这些，如"这是因为这样做能让你的表达更有说服力"。

这种技术对于年龄较小的学生更有用，且在达成目标的具体表现非常清晰、学生容易自我检查的情境中尤其有用。比如，上述总—分—总片段写作的例子中，"好的总起句""用一个总结句来总结并呼应总起句"的陈述其实都不大清晰。如果涉及片段写作的语法规范，相关的陈述如"第一行空两格""直接引用别人的话要加引号"更加清晰，学生也更容易用它来进行自我检查。

---

① 迪伦·威廉.融于教学的形成性评价：原著第2版[M].王少非，译.南京：江苏凤凰科学技术出版社，2021：100.

- 用学生可以理解的话把学生学习后要做到的事说清楚。

- 尽可能从学生个人视角来阐述实现学习目标的好处。阐述理由时应当将学习目标与学生个人的关注点联系起来，让学生知道，学习这些并达成目标对自己的作用或价值。

五、运用评分规则

在一项具体的活动开始之时或过程中，教师向学生提供评分规则。

评分规则之名很容易让人觉得它是一种评价工具，但实际上，如果运用得当，它同样可以成为一种非常有效的教学工具。作为一种教学工具，它的核心功能在于将目标具体化、指标化，从而更清晰地向学生传递学习期望。

背景知识 3-5

评分规则

评分规则（Rubrics，有时也被译成量规），本义是"红字"，引申为对学生的测验、成长记录袋或者表现进行评价或者等级评定的一套标准，是一套能够展示质量水平和标准的准则。评分规则这一译名隐含着它的核心功能，即作为一种评分工具，可以以同样的标准评判学生的表现，保证评价的公平性。

通常而言，评分规则由三种基本成分构成。

1. 指标或维度（dimensions），指评判一种表现、行为或作品质量的各个指标或考察维度，比如，演讲比赛的评委通常会从主题、表达、身体姿态等方面进行考察，这些方面就是指标。

2. 等级（rating scales），指一种表现、行为或作品质量的水平，通常用数字或文字等级来表现，如"1、2、3"或"优、良、中、及格"或"尚未达到、基本达到、完全达到"等。

3. 描述符（indicators），指对特定指标上的特定等级的表现的具体描述或说明，说明某一表现的每一个维度在每个等级水平上的表现是什么样的。

评分规则通常有两种形式：整体性评分规则和分析性评分规则。

整体性评分规则也涉及不同的评价指标，但在描述时会将所有相关指标综合在一起进行描述，即每一个等级只有一个综合了所有指标的描述符，因而整个产品或表现用一个分数或等级来呈现。其基本样例如表 3-14 所示。

表 3-14　整体性评分规则的基本样例

1	体现了对问题的全面理解，答案中包含了所有任务要求。
2	体现了对问题比较全面的理解，答案中包含了所有任务要求。
3	体现了对问题的部分理解，答案中包含了大部分任务要求。
4	很少理解问题，遗漏了许多任务要求。
5	没有理解问题。
6	没有回答 / 未尝试完成任务。

分析性评分规则将每一个评价指标或维度分开来考虑，规定每一个表现维度在每一个等级水平上的具体表现。运用分析性评分规则进行评价会产生多个分数或等级，每一个分数或等级都代表了表现或产品的一个重要维度的质量。分析性评分规则的基本样例如表 3-15 所示。

表 3-15　分析性评分规则的基本样例

指标	等级					评价等级
	1	2	3	4	5	
指标 1	描述符	描述符	描述符	描述符	描述符	
指标 2	描述符	描述符	描述符	描述符	描述符	
指标 3	描述符	描述符	描述符	描述符	描述符	
指标 4	描述符	描述符	描述符	描述符	描述符	

整体性评分规则和分析性评分规则对于不同的评价对象有不同的适应性，但两者之间可以相互转换。

除了整体性评分规则和分析性评分规则，哈希姆倡导的一种单一评分规则也很有用。与常规评分规则相比，单一评分规则的特征在于它只包括两个要素——指标或维度，以及描述，而没有等级。实际上，它只描述每一个指标或维度上的那些顶级表现，在此之下的各个等级的表现都不呈现。这种单一评分规则更接近目标本身，描述了学生在不同表现维度上要达到的结果。这种呈现方式有几个明显的好处：首先，常规评分规则描述了所有等级上的表现，意味着将顶级表现以下的问题固化；而学生的问题很可能五花八门，单一评分规则对顶级表现以下的各个等级的表现不加描述，可以给学生一个按照顶级表现来反思自己问题的机会。其次，不规定等级，有助于淡化学生对分数等级的过度关注，将注意转移到真正的学习上。最后，内容相对简洁，容易记忆。

评分规则很容易被转换成另一种评价工具——检核表。检核表实际上就是围绕评价指标而形成的陈述或问题的列表。如表 3-16 所示的科学实验报告评分规则，该规则有四个具体的指标，对每个具体指标在不同等级上的表现进行了描述。

表 3-16　科学实验报告评分规则样例

指标	等级				评定
	0	1	2	3	
问题	没有问题。	提出了问题，但不完整。	提出了完整的问题，但表述不够精确。	提出了完整的问题，且表述精确。	
假设	没有假设，也没有自变量和因变量。	清楚地陈述了假设，但未解释自变量和因变量，或者解释很模糊。	清楚地陈述了假设，且大致上解释了自变量和因变量。	清楚地陈述了假设且详细解释了自变量和因变量。	
数据	未呈现数据。	运用图表、图画等呈现了部分数据。	运用图表等呈现了数据，但画图不准确。	通过图表等准确地呈现了数据，且画图准确。	
结论	未呈现结论。	未能针对问题、假设的准确性、自变量和因变量的作用进行准确地陈述。	较准确地表达了问题、假设的准确性、自变量和因变量的作用。	准确地表达了问题、假设的准确性、自变量和因变量的作用。	

这些描述可以转化成一系列的陈述或问题（见表 3-17）。

表 3-17　检核表的陈述形式与问题形式

陈述形式	问题形式
我明确提出了自变量。	有没有提出自变量？
我明确提出了因变量。	有没有提出因变量？
我清楚解释了自变量。	有没有对自变量作出清楚的解释？
我清楚解释了因变量。	有没有对因变量作出清楚的解释？
我明确提出了假设。	有没有明确提出假设？

　　四个指标都能按其考查点变成一些用以提示的陈述或问题。当将关于四个指标的多个陈述或问题整合成一个列表时，这个列表就成了考查学生科学实验报告的检核表。

　　检核表本身就是一种评价工具，但由于它直接聚焦于具体的考查要点，也是目标的具体化，提供了目标达成的具体表现指标，因而同样可以作为一种分享目标的有效手段。

　　请回顾"自评时刻 3-1"，现在你清楚那个空格中应该填什么了吧？对了，就是检核表。不过，除了"自评时刻 3-1"，本章前面另一处还出现过检核表，你能想起来吗？

　　如记忆、理解之类层级相对较低的目标，不适合用这种技术来分享。当学生需要完成一项具体的活动或任务，或者需要产出一种具体的产品时，这种技术非常适合用来分享目标，尤其当这些任务或产品无法用简单的对错加以评判时，需要从多个维度来加以考查——比如，语文中的写作、历史和道德与法治中的论述、理科中的问题解决，这种技术尤其有用。

- 事先编制好评分规则或检核表。尽管很多时候通用型的评分规则（适合多种类似的任务）是有用的，但从分享目标的角度看，任务特定型的评分规则（只针对且适合特定的任务）更有效。因此，教师需要提前花时间分析任务目标，进而明确判断目标是否达成了关键考查点。但这不是对教学的一个额外要求，在当前倡导的"逆向教学设计"中，事先编制评分规则实际上就是从"确定教学目标"到"设计评价任务"的一个必要的支撑性环节。

- 确保学生能够理解。评分规则实际上就是 WILF 的展开，其作用在于让学生明白，教师接下来评价时会关注哪些关键方面的表现，即向学生提供成功的指标。具体的指标相对于其上位的目标更易为学生所理解，但这并非必然的。因此，如果要用评分规则或检核表来分享目标，同样需要确保在评分规则中运用对"学生友好"的语言，并且在必要时提供相应的解释。

- 注意保持目标的整体性。将目标分解成具体的指标的确有助于学生理解，但也很容易使本来完整的目标变得琐碎，从而导致学习偏离了目标所指向的大观念或核心素养。

六、共同建构

这种技术不同于前述众多分享目标的技术。前述的技术基本上定位于"显性"的分享，即教师将自己确定的目标告知学生。共同建构是教师和学生共同设定目标并将目标具体化，甚至有时这个过程看起来是由学生来主导的。

共同建构目标的一种常见做法是让学生通过合作性的样例分析来梳理信息。教师首先提供一个优秀作品（文章、报告、答案）范例，然后让学生阅读和分析，以小组为单位，或在班级内讨论范例为什么优秀。随后教师提供一个差样例，让学生经历同样的分析讨论过程，找出其特征。然后学生对两个样例进行比较，找出其基本差异。基于这种分析，班级通过合作讨论确定了高质量表现的关键特征，有时会进一步合作将这些特征转化成评分规则。

这种做法让学生真正参与目标设定过程，可以让目标设定与目标分享合二为一。在设定目标的过程中，学生就实现了对目标的理解——而且这种理解不会停留在关于目标或质量指标的字面意思上，学生能够获得关于高质量表现的具体的直观的印象，这对其后续学习具有非常重要的价值。研究表明，新手很难根据定义调用隐含的标准对质量做出精确的判断，关于标准的知识是通过经验"捕获"的——这种技术能够让学生通过自己的努力来"捕获"标准。

这种技术有多种多样的变式，威廉所称的"优缺点讨论"[1]就是其中的一种。中学科学的一个单元核心目标是让学生学会撰写实验报告，在学生开始尝试撰写之前，教师从任教的上一届班级中挑选了5份实验报告，隐去姓名，提供给学生；学生分成小组来确定其中的一些是否比另一些好，然后根据他们对质量的判断对这些报告进行排序，然后每个小组向全班汇报他们的讨论结果。在每个小组都分享了自己的答案之后，教师让学生阐述自己排序的理由——这些理由被用来共同建构实验报告的评分规则。与上面的做法不同的是，这种做法提供了样例，但不告诉学生哪些样例好，哪些样例差。

另一种变式也来自威廉，就是让学生去看其他学生的作业，从中找出可能存在的错误或缺点，然后通过讨论，列出一份"不能做"的清单。之所以用别人的作业，是因为学生更容易在别人而不是自己的作业中看到问题。

有时候，这种技术可以借助对学生看法的总结。比如，一位教师在教朗读时让学生

---

[1] 迪伦·威廉.融于教学的形成性评价：原著第2版[M].王少非，译.南京：江苏凤凰科学技术出版社，2021：92-93.

去思考"什么样的朗读是好的"。该教师让学生结对，其中一个在朗读时，另一个认真倾听，记录下伙伴朗读时值得赞扬的地方，并用"×× 做得很好，因为……"的句式进行反馈；下一步，双方交换角色，重复同样的过程。然后，将学生分到不同的小组中，讨论"好的朗读需要做到什么"。最后各小组在全班汇报、讨论，形成"好的朗读行为清单"，如表 3-18 所示。

表 3-18　好的朗读行为清单

序号	好的朗读行为清单
1	你能清楚地听到他的声音。
2	他的声音时高时低。
3	如果书里有问题，他会用声音来表现疑问。
4	他朗读时有表情。
5	他拿着书读，但你可以看到他的脸。
6	他没有漏掉一些字。
7	他在碰到句号的地方会停得长一些。
8	……

这个清单是开放性的，学生可以随着自己对"好的朗读"的理解在清单上添加新的项目。更重要的是，这个清单来自学生的想法，结合了他过去已有的经验，因而更容易为学生所理解。

这种技术主要适用于相对复杂的表现性任务。有些目标很难用语言精确地加以描述，或者当用语言进行描述时，很可能会让它丧失字里行间的某些含义；有时，目标或质量指标的表述也许比较容易理解，但学生在理解了目标或质量指标的字面意思后，可能依然不知道高质量的作业是怎样的。这就像艺术鉴赏力的培养，经常只能通过体验而不能通过说教来交流。

• 给学生充分的时间进行分析、讨论，并形成共识。那些本身就很清晰的目标就不要用这种技术；对于有必要运用这种技术的目标，就要给学生充足的时间。对于那些目标，让学生多花时间来澄清不会是浪费时间。

• 充分发挥教师的主导作用。这种技术表面上看起来是由学生来主导的，但其背后的关键在于教师的主导。教师在学生分析、讨论过程中要进行持续的启发、引导，防止学生的思考方向偏离关键目标。教师的主导作用还体现在样例的选择上。

- 选好样例。一是要依据核心目标选择样例。并不是所有"好"或"差"的作品都可以充当样例。教师选择的"好样例"一定得体现关键目标的要求，如"总—分—总结构"片段写作学习中选择的"好样例"必须是结构上没有问题的，而其他方面有无问题则无关紧要。实际上，选择在核心目标上没问题但在其他目标上存在各种各样问题的"好样例"非常必要，因为这有助于将学生的关注点引导到我们期望他们关注的地方，即当前关键的学习目标；"差样例"一定是集中体现了未达成目标的那些问题的作品。二是选择的"好样例"一定得在学生能力范围之内，如一位初中教师在教游记写作时用了这种技术，他将自己在报刊上发表的游记作为"好样例"，可能就不起作用，因为如果学生觉得自己做不到，可能就不会去做，即使他知道好的表现是怎样的。三是尽可能运用多种样例，无论"好样例"还是"差样例"，尽量不要只用一个。单一的样例很可能局限学生的认识，比如可能使学生把"好样例"视为需要复制的样板，而不只是高质量表现的一个例子。

七、学习目标盘点（Learning Goals Inventory，LGI）[①]

教师呈现一个教学单元的学习目标，然后列出一系列与目标相关的问题，要求学生去思考、回答。这些问题既指向对目标的理解，也指向学生与目标相关的先前知识和经验。比如，吉莉介绍了运用这种技术的一个具体例子。教师根据课程标准确定了针对高中生物的细胞单元的目标：在细胞内和分子水平上描述细胞的结构和功能，包括分化形成系统、细胞与环境之间的相互作用，以及细胞过程和变化对个体的影响。然后围绕目标创建了一个清单（见表 3-19），在单元教学开始时让学生填写清单，"盘点"自己所拥有的知识和经验。

表 3-19　细胞单元的学习目标盘点

目标	在细胞内和分子水平上描述细胞的结构和功能，包括分化形成系统、细胞与环境之间的相互作用，以及细胞过程和变化对个体的影响。	
问题	你认为这个学习目标是关于什么的？	
	列出你熟悉的与这个学习目标相关的技术、概念或想法。	
	列出你知道的与这个目标相关的术语。	
	列出（校内或校外的）可能帮助你了解这个学习目标的经历。	

这种技术表面上已经超出了"目标分享"的范畴，因为其所指向的并非目标本身，

---

① Keeley, P. Science Formative Assessment: 75 Practical Strategies for Linking Assessment, Instruction, and Learning[M]. London: Corwin Press, 2008: 131-133.

而是要求学生去反思与目标相关的先前知识和经验，然而，实际上这种技术恰恰把握了"目标分享"的核心实质，即理解目标。它能直接对学生的学习产生正面的影响，因为它促使学生在当前的学习目标与过去已有的知识经验之间建立关联，更可能将新的学习建立在已有的知识经验基础之上，形成更为完整的知识图谱。同时，这种技术也是一种"引出信息"的技术，运用学生所列举的知识、经验或相关经历来印证他们对目标的理解，这不仅有助于教师了解学生关于当前学习的前备知识经验，而且有助于教师确定学生有可能已经达成的目标，从而确定接下来重点关注的目标。

安吉洛和克罗斯也提供了一种类似的技术，即"目标排序与比对"。[①] 在一个学习单元开始之时，让学生花几分钟列举自己期望通过本课的学习来实现的学习目标，并按照目标的相对重要性对其进行排序；然后教师收集学生的目标列表，并将之与自己所设定的目标进行比较。教师可以根据学生期望的目标对自己设定的目标进行调适——如果自己设定的目标是不可协商的，那么采用这种技术就没有必要了。

在单元结束时，学生可以再次审读该清单，并将其作为自我评价和反思的对象。这种技术除了以个体形式使用，也可以以结对或小组的形式使用。当学生年龄较小时，这种技术可以不以书面的方式来实施，教师可以借助对话、讨论的方式来运用这种技术。

当学生可能拥有与当前目标相关的比较丰富的知识、经验，或者该目标的相关知识经验在学生日常生活中有多种潜在的应用情境时，这种技术最有用。但在使用时，要审慎分析学生所列举的知识、经验和相关经历，然后运用分析结果揭示学生在目标理解上存在的问题或偏差，同时运用分析结果来安排后续教学的优先事项或重点目标。

八、目标审计模板（Goal-Accounting Templates）

在一堂课或一个活动开始时，教师分享学习目标。学生在目标审计模板（见表3-20）上抄写目标，同时从两个指标来评价自己的表现:（1）打算在这个目标上付出多少努力;（2）对与目标相关的内容的理解程度。在课后或活动后，学生再次拿出目标模板，重新评价自己的理解，并标出有成效的努力程度。[②]

---

① 安吉洛，克罗斯 . 课堂评价技巧: 大学教师手册: 第 2 版 [M]. 唐艳芳，译 . 杭州: 浙江大学出版社，2006: 242.

② Jane，E. Pollock. How Feedback Leads to Engagement[J]. Educational Leadership，2012，70（1）.

表 3-20　目标审计模板

姓名：_____　　　单元：_____

内容主题：_____　　时间：_____

目标	课前（0~5分钟）		课后（0~5分钟）	
	努力程度	理解程度	努力程度	理解程度
目标 1				
目标 2				
……				

　　目标审计模板的设计目的在于帮助学生为自己提供自我反馈，这种做法也有助于学生澄清学习目标，因为有意义的反馈必然是与目标相关联的，甚至直接指向目标。这种技术的使用要求学生抄写学习目标，这看起来似乎没有意义。但是，教师一定有这样的经验，有时，教师将目标呈现出来，学生可能不加注意。这种技术迫使学生注意到目标，并且让学生运用目标作为反馈的依据来深入理解目标。而且，要在课后再次运用目标审计模板，这样就给了学生一个"回头看"的机会，不仅只是提供了一个自我评价和自我反思的机会，也为学生提供了加深对目标理解的机会。

　　作为一种设计思路，这种技术可以与前述多种目标分享技术结合运用，也可以将那些技术扩展到课后使用。当学生对目标的重要性有深刻的认识并能主动关注教师呈现的目标之后，教师可以不用让学生抄写目标，而是在目标审计模板上直接呈现目标。

　　上述模板可能适用于一个课时。教师可以将多个课时的模板整合起来，设计适合整个单元的目标审计模板，作为学生学习记录的重要组成部分。

　　这种技术适用于多种情境，在需要引发学生对目标的关注时特别有用。

　　如果需要学生抄写目标，目标的表述就应尽可能简洁，作为目标常规组成部分的情境、条件、表现程度都可以不用呈现，只呈现目标的关键成分。

　　教师应确保学生能够根据目标进行自评或自我反馈，并要求学生提供评分的理由，这样可以支持学生更好地关注目标。特别是，当要求学生运用与目标相关的语言呈现"理解程度"维度的评分等级的理由时，他们就必须拿自己的表现与目标进行对照。在这个过程中，他们会加深对目标的理解。

反思时刻

3-2

在读完目标分享这部分内容之后，你能否想到你在实践中曾经尝试过的与学生分享目标的做法？如果曾经用过，请描述你的做法，并说明为何那样做。或许你已经创造了一种新的目标分享技术！

我的做法_____

_____

_____

我的想法_____

_____

_____

反思时刻

3-3

在读完目标分享这部分内容之后，你是否想尝试其中的一些技术？你最想尝试哪种技术？为什么？

我最想尝试的技术_____

_____

我的理由_____

_____

_____

在尝试这种技术时，你有没有发现一些问题？碰到问题后你是如何调整的？请在尝试之后填写下面的内容。

我发现的问题_____

我做的调整_____

_____

_____

本章主要参考文献：

1. Keeley，P. Science Formative Assessment: 75 Practical Strategies for Linking Assessment，Instruction，and Learning[M]. London：Corwin Press，2008.

2. Shirley，C. Unlocking Formative Assessment[M]. London：Hodder and Stoughton，2001.

3. 查普伊斯 . 学习评价 7 策略：支持学习的可行之道 [M]. 刘晓陵，等译 . 上海：华东师范大学出版社，2019.

4. 迪伦·威廉 . 融于教学的形成性评价 [M]. 王少非，译 . 南京：江苏凤凰科学技术出版社，2021.

5. 卡桑德拉·埃尔肯斯，等 . 有效评估 188 问 [M]. 王少非，王炜辰，译 . 南京：江苏凤凰科学技术出版社，2024.

第四章　引出学习证据的技术

马克斯·范梅南在其《教学机智：教育智慧的意蕴》中提出了一个寓意深刻的隐喻：为了来学校学习新知识，学生需要跨过一些障碍（比如说，一条街）才能来到教师身边，但教师很可能意识不到学生需要"从街道的另一边"来理解事物。[①] 为了帮助学生学习，教师必须知道"学生此刻在哪里"。

如果请一线教师列举所熟知的教育理论，我猜苏联心理学家维果茨基的最近发展区理论大概率会在教师的教育理论列表中。即使有些教师不能很确切地表达最近发展区理论的核心内容，至少也能说个大概，或者会联想到"跳一跳摘桃子"——教学只有定位在学生"跳起来够得着"的地方才能有效地促进学生的发展。因此，"最好的教学一定是在学生能或不能的边界上徘徊"。问题是，"跳起来够得着"的那个地方到底在哪里？这肯定与想摘桃子的人的身高有关，也与他的弹跳力有关，还与他站在哪里有关。

道理很简单，诸如"因材施教""以学定教""精准教学"等观念也很容易被接受，但其落地的关键之一在于，如何搞清"教"之所"因"之"材"，所"以"之"学"。

第一节　教学需要学生学习的证据

还是从导航开始说起。我们前面已经知道，导航的实现依赖导航仪对目的地的了解以及对当前所在位置的精准定位：你告诉它你的目的地，它能够对你当前所在的位置进行准确定位，然后会分析你当前所在位置与目的地之间的相对关系，并按照它所储存的路线图以及对当前路况的把握来给你指引，如在当前道路上继续行驶 5.6 千米，或者，在下一个红绿灯路口右拐……假设导航仪无法做到对你当前所在位置的把握，导航显然不可能实现；如果导航所依赖的定位系统精度很差，只能给你确定一个方圆 5 千米范围内的区域，导航同样不可能实现。

大多数教师知道学情的重要性，知道把教学建立在学生已有基础之上的重要性，也对"以学定教""精准教学"之类的理念耳熟能详，然而，忽略学生在学习过程中的学习情况——他已经学会的、存在的问题及其原因的现象却在课堂中普遍存在。或许很多教师也会在教学过程中安排"测验""检测""练习"之类的活动，但经常是，"练习"指向巩固，"测验""检测"指向对学生学习情况的判断，大多会给个分数或者等级，部分教师缺少从学生学习过程中收集学生学习信息或证据的意识，甚至很可能不想得到有

---

① 马克斯·范梅南. 教学机智：教育智慧的意蕴 [M]. 李树英，译. 北京：教育科学出版社，2001：204.

关学生学习的真实信息。你可能会觉得这个说法不符合实际，哪有教师会不想得到学生学习的真实信息？

我们来看看以下几种情境。

- 公开课上，教师进行提问，学生回答问题。那么，让谁来回答？通常来说，教师会让举手的学生来回答，甚至一些教师会因为教学进程的压力而在那些举手的学生中选择疑似有正确答案的学生来回答。一个学生回答正确，再让另一个学生回答，同样回答正确。很好！学生已经掌握了，可以进入下一环节了。

- 高中课堂上，同样是提问。高中生已经不习惯举手了，教师对此现象也已经习惯了，所以经常面向全班同学来提问。当教师在讲完一个知识点后，提问："都搞明白了吗？"这时一个孤独的、微弱的声音响起："明白了。"很好！那就进入下一部分的学习吧。

- 课堂测验，一个学生有两道选择题没做，老师会做怎样的反应？我曾经在一所小学的走廊上碰巧听到老师对一个学生的训话："这是一道选择题啊，你就不会蒙一个吗？"

……

在这些情境中，教师的做法是否真的在尝试收集学生学习的信息？或许有这样的意愿，但确定的是，所收集的信息是不完整的——至少，对于支持教学决策是不够的。

现在，我们再进一步思考，教师何时需要获得有关学生学习的真实的、准确的信息？我们可以做一个类比，教学就是一个将学生从当前所在之处引到我们期望他到达之处的过程——范梅南表达的就是这个意思。我们知道，在进行教学设计时，必须有学情分析，这就相当于确定学生的起点。我们也知道，这个起点的确定对于学生达成目标至关重要，因此大多数教师可能会在教学设计阶段进行学情分析，然后预想学生可能要先达成哪些子目标才能达成最终目标，并根据这种预想来安排教学过程。在完成教学设计之后，我们开始进入教学实施阶段，此时，教学作为一个"引导"过程正式开始了——在教学过程开始之后，目的地不会发生变化，但学生当前所在的位置发生变化了——就像当你的车往前开动时，目的地依然是那个目的地，但你所在的位置发生变化了。此时此刻，教师需不需要知道学生当前在哪里？一定需要！就像导航仪会自始至终知道你当前所在的位置一样。

以往常规的做法是，隔一段时间对学生进行一次学习检测，这就如同导航仪隔一段时间对你的当前位置进行一次定位一样，上一次定位的时候，你在正确的道路上，导航仪给了你一些指引，等到下一次对你进行定位时，却发现你走错了，而且已经错了很久了。如果到达目的地没有时间限制，那么问题还不大，但众所周知，教学中的时间进程非常重要，教师通常需要在规定时间内覆盖规定量的教学内容，间隔一段时间后，教师从实施的检测中获得学生学习的证据，如果证据证明学生在达成目标的过程中一切顺利，那还好；如果证据表明学生已经偏离了达成目标的正确轨道，那么补救实际上已经变得十分困难了。

所以，理想的做法是，教师无须暂停教学来收集证据，学生学习的推进过程就是教师收集学生学习证据的过程——评价与教学、学习成为一体。的确，很多教师就是这样做的，他们在教学过程中随时保持对学生学习表现的关注，随时观察、记录学生的反应，并及时对学生的反应作出回应。他们对学生的学习表现极为敏感，甚至可能会"捕获"学生表现出来的一些细微的行为变化，比如，在涉及某个内容时，有学生眉头轻蹙，有学生欲言又止。

是的，学生的学习过程的确伴随着某些外部表现，尤其是当学生年龄较小时。此时，教师只需要观察、倾听，就能获得关于学生学习的信息。但是，学校教育情境中大多数的学习发生在心智层面，很可能没有明显的外部表现，教师无法通过观察来收集信息、获得学习证据。此时，就需要将学生的学习证据"引出来"（见图 4-1）。

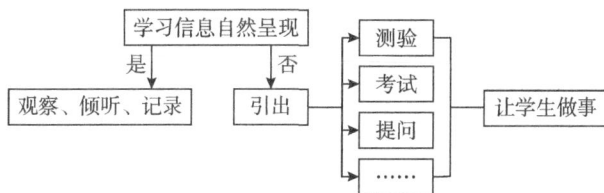

图 4-1 收集信息的两条路径

常规使用的测验、考试、提问等都是引出学生学习证据的有效手段。这些手段大致相当于我们平常所讲的评价方法。评价方法多种多样，但本质上都是让学生做事，从而将教师想看到的东西引出来。比如，如果想知道学生能不能流利地朗读，那就让他读读看；如果想知道学生能不能操作某种工具，那就让他做做看……不过，平常所说的评价方法大多是比较正式的，实际上，也有很多非正式的做法同样有助于教师引出学生的学习证据。

背景知识
4-1

评价方法

　　布鲁克哈特将评价方法分成四类（纸笔测验、表现性评价、口头问题和档案袋评价），并明确了各类评价的具体形式以及适当的用途（见表4-1）。

表4-1　布鲁克哈特的评价方法

评价方法	客观评分	主观评分	适当的用途
纸笔测验	选择题、是非题、匹配题、填空题。	用评分规则或评分量表来判断的展示性问题。	评价一个内容领域的知识和技能，或者评价心向和兴趣。
表现性评价	运用检核表对任务重的表现进行判断。	运用评分规则和评分量表对任务重的表现进行判断。	评价一个领域中的深入思考，或者评价所获得的技能或所创造的产品。
口头问题	答案是对错的课堂提问。	用评分规则或评分量表评价的讨论或会谈。	在教学过程中评价知识和思考，或评价心向和兴趣。
档案袋评价	能将检核表用于档案袋条目评价。	学生一段时间的作品和反思的集合；条目可以单独评分，也可以整体评分。	记录进步或发展，展示一系列技能的复杂成就。

　　斯蒂金斯将评价方法分成选择性反应评价、论述式评价、表现性评价和交流式评价，而且比较全面地考查了不同评价方法对不同目标的适应性（见表1-7）。

　　笼统地讲，只要让学生做事，总是能够引出学生的学习信息——当教师有收集信息的意识且确实收集到信息时，教师让学生做的事就扮演了评价任务的角色。事实上，我们将要讨论的引出学习信息的技术很多时候看起来就像是学习活动或给学生的学习任务。没错，作为一个专有名词的课堂评价技术，就是那些在学生从事的学习活动中引出并收集学习信息的做法，它经常难以与学习活动进行非常清晰的区分。换言之，它就是在学生学习活动中发生的，与教学活动融为一体。这正是引出学习证据的那些非正式做法的价值所在。

　　需要指出的是，这里所说的"非正式"，主要是强调其区别于那些占用较长的专门时间来实施的评价活动，如考试、测验强调的是它与教与学的紧密结合，并不意味着这些非正式的评价是随机的，因为教师的临时起意而发生。相反，这些引出学习证据的非正式的做法也需要设计，而且要根据"逆向设计"的要求提前考虑。理论上讲，教师应当在教学过程的始终持续收集学生的学习信息，但教师收集信息的出发点在于运用信息来支持教与学的决策。因此，如前所述，教师的课堂评价是"决策驱动"的，教师在教与学过程中会依据自己对信息的需求来决定是否需要收集信息，何时收集信息，以及收集什么样的信息。同样，何时引出信息，引出什么样的信息等，也是"决策驱动"的。表 4-2 呈现了教师可能作出的不同决策对信息的不同需求。比如，在一个教学环节结束之后，下一个教学环节开始之前，教师需要决定是否能进入下一个教学环节。而要作出这样的决策，教师就需要根据学生在上一环节中的目标达成情况的信息（这种信息无须涉及学生个体）作出上述决策。每个教师在作出这种决策时，可能还要考虑一个"个人门槛"，例如，"如果 80% 以上的学生达成目标，那就进入下一个环节"。但是，如果要作出的决策是"哪些学生需要额外的支持"，教师就必须拥有关于学生个体的学习信息。

表 4-2　教师的教学决策样例及其信息需求

所需要作出的决策	决策所需要的信息
可以转向下一个阶段了吗？	学生班级的总体信息。
哪些内容需要重教？	不同学习内容领域的班级总体信息。
哪些学生需要额外的支持？	学生个体的学习信息。
重教期间是否需要分组？如何分组？	错误的类型及学生个体的学习信息。
教学策略是否需要调整？如何调整？	错误的类型及其原因。

要想提前设计引出学生学习证据或信息的技术，教师就得了解有哪些引出证据的可行技术。这类技术非常丰富，你肯定无法全部运用，事实上你也不必掌握本书罗列的所有技术，就权当这是为教师提供的一个工具箱，你可以在其中选择适合的技术。

第二节　引出学习证据的关键前提

要引出学生的学习证据，有两个关键的前提，一个是技术问题，所有具体技术的核心都在于我们用什么样的问题、任务或指令引出证据；另一个超越了技术问题，涉及课堂文化或氛围问题，引出证据本质上是要让学生做事，如果学生不配合，最好的技术就都不可能起作用——当然，适当的技术的使用能够改变课堂文化。前者关乎所引出的证据是否是我们所想要的证据，后者关乎能不能引出证据。我们先来讨论课堂文化问题。

一、课堂文化

引出证据并不只是一个技术问题，也就是说，相关技术的使用并不能确保引出证据，同样也不能确保所引出的证据是真实的。引出证据本质上是让学生做事，这意味着，只有当学生配合时，技术才可能发挥作用。

从主观意愿来说，学生不会不配合教师。然而，课堂中的某些因素可能会使学生不愿暴露自己真实的学习状况，尤其当学习中存在问题的时候。对于以下现象，很多教师大概都不陌生。

在考试或测验情境中，有些问题学生不会回答，但会胡乱写一些；如果相关题目允许猜测，那无论如何都会"蒙一个"；极端情况下，还可能出现作弊现象。

在课堂教学情境中，低年级课堂的学生大都愿意回答问题，有一部分学生可能会猜测教师想要什么答案，然后提供他们认为教师想要的回答。很多高年级课堂的学生不再主动回答问题，在迫不得已的时候，一些学生经常以沉默或者"我不知道"来应对；相当一部分学生越来越不愿意向教师提问题，不明白，不会提出来，有疑问，不愿说出来，有不同想法，藏在心里……

这些现象的本质其实是学生在掩盖自己真实的学习情况。当学生如此表现的时候，教师就难以得到关于学生学习情况的真实的、准确的信息。为何这些现象在课堂中经常出现？关键原因在于课堂中长期形成的文化，特别是那些与评价实践紧密相关的文化——用斯蒂金斯和考克林的术语来说，即一种源于评价实践的"课堂文化品性"。这种文化品性会在课堂实践的多个方面表现出来，深刻地影响着身处这种文化环境中的学生及其行为。在前述的那些现象中，我们不难看到源于评价实践的课堂文化的影响。

为何学生在回答问题时会"蒙"甚至作弊？因为在他们的心目中，分数很重要。然而，没有一个学生一开始就看重分数或成绩——对分数或成绩的看重其实是社会教化或规约的结果。学生看重分数或成绩，是因为课堂中教师看重分数或成绩，分数或成绩是衡量学生学习的标准，因此"得分"是评价中的首要考虑：选择题不会，那一定要蒙一个；论述题，想法不重要，关键是要踩上得分点……在这样的课堂中，学习成功不是看学生是否达成某种标准，而是要看是否超过别人；怎样才算超过别人，那得看分数，看排名。排名前列的学生永远是一种稀缺资源，因而这样的课堂鼓励一种竞争性文化，更糟糕的是，所竞争的是被视为"学习结果"的分数，而不是真正的学习。

为何学生会猜测教师的意图并提供自己认为符合教师意图的答案？因为在他们心目

中，只有提供教师想要的答案才能得到肯定或认可。他们之所以有这样的认识，是因为他们的实际经历证明并强化了这一点，标新立异不是一个好选项，遵从才是。因为在这一过程中，他们意识到自己只是被评判者，要无条件接受教师的评判。对于年龄较小的学生，教师的评判极具分量；对于年龄较大的学生，教师的评判也许不再有极高的分量，但会影响学生在同伴中的形象以及个人的自我效能感。

为何学生不愿回答问题也不愿提出问题？因为在他们的心目中，回答问题很可能会出错，而出错则是不可接受的；提出问题只能证明自己的无知，表现无知则是一件极其丢脸的事。对于一些学生而言，相对于给人"不会做"的印象，让人觉得"不愿做""不屑做"似乎能够更好地维护自我形象。学生的这种认识也不是与生俱来的，这种认识源于课堂中对错误的态度：错误意味着失败，错误是必须避免的。何况在某些评价制度设计中，容错率极低，学生在学习过程中所犯的错误会影响其后续的学习。对于任何人而言，犯错都不可避免，错误本可以成为一种机会、一种资源，但当犯错不被接受，且人们会因犯错而要接受惩罚时，那更好的选择就是不做事——不做就不会有错。

反思时刻
4-1

我们在"反思时刻1-3"中提出了一种关于过程评价的观点："不再根据一次升学考试成绩来录取学生，而是要将受教育的过程以及学生在过程中的表现纳入评价体系。"在阅读了上一部分内容之后，你对这个观点有何新的认识？

归根结底，如果我们期望引出学习证据的技术真正有效，那么就需要营造一种新型的课堂文化，这种课堂文化的核心在于对真正的学习而不是成绩的关注，这首先需要教师摒弃以往对成绩的过度关注，将关注点转向学生真正的学习。在学校教育情境中，真正的学习的核心体现就是目标的达成——并且通过评价实践的改进让学生切实体会到对真正的学习的关注，从而促使学生形成指向掌握的学习目标定向而不是成绩定向。

要形成这种课堂文化，重中之重是改变对错误的态度。哈蒂曾经列举了"识别优质学校的10个问题"，其中之一就是"学生喜欢错误吗？能接受无知吗？能自信地谈论错误或对某事的无知吗？"如果对这些问题的回答是肯定的，那么至少这所学校达到了"优质学校"的一个指标。在这所学校里，失败不会成为"更大的失败"之母，而更可能成为"真正的成功"之母。迈克尔·乔丹说："在我的事业中，我错过了 9000 多个投篮。我输了 300 多场比赛。有 26 次大家信任我，让我投决定胜负的一球，而我却错失了。在我的人生中，我一再地失败，而这就是我成功的原因。"这也应该成为课堂中对待错误的态度的精髓。

好的评价实践有助于在课堂中形成对错误或失败的正确态度。

- 容忍错误、欢迎错误：学校是允许学生犯错的地方。

- 教学和评价实践要传递一种信息：教学就是要发现未知，并解决未知。

- 帮助学生认识到，隐藏真实想法不利于学习。

- 促使学生尊重彼此的贡献、错误和误解。

- 不做评判，提供机会让学生解释答案。

- 错误为进步提供了机会和资源，学生能在犯错中实现成长。

一旦形成这样的态度，引出学习证据的技术就有了用武之地。

二、问题的质量

这里所讲的"问题"是一个笼统的说法，既包括教师向学生提出的要求、学生口头回答或书面作答的问题，也包括用来引出学生特定反应的提示、指令或任务。在所有引出学生学习证据的活动中，这种问题是必不可少的。而且，问题的质量会直接影响所收集的信息和证据的质量。

简言之，高质量的问题必须具备两个基本条件：首先，高质量的问题与学习目标是匹配的，无论是教师在课堂提问中期望学生回答的问题，还是在表现性评价中期望学生完成的任务，抑或布置给学生的课后作业，测验中需要学生作答的题目，都必须与期望学生达成的目标高度匹配。如果问题与目标不匹配，那么通过这些问题所引出的信息就无法成为学习的"证据"，更不能成为下一步教学决策可以依赖的信息。关于这一方面，我们在上一章已有充分的讨论，这里不再展开。其次，高质量的问题必须具有良好的诊断力。引出学生的学习证据，并不是只引出证明学生达成目标或正在达成目标的正确轨道上的证据——如果所引出的信息证明了目标已达成或正在被达成，那再好不过；然而，现实是，很多学生在达成目标的过程中并不顺利，而这正是教师需要持续作出教学决策的原因所在。对于改进，知道学生在达成目标的过程中是否偏离轨道，存在哪些问题，这些问题的原因在哪里，可能比判定学生达成目标更有价值。

因此，准确鉴别学生学习上的问题，是引出证据时一个关键的考虑。就像医生的专业实践，他们会用种种手段来收集信息——严格来说，通过望闻问切或者血液化验所得到的还只是数据，当这些数据获得了意义之后才会成为信息，而数据的意义就来自医生的专业判断。当其中的一些信息被用来证明身体上某种问题的存在时，这些信息才成为证据。在教师的专业实践中，评价活动往往偏向于收集数据，即学生是否做对某道题，能不能得分，能得几分；有时会进一步尝试赋予这些数据以意义，但通常拿不同个体的数据进行比较。这能否揭示出问题？也许能，如果医生在体检报告上打分，我得了 83 分，你得了 93 分，似乎证明我比你有更多问题。但问题到底出在哪里？如果要改进，只确定有问题而不搞清楚问题所在是没有意义的。

> **背景知识**
> 4-2
>
> ## "不能做 / 不愿做"评估
>
> 学生的糟糕成绩通常可以归结为三个原因。

表现缺陷：学生缺少足够的学习动力。

技能缺陷：学生缺乏完成任务的必备技能，或者技能的熟练程度不足以使他们将之推广或应用到新情况中。

表现缺陷和技能缺陷的综合。

"不能做 / 不愿做"（can't do/won't do）评估，是一种用来判断学生成绩糟糕的原因的技术，只需要五个简单的步骤。

第一步，获得学生证明未能达到预期水平的材料，明确学生的表现水平与预期的表现水平的差距。

第二步，了解学生在自己作出最大努力时想获得的奖励是什么。

第三步，包括三个方面的内容，向学生展示他们只要超过之前的成绩就可以从中选择的各种奖励，让学生知道自己之前的成绩，实施测验——测验的时间和资源尽可能接近原始的测试情境。

第四步，立即批改学生的测验成绩，如果超过之前取得的分数，允许选择一个奖励。

第五步，围绕数据进行评估，并确定是否必须进行额外的评估。如果新分数远远超过以前的分数（有些将之定为超过 20%），那就证明学生的问题是由表现缺陷造成的；如果新分数没有超过先前的分数，或增幅不超过 20%，且仍低于基于标准的预期表现水平，则可判定是技能不足；如果分数增长超过 20%，但仍低于标准，就证明了综合缺陷的存在。

如果确定该学生有技能缺陷或综合缺陷，则必须进行进一步的评估，以确定该学生在先决技能上的熟练性水平。

资料来源：John L. H., Scott P. A. Assessment for Instructional Planning[J]. Assessment for Effective Intervention，2008，33（2）：69-77.

引出学生学习证据的关键在于搞清楚学生的问题所在，问题的诊断力就体现为能不能搞清楚学生在先决技能或必备技能上存在的问题：哪些知识没掌握？对哪些概念存在误解？熟练性水平如何？推理过程存在哪些错误？等等。所有问题都能够引出学生的某种反应，只要学生愿意配合，学生的反应都可以加以判断，或对或错，或者按某种规则进行评分。然而，很多时候，我们能够判断学生做对还是做错，能够给予某个分数或等级，但搞不清楚学生的问题所在，甚至在学生做对了时我们依然不能确定他是否真的掌握了。比如，从学习目标出发，教师想知道学生是否掌握了质数的特征，教师选择的问题是"7 是质数吗？"学生答"不是"，教师会知道学生在理解上存在问题，但具体问题是什么，不知道；学生答"是"，他答对了，可教师能否确定，他已掌握了质数的特征？显然不能！

如何建构有诊断力的问题？一种做法是采用事实优先提问法[1]。在课堂中，教师所提的问题经常是事实性问题，如"7 是质数吗？""生命的基本单位是什么？""三角形的内角和是多少？"这些问题经常只能唤起记忆水平的知识，难以揭示学生真正的理解。事实优先提问法要求教师将事实性问题转化成关于"如何""为何"等更高阶的问题：首先陈述事实，然后要求学生解释或阐述，如上述问题就可以转化为"为什么 7 是质数？""为什么细胞被称为生命的基本单位？""为什么三角形的内角和是 180°？"这类问题超越了记忆层面，能够反映学生对概念的深层理解，教师也能从学生的回答中得到更多的信息：不只是关于知识记忆的信息，也包括推理、分析、比较等认知过程的信息。不过，这类问题通常只能在学生有机会学习相关的事实性知识之后才能有效运用。

另一种做法是基于学生常见错误的问题建构。如果教师在建构问题或任务时对学生可能会犯的错误有清晰的预见，并以学生常犯的错误为基础来建构问题，那么这样的问

---

[1] Keeley, P. Science Formative Assessment: 75 Practical Strategies for Linking Assessment, Instruction, and Learning[M]. London: Corwin Press, 2008: 83.

题建构就能更高效地揭示学生可能存在的问题。这在课堂评价中尤为重要，因为课堂中并没有太多时间让我们发现症状之后探究这种症状的原因。这种技术要求教师在建构问题时倒过来想——逆向思考，不是思考"要检测 A 目标的达成，我要用什么样的任务"，而是思考"学生在 A 目标达成上常犯的错是什么，我要设计什么样的任务将他的错误鉴别出来"。表 4-3 有助于教师形成这种逆向的思考方式，它要求教师在课程标准中选定一个课程目标，接着用目标剖析技术分解出教学目标，再确定其中一个目标，然后有意识地收集学生在这一目标上常犯的错误，最后根据学生常犯的错误设计相应的问题或任务。

表 4-3　基于学生常见错误的问题建构

课程目标	教学或学习目标	学生常犯的错误	所设计的问题

课堂评价需要快速收集学生的学习信息，而且所收集的信息应易于处理，因而选择反应式问题经常是一种好的选择。在当前的评价语境中，我们对选择题可能存在某种误解。事实性知识的确很容易用选择题来检测，但这并不表明选择题只能用来检测事实性知识。如果设计得当，选择题可以检测布卢姆目标分类学中的所有目标类别，也能快速诊断学生学习中存在的问题。在选择题设计的应用中，有一种专门的技术，即"干扰项驱动的选择题设计"。在这种设计中，干扰项的设计是关注的焦点，每一个干扰项都代表着学生的一种常见的错误，如知识错误、概念错误、思考方式错误等。以下是来自国际学生评估项目（PISA）的一个经典例子。

小明想把自己房间的墙壁和天花板刷一遍。房间的地板是长方形的，长 5 米宽 4 米，天花板有 2.5 米高。房间有一扇门和一个窗，总共有 6 m²，当然不需要刷。请问小明要刷的面积有多大？

a. 22.5 m²　　b. 36.5 m²　　c. 39 m²　　d. 44 m²　　e. 50 m²　　f. 59 m²

在这道题中，除正确选项之外的 5 个干扰项都不是随便放的，所有干扰项都是有依据的，都代表了一种错误的算法。为什么是 22.5，而不是 22？因为 22.5 是算出来的，只不过是基于一种错误的算法。教师看到学生选择的结果（症状），马上就会知道学生是怎么想的（原因），学生的错误是"可解释的"。查普伊斯以阅读中的"推理"目标为例，提供了一个题目编制的框架。[①]

目标：推论

可能的问题：你能根据文章推出哪个观点？

正确答案——基于文章提供的证据而进行的推测。

干扰项 1——包含来自文章的词语或概念，但得不到文章主要意思支持的推测。

干扰项 2——看似合理但得不到文章证据支持的推测。

费希尔和弗雷将这种干扰项称为"诊断性干扰项"，因为它能准确鉴别出学生知道什么、不知道什么。他们认为，干扰项不应关注简单的错误，或者关注那些意想不到的、难以解释的错误，而应聚焦于学生对特定主题或概念的误解、过度简化和过度概括。表4-4 是关于一道选择题干扰项建构的框架[②]。

表4-4　关于一道选择题干扰项建构的框架

题干：植物能够长大的原因是什么？		
选项	错误	原因
A. 它从土壤中获取营养物质	误解	不理解营养物质是由植物内部制造的。
B. 它把水和空气变成糖	过度简化	知道营养物质是由植物内部制造的，但不知道水和二氧化碳（来自空气）是用来制造糖和氧气的。
C. 它有叶绿素，用来生产营养物质	过度概括	不明白有些寄生植物不含叶绿素。
D. 它通过光合作用增加生物量	正确答案	

如果能够编制出这样的问题，那么教师就能运用它实现快速的诊断。关键在于教师对学生可能存在的问题的预见。这种预见或许可以基于经验，但是同样需要基于研究。

特别需要指出，保证问题的诊断力，一个非常重要的关注点就是不能让学生因为错

①　查普伊斯. 学习评价 7 策略：支持学习的可行之道 [M]. 刘晓陵，等译. 上海：华东师范大学出版社，2019：155.

②　Fisher, D., Frey, N. Checking for Understanding: Formative Assessment Techniques for Your Classroom[M]. Alexandria, Virginia USA：Association for Supervision and Curriculum Development, 2007：108.

误的知识或推理而得到正确的答案。如果设计的问题有缺陷，学生就可能因为误打误撞而得到正确的结果。比如，一道判断题：等边三角形是锐角三角形，等腰三角形也是锐角三角形。学生判断这是错误的陈述。他答对了，然而他很可能认为这个陈述中包含的两个部分都是错的，甚至可能认为前一陈述是错的，而后一陈述是对的。此时，学生的错误就可能被掩盖起来了。

第三节　引出学习证据的实用技术

一、给我一个信号

在教学过程中，很多时候教师需要掌握学生学习的总体信息，因为从个别学生那里得到的信息不足以支持教师作出下一步行动的决策。要了解全班的总体情况，借助个体的口头回答，需要很多时间；而借助集体回答，很可能难以收集到有效的信息，因为声音嘈杂，很难分辨；借助书面回答，教师可能需要较多时间来浏览学生的回答。在这种情况下，鼓励并支持学生在学习过程中向教师传递信号，这是一种很有用的做法。麦克泰讨论过"8 种快速检查理解的方法"，其中第一种就是"SIGNAL IT"，[1] 即要学生依据自己的学习情况向教师发出一个信号，向教师传递关于自己学习的信息。这类技术有非常多样的形式。

①拇指法。事先跟学生确定几种用大拇指来表示自己理解情况的做法。比如，捏起拳头拇指向上，表示已经理解或者掌握；拇指向下，表示还不理解；拇指朝向水平位置，表示还有疑问，不确定。当教师在提出具体的问题之后，学生就可以用约定的手势来表示自己的理解水平。相对于口头回答，这种做法能够让教师快速把握全班学生在某一特定时间点或内容上的理解情况。当学生给出他们的手势信号时，教师能够快速对班级的总体情况作出大致准确的判断，从而作出下一步的教学决策。

②交通信号灯。事先跟学生约定用交通信号灯的三种不同颜色表示理解情况，如绿色表示理解，红色表示不理解，黄色表示部分理解。在每一个学生的座位上放置三种不同颜色的卡片，让学生在教师检查理解的时候，根据自己的实际情况举起某种颜色的卡片。事先约定的信号可以多种多样，如一位数学教师就用三种不同形状的卡片替代三色卡片：圆形代表理解，三角形代表不理解，正方形代表不确定；一位幼儿园教师则使用了笑脸、哭脸、冷漠脸三种卡片。无论用哪种信号，关键都是要与学生事先约定，且通过一些练习让学生知道其特定含义，并能熟练运用。

---

① McTighe, J. 8 Quick Checks for Understanding[EB/OL]. [2021-01-29]. https://www.edutopia. org/article/8-quick-checks-understanding.

教师在使用上述两种技术的时候还可以事先跟学生约定好程序，让几种信号依次呈现，而不是同时发出。同时发出信号有好处，一是节省时间，二是减轻不理解学生的压力。但当班级人数较多，且不同掌握情况的学生人数差异不大时，教师不易快速搞清班级的整体情况，让学生"不理解—不确定—理解"三种情况依次发出信号，对教师会更有帮助。

此外，当上述两种做法用于"你理解了吗""明白了吗"之类的问题情境时，确切地说，教师所收集的并非学生理解的信息，而是关于学生对理解的信心程度的信息，因为学生的回应是基于他们对理解情况的自我判断。而这种判断有可能不完全对，有时，学生以为自己理解了，但实际有可能未理解或不完全理解。此时，教师可以随机指定竖起大拇指或者亮出绿色信号卡的学生作答（可参见随机叫答的相关技术），并要求他们作出解释。当然，如果教师将所提问题变成关于思考的问题而不是关于感受的问题，比如，不是问"你知道怎样计算平行四边形的周长了吗？"，而是给出平行四边形周长计算的实际答案，然后让学生给出信号，判断这个答案或解题过程是否正确，那么就能把有可能靠不住的自我报告变成非常有用的工具。这个微小的改变会让学生无法隐身，如果计算有错，他却竖起拇指，或者给出绿色信号卡，那就表明他在理解上存在问题。

这种技术在涉及认知问题时，还可以作进一步改造，变成"应答卡"或者拳头加手指。

③应答卡。教师事先为每个学生准备一套选项卡，放在学生桌子上。在教学过程中，教师呈现选择题（选择题作为一种评价工具经常被批评，然而在课堂评价中，由于有后续探究学生选项的机会，设计良好的选择题会成为一种非常快速有效的评价工具），然后学生根据自己的回答，向教师展示他们选择的选项卡。

常见的应答卡有两种类型：预制卡和手写卡。预制卡事先写好了可能的答案，其中预制卡又可以分成相对通用的卡片和内容特定的卡片，前者如上述的适合选择题的"ABCD卡"，或者适合多种判断题的"是否""对错"卡；后者如一位科学教师在教"动能和势能"主题时，预先分发给学生分别印有"动能"和"势能"的两张卡片，然后在投影上呈现一些图片，要求学生根据自己的判断举起其中的一张卡片。手写卡允许学生在卡片上书写自己的答案，为节省成本，一位教师甚至给学生配备了白板和白板笔。

④拳头＋手指。要求学生通过握紧拳头（不理解）、举起一根手指（几乎不理解）和举起最多五根手指（我完全理解并能很容易地向别人解释）来表明他们对一个概念或程序的理解程度（类似于选择题的选项）。一位教师还运用这种技术让学生回答一个文本中存在几处语法错误，用来快速了解学生的掌握情况。

这些技术的使用都需要与教师的问题结合在一起，换言之，上述技术中学生给出的信号实际上是学生对教师的提问作出的回应。但这并不意味着，只有教师提出问题，学生才能给出信号。实际上，"给我一个信号"也可以在教学的全过程中使用。一位教师就使用了一种被称为"红绿磁盘"的技术，允许学生在学习过程的任何时候发出信号。

教师为每一个学生都准备了一张旧磁盘，将其一面涂成红色，另一面涂成绿色。在教学开始之时，每一个学生的磁盘都是绿色一面朝上，但随着教学过程的推进，有些学生可能跟不上了，就可以将磁盘翻到红色的一面。对于部分学生来说，学习过程中出现了问题，大多不会直接向教师提出来，因为常规的课堂文化会让他们觉得这有损于自己在他人心目中的印象，但他们还是愿意在觉得不为太多同伴所知的情况下暴露自己的问题。因此，当拥有这样一种机会时，他们大概率会动下手，将桌子上的磁盘翻个面。教师通常会在课堂巡视中注意到在何时，某个或某些学生将磁盘翻到红色的一面。当发现某个时刻有个别学生的磁盘变红时，教师可以及时微调自己的教学方式，或者可以在自己的记录本上记下学生的名字，并在课后与学生进行交流。

背景知识
4-3

交通信号灯技术的变式

三色纸杯。在开展学生小组活动或个体活动时，为每个小组或个体准备一套纸杯，红黄绿各一个。在活动开始时，学生将纸杯倒着叠放在桌子的显眼位置上，其中绿色纸杯在外，代表"我（们）自己可以完成，无须帮助"。随着学习活动的推进，如果学生需要老师提供一些反馈，但没有帮助也能继续下去时，就可以将黄色纸杯叠在最外面；如果觉得没有老师的帮助就无法继续，那就把红色纸杯叠在最外面。

三色圆点。给学生准备一套红黄绿三种颜色的小贴纸。学生上交作业时可以根据自己对作业的信心程度，在不同作业上贴上不同颜色的贴纸：绿色表示完全有信心做对；黄色表示有一定的信心，但希望得到反馈；红色表示没有信心，需要得到帮助。这能让教师节省批改作业的时间，教师只需要抽查重点学生的某些标上绿色的作业，然后将更多时间用在那些标上黄色和红色的作业上。

三色圆点也可以用来让学生进行互评，如用红色标出同伴作业中需要作出重大修改的地方。这类技术还可以作为后续教学干预的基础，如让展示绿色的学生与展示黄色的学生配对，以帮助后者解决问题，教师自己则可以集中精力帮助展示红色的学生。

如果教室的空间足够，教师还可以将更大幅度的行动结合进来。比如，"四角"技术，给予学生一个有现成答案的问题，如选择题或按李克特量表建构的陈述，让学生根据自己的答案移动到教室的特定一角，不确定答案的学生可以移动到教室中间。教师还可以让每个角落的学生各推选 1~2 名代表与全班分享他们的选择理由，从而获得更多信息。又比如，人形散点图（human scatterplots）[1]，让学生根据自己的答案及对答案的确定程度选择在某个空间中的位置，这样教师一眼就能看到学生选择的结果及他们对自己选择的信心程度。在学生做好选择后，教师可以让在不同区域的学生相互讨论。图4-2 就是一个学生在面对有三个选项的选择题时做出选择而形成的人形散点图，其中横轴从左到右代表的是他们对自己答案的信心程度。这些结合动觉的技术对于那些偏好运动的学生特别有用。

图 4-2　人形散点图

在使用这类技术时，有几个关键要点需要关注。

首先，无论用什么样的信号系统，如手势、交通信号、图形、表情符号等，都得让学生清晰地了解信号的含义。有些教师在刚开始使用这种技术时会将所创建的信号系统中的每个信号的含义呈现在教室的显眼处，或者在运用这种技术时在投影上呈现各种信号的含义。

---

① Keeley, P. Science Formative Assessment: 75 Practical Strategies for Linking Assessment, Instruction, and Learning[M]. London: Corwin Press, 2008: 109.

其次，作为用以把握班级总体学习情况的手段，学生个体的学习情况不是关注焦点，因此，让学生匿名参与其中完全不影响信息的收集。但在这种技术使用中，学生实际上不可能匿名参与，因此，"非评判"就尤为重要，绝对不能用低分、低等级和负面的语言对学生的表现或学生本人作出评判。

反思时刻
4-2

你是否用过类似的技术？如果用过，你觉得使用这类技术还需要注意什么？

这类技术还可能有哪些用途？比如，这里着重介绍的是学生给教师传递信号，你能否运用相关技术给学生传递信号？

二、把你的想法画出来

要想引出学生的学习证据，就要让学生做事。经常要求学生做的事大多涉及语言文字，如课堂提问，就是让学生用口头语言回答问题；测验就是让学生用书面语言回答问题。然而，一方面，语言文字有它的局限性，可能无法揭示意识中那些缄默的东西，即那些"只可意会，不可言传"的东西；另一方面，运用语言文字来呈现信息对呈现者的语言文字水平有要求。

背景知识
4-4

加德纳的多元智能理论

在传统智力观中，聪明人都是一样的，要么有较强的言语智力，要么有较强的数理逻辑智力；人和人之间的差异在于聪明程度，有些人聪明，有些人不那么聪明。

而加德纳的多元智能理论认为，所有人都可能是聪明的，只不过，不同的人的聪明可能会表现在不同的方面或领域。人类智力至少包括以下 9 种。

言语智力：表现为能灵活运用语言进行思考并表达复杂意义的能力。

数理逻辑智力：表现为对逻辑结果关系的理解、推理、抽象、表达。

空间—视觉智力：表现为对形状空间关系和特征的正确感受和表达的能力。

音乐—节奏智力：表现为对音乐等非言语声音感受、辨别、记忆、表达的能力。

身体—运动智力：表现为操控物体和身体，用身体交流和解决问题的能力。

反省智力：表现为认识、洞察、反省自己并调节自身情绪和行动的能力。

人际关系智力：表现为觉察他人情绪情感并作出适当反应的能力。

自然观察智力：表现为对自然形态的敏锐观察和觉知的能力。

存在智力：表现为对陈述和思考终极性问题的能力。

把你的想法画出来，涉及一类要求学生将自己的知识、思考、理解以可视化的方式表现出来的技术，其共同特点是让学生以图表或图画的形式呈现自己所学或对内容的理解。当学生在将学习内容或自己的理解转化成某种视觉形象时，可能会揭示出一些运用语言（包括口头语言和书面语言）难以呈现出来的问题，比如，在运用语言时，学生很可能会模仿教师或教学材料上的那些术语，从而掩盖他们理解上存在的问题。学生要将自己的理解可视化，就必须对所学内容进行抽象化或具象化的处理。学生在这一过程中可能会思考：如何呈现不同部分之间的关系？这一部分应该画多大？放在哪里？用什么样的形状？用什么颜色？在做出这些决策时，他们会展示出更多的理解（包括先入为主的观念、误解），教师能够从中获得更多关于学生学习的信息。比如，一位教师在要求学生画出"水循环"的示意图时，发现有学生在图中画了地下河，并将之标注为"地下水"。因此，教师发现了学生存在的误解，即地下水是以地下的河流或湖泊形式存在的，而不是存在于地下的土壤或砂石之中。再如，当教师要求学生回答什么是直角三角形时，学生很可能会凭借记忆作出正确的回答：有一个直角的三角形；但当教师要求学生画出三个直角三角形时，发现有些学生画的三个直角三角形都是直角在底部，且两个直角边都与作业单的页面平行，你能发现他们对直角三角形的理解上的问题吗？

画图可以运用于多种情境。米勒（Miller）总结了可以运用画图技术的多种情况，比如，用线条—颜色—符号来表示对所学概念的理解；画出当前所学的某种结构（如生物课程中的大脑皮层结构）、关系（如小说中人物关系）的图；运用简单的形状来表示关系（如人物、事件、数学概念）；创作漫画来表示一个系统，然后提炼故事或事件的关键元素，或呈现一个过程的基本步骤……与此同时，米勒也提供了考查学生绘画的多个关注点。[1]

- 学生理解了哪些事实、关系、顺序等？

- 哪些关键因素被忽视了？

- 哪些因素在某种程度上被错误呈现了？

- 某些因素、关系、细节等是如何表现的？

- 学生的画比较起来怎么样？你看到了什么模式？它们有什么独特之处？

- 学生的绘画提供了关于内容的什么见解？

经常可用的画图技术包括以下几种。

①概念地图。概念地图也许是教师最熟悉的一种画图技术，通常也称"思维导图"。很多教师在实践中运用概念地图，或在教学之初将之作为所学内容的先行组织者，也可能会在相关内容学习完成之后将之作为梳理学习内容的方法。概念地图同样可以作为一种有效的评价手段。当学生被要求画出某个主题之下的知识体系时，他们就必须回顾相关的学习内容，明晰它们之间的关系，然后以适当的方式进行可视化的表达。

一个概念地图通常由三种主要成分组成：术语或概念，通常用方框来呈现；方向链接，通常用带箭头的线条来呈现；连接词，用以说明概念之间关系的词或短语。概念地图的核心是反映术语或概念之间的关系，让学生绘制概念地图属于布卢姆分类学中的"综合"，因此比较适合在一个较大的学习主题完成之后运用。学生绘制的概念地图不仅能够揭示学生所掌握的概念，而且能够揭示他们对所学内容的组织情况，可以让教师快速发现学生在理解上或者逻辑上存在的问题。比如，教师很容易看到学生提供的概念地图中的概念的数量和适当性，也能直观地看到概念之间的各种关系。

在运用这种技术时，选择好主题非常重要。主题需要具有一定的包容性，若其中涉及的信息很少，知识的"结构"或"组织"就可能难以呈现出来；但主题也不能太过宽泛，太过宽泛的主题经常会涉及太多信息，不易画出来，也很可能难以清晰地反映学生理解上的问题。有时，主题之下涉及的概念或术语比较多，学生对概念或术语的记忆可能会

---

[1] Miller, S. Using Drawings for Formative Assessment[EB/OL]. [2021-09-01]. https://www.edutopia.org/article/using-drawings -formative-assessment.

影响概念地图的呈现质量。如果评价的目标聚焦于学生对"关系""结构"等的理解上，那么教师可以向学生提供相关概念或术语的清单，以减少记忆的负面影响。

自评时刻
4-1

请梳理你用过的课堂评价技术，以概念地图的方式呈现出来。

概念地图的一种变体是概念卡片排列。教师事先为每个学生或每个学生小组准备好一套打印上相关概念的卡片，要求学生移动卡片，将它们排列成一个有关联的概念网络。相较于常规的概念地图绘制，这种技术更加开放，允许学生在过程中探索、反思、调整，也给予学生探索和思考概念间不同联系的机会。教师可以在提供概念卡片的同时，也提供常规概念构图中会使用的连接号和连接词，将卡片构图如同常规概念构图那样完整地呈现；或者不提供连接号和连接词，而要求学生在卡片空白处写出反映概念间关系的句子。用贴纸制作概念卡片比较好，如果学生对自己的作品很满意，就可以将之贴在一起。这就是他们工作的产品，可以将其纳入个人学习档案袋，也可以将其以海报形式张贴在课堂中，从而与同伴分享，并接受反馈。有时，为学生提供一些空白的卡片也很有用，看学生是否使用或如何使用空白卡片能够帮助教师获得一些额外的信息。

②图形组织器。教师在日常实践中也可能会运用一些结构化的图形来展示教学内容，这些结构化的图形都可以归到图形组织器中——概念地图其实也是图形组织器的一种。据统计，常见的图形组织器有几十种，若加上每一种的多种变式，那就更多了，如经常用来表示时间顺序的鱼骨图，用来表示两个概念之间关系的维恩图，用来描述一个过程及其顺序的流程图（PowerPoint 的 SmartArt 中有很多流程图的模板），用来表示对象及其属性的气泡图等。

图形组织器举例

1. 圆圈图

圆圈图通常由两个同心圆构成。内圆呈现主题词，内圆之外、外圆之内的空间填写任何与主题词相关的内容。
圆圈图主要用于考查联想、定义。相关的指令性问题可以是：关于 ××，你能想到什么？你如何定义 ××？

2. 鱼骨图

鱼骨图可以用来表征多种类型的思考过程。如果鱼头是问题，鱼身就呈现为问题的原因或解决方案；如果鱼头是某个过程，鱼身就代表整个过程的多个阶段或环节。相关的指令性问题可以是：请描述某个事件的发展过程，或 ×× 的可能原因有哪些？

3. 气泡图

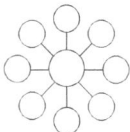

气泡图通常用来描述一个主题的特征或属性。中间稍大的圆呈现主题词，学生可以在周边小圆中列举该主题词的特征、属性。相关的指令性问题可以是：你如何描述这个对象？这个事物有何特征？等等。

4. 双气泡图

不同点　相同点　不同点
不同点　事物1　相同点　事物2　不同点
不同点　相同点　不同点

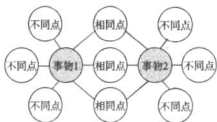

双气泡图是两个气泡图的整合，通常用来对两个对象进行比较。两个对象的相同点就不再单独列举，放在中间，由两个气泡图共享；不同点依然单独列举。相关的指令性问题可以是：这两个对象有何异同？

5. 维恩图

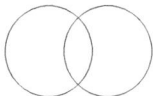

维恩图通过用圆形或椭圆形的重叠与非重叠来表示对象之间的关系，用来帮助人们理解对象的交集、并集、包含关系等，交叉部分表示对象之间共同的东西。维恩图可以用来描述多个对象之间的关系。相关的指令性问题可以是：这些对象之间有何异同？

6. 树形图

A
B　C　D
E　F　G　H　I　J

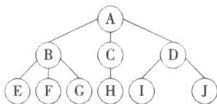

树形图有广泛的用途，主要用于知识的分层分类。它有多种形式，其经典形式类似树的样子，树干代表核心概念，该核心概念生发出树枝、树叶，代表其下位概念；也可以如同左边的例子，最上面的圆圈代表一个上位概念，还可以将上位概念放在边上，就如同括号图。相关的指令性问题可以是：某个对象有哪些类别？

7. 流程图

流程图反映做事的程序或者概括事件的发生过程。流程图经常用不同形状的框表示过程中的事件或活动。相关的指令性问题可以是：你打算如何安排活动？故事是怎样发生的？

8. 桥型图

桥型图反映对事物关系的类比。假定图中 A 和 B 分别是"米"和"长度"，C 和 F 分别是"平方米"和"体积"，要求学生填出 D 和 E 的内容。常见的引导性问题如：A 和 B 就相当于 C 和什么？

这些图形组织器都是用来表征知识或对知识的理解的，评价就是借助让学生将自己的理解呈现出来而实现的，因而让学生绘制图形组织器也可以成为一种有效的评价技术。比如，一位小学科学教师要求学生运用维恩图来比较关于某一个科学概念上"我们的想法"和"科学家的想法"，小组合作讨论列出关于该概念的想法清单，然后梳理关于该概念的科学观念，接着对两者进行比较。比较的结果填在维恩图中：将与科学家相似的想法填在两个圆圈的交叉处；将左边的圆圈标记为"我们的想法"，填上小组讨论出来但科学观念中没有的想法；将右边圆圈标记为"科学家的想法"，填上那些他们认为科学家具有但自己不具有的想法。可以看到，如果换成双气泡图，这种比较对照也能够很好地实现。

很多图形组织器都可以有多种变式，其中有些可以变成更为简单可操作的图表。让学生在预制的图表上填空，可以节省时间，同时也能确保引出学生学习的信息。最常用的图表式图形组织器大概是 KWL——要求学生按照固定的框架列出三个方面的内容："我已知的（Know）""我想知道的（Want）""我新学到的（Learn）"。其中 K 和 W 在学习之前填写，L 在学习之后填写（见表 4-5）。

表 4-5　KWL 图表

K 我已知的	W 我想知道的	L 我新学到的

这种图表式的图形组织器多种多样，教师可以按照自己想收集的信息来制作。比如，一位教师在教完推论之后，为学生提供了一份推论表，要求学生针对特定的读物填写。另一位教师要求学生将文章中的事件按顺序排列，并填写顺序排列表（见图 4-3）。

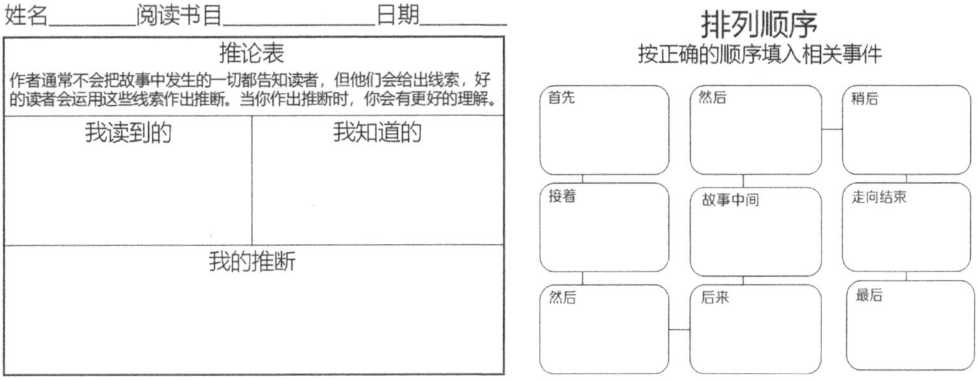

图 4-3 阅读评价图形组织器样例

这些结构化的图形组织器有助于教师快速发现学生在理解上存在的问题，从而针对学生存在的问题采取有针对性的措施。当学生掌握了某种图形组织器后，教师就可以不再提供预制的图表，而要求学生自己绘制；当学生掌握一定数量的图形组织器之后，教师甚至可以不指定图形组织器，而是让学生选择适合自己的图形组织器——这种选择本身就能反映学生的理解情况。

③加注释的绘画[1]。吉莉在她的书中介绍了一种在科学教育中运用的做法，就是让学生绘制图画，并在图画上添加标签进行注释，直观地表达或描述自己对科学概念的思考和理解。图形图像迫使学生对学习内容进行形象化的思考，能让学生将头脑中无法用语言描述的认识浮现出来。加上"注释"中所用的术语，以及学生对自己图画的解释和描述，能够揭示出学生已有经验中的天真观念或误解，进而帮助教师针对学生的问题采取有针对性的干预。

这种技术很有价值。但是，相对而言，这种技术的使用更费时间，因为学生必须以形象化的方式来呈现，而无法像前述的"图形组织器"技术中可以在预制的结构化图表中填写。因此，这种技术可能无法经常运用。这种技术应当用于对学生学习一些非常重要的大观念或核心概念上，而且还得考虑，这个大观念或核心概念是否适合用图画来表征。在选定需要学生画图的核心观念之后，教师要给予学生准确的指令，以保证能够引

---

① Keeley, P. Science Formative Assessment: 75 Practical Strategies for Linking Assessment, Instruction, and Learning[M]. London: Corwin Press, 2008: 53.

出自己想要的信息。比如，在吉莉提到的例子中，教师选择"水循环"作为需要学生画画的核心观念，但给出的指令不是一个笼统的要求："画出你头脑中的水循环过程"，而是给出了一个清晰具体的指令："画一幅关于'水循环'过程的图画，帮助他人理解水在循环过程中发生了什么。要在图中画出、标记并简要描述水循环过程的各个部分，说明水的形态和位置的变化。"

按照吉莉的观点，这种技术可以在教学过程的多个环节中运用：如果学生比较熟悉所涉及的主题，这种技术就可以在教学开始时运用，从而让学生调用先前的知识经验，识别可能源于先前知识或经验的理解难点；在学生学习之后运用，可以提供额外的学习机会，帮助学生进一步巩固理解，可以让学生相互检查图画，提出进一步的问题，或者进行同伴反馈；还可以在教学开始和接近结束时都运用，让学生保留第一次的绘画，在学习结束后再画一幅图，并进行比较，描述不同之处以及调整的理由。这为学生提供了自我反思的机会。

一种类似的做法是涂鸦墙。在一堂课或一个单元的学习结束后，将一些尺寸较大的白纸贴在教室的墙壁上，让学生写出或画出他们学到的东西。教师可以将涂鸦墙保留一段时间，让学生能够继续画图或添加评论。相关的做法是海报。学生根据任务要求，以个体或小组合作形式制作图文并茂的海报，然后将之张贴在教室墙壁上。教师可以从中收集有助于教学决策的信息。如果要将学生互评整合进来，就可以结合"画廊漫步"技术。

这种技术的一种变式是纯粹的图画，无须在图画上添加注释，不用文字，只用图画来表示自己的想法。从学生的图画中，教师能够收集一些对于后续教学非常重要的信息，这些图画也可以作为讨论、反思的对象。

④照片解释。吉莉在书中描述了一种有趣的做法：当学生在开展一个探究或实践活动时，教师用手机或数码相机拍照，然后选择特定的照片，让学生描述照片上这个时刻他们在做什么或想什么。大部分学生都乐于在照片上看到自己，从而产生参与动力。当他们描述自己的所做所思时，他们实际上就在进行自我反思，有助于教师从学生的描述中探察学生在那一刻的思考，为深入探索学生的想法提供了机会。这种技术的使用需要教师随时保持对学生活动的关注，抓住一些重要的时刻，如学生显示了迷惑或困难，表现出兴奋，发生了激烈的争论，或者有某种发现的时刻——吉莉还建议应当允许学生请教师过去拍一张他们认为重要的照片。如果教室中有相关设备，教师可以及时将照片打印在一张纸上交给学生，让他们在空白处添加他们的注释或描述，也可以在投影上呈现照片，结合提问的方式要求学生作出口头描述。

⑤看图说词。这是一种让学生共同参与、交互建构的可视化技术。4~6 名学生围成一圈，某个学生先根据学习主题在一张长纸上创建关于过程、概念或现象的图形、图表或绘画等视觉表征，确保图画只占据这张长纸的最上面部分，然后按顺时针或逆时针方向将自己的作品传给下一个同学。收到画的同学要在画上写出关于这幅画的说明或思考，然后将纸折起来，将图画部分和说明部分分开，确保接下来的第三个同学只能看到书面解释部分；第三个同学接着根据书面说明来创建自己的视觉表征（不能偷看原始图形）；按照上面的做法继续往下传，第四个同学继续根据第三个同学的可视化作品做书面说明……图画—文字解释交替进行，直到这张纸回到最初图画的作者手上。

这类技术也可以反过来用，不是让学生自己画，而是向学生提供不同形式的视觉表征，让他们进行表征分析，将科学表征与真实事物进行比较（或在多种表征之间进行比较），并指出表征中的缺陷、局限或差异。表征分析通常只能在学生学完这些视觉表征所代表的观念之后运用，让学生进行分析的表征应该是存在某些缺陷甚至错误的图片、图形组织器、模型等视觉表征，可以选自相关读物、网站，或来自学生自己形成的视觉表征。

无论运用什么样的可视化评价技术，至关重要的是，要记得画图只是引出学生思考、理解的一种手段，是"让思考可见"；画图本身不是目标，图画本身的质量更不应成为关注点。正如有些学生不擅长用语言、文字来表达自己，有些学生也不擅长用可视化的方式来表达自己的理解。对于这些学生，教师可能需要结合提问等手段，去探索画面以外的东西。有些学生更具有艺术禀赋，但教师不能因某些图画更具艺术性而赞扬某些学生——这种赞扬背后隐含着某些图画不够好，接受了这种暗示的学生可能会失去参与的积极性。

反思时刻
4-3

你用过哪些可视化的评价技术？关于这类技术的使用，你有哪些经验或教训可以与大家分享？

三、把你的想法说出来

在引出学生学习信息时，让学生用口头语言来表述是教师日常实践中经常运用的方法。在课堂中，教师会让学生回答问题，在办公室或走廊上，教师可能会跟学生进行交谈，通过倾听，教师能够获得关于学生理解的信息。在语文、外语等课程中，口头语言本身就是重要的学习目标，要了解学生在这些目标上的达成情况，唯一的做法就是让学生听、说、读。

有很多技术可以支持教师通过让学生"说"来引出学生的学习证据。

（一）提问

提问被视为有效教学的支柱，因为提问能够激发学生的思考，更能使教师收集到学生学习的证据。然而，并非所有的提问都能成为有效教学的支柱——鉴于本书的主题，我们不讨论提问如何激发学生思考的问题，而聚焦于提问能否引出支持教与学改进的学习信息或证据。提问能否有效，在很大程度上取决于提什么样的问题，以及怎样提问题。要引出学生的学习信息，提问同样得关注这两个方面。

背景知识
4-6

QUILT

沃尔什和萨特斯提出了"提问和理解以改进学习和思考"（questioning and understanding to improve learning and thinking，QUILT）框架，用以描述教师专业实践中运用提问的步骤（见表4-6）。

表4-6　QUILT

建构问题	明确教学目标、确定问题指向的内容重点、选择问题要求的认知水平、考虑措辞和语法，核心是要明确问题所要考查的目标。
提出问题	说明期望的学生回答模式，如齐答还是个别回答，提出问题、叫答。
促使学生回答	提问后稍作等待、为不能回答者提供帮助、学生回答后稍作等待。
应对学生的回答	提供适当的反馈、拓展并运用正确的回答、引出学生的进一步反应和问题。
对提问的反思	分析问题、记录回答者的分布情况、评估学生的回答模式、检查教师和学生的反应。

资料来源：Walsh, J. A., Sattes, B. D. Quality Questioning: Research-based Practice to Engage Every Learner[M]. Thousand Oaks, CA: Corwin Press, 2005.

提什么样的问题，这在引出学习证据的情境中尤为重要。不同的问题在引出学生学习证据方面的潜力存在着巨大的差异。有时，学生回答了教师的问题，教师只能从学生的回答中得到极为有限的信息，比如，如果教师经常提只涉及简单的"对错""是否""真假"答案的问题时，学生通常只需要用一两个字来回答，呈现出来的信息极为有限，甚至更糟糕的是，学生答对了，教师却依然不知道学生是否真知道。有时，教师心里想要某种信息，而所提问题却不能让学生呈现他想要的信息。比如，一位小学数学教师想知道学生是否知道质数的特征，因此提了一个问题："7 是质数吗？"学生答对了！然而，能不能从学生的回答中推断出学生已经知道质数的特征呢？只要你想到学生答对这个问题的几种可能性，你就知道，不可能推出来。这里涉及提问技术使用的一个关键要点，即所提问题一定要能够引出教师想要的信息。而其中特别重要的是，要根据学习目标来设计问题。

自评时刻
4-2

前面我们提过学习目标与所提问题的关联性，你能回忆起来吗？

现在，你可以根据所教学科，为布卢姆认知领域的六类目标分别设计一个问题。

知识_____

理解_____

应用_____

分析_____

综合_____

评价_____

在当前强调素养导向的教学中，理解及其之上的高阶认知目标变得比以往任何时候都更重要。教师的提问更需要引出学生理解高阶认知方面的信息。如同"7 是质数吗"之类的问题不足以揭示学生的理解和思考，那么，威廉所倡导的"问题模板"则更有用。问题模板指的是建构一种有助于更好揭示学生思维的问题的通用结构，它的基本框架是"为什么 A 是（或不是）B 的一个例子？"而不是"A 是 B 吗？"回到前面的例子，教师应该提的问题不是"7 是质数吗？"而是"为什么 7 是质数？"当学生在回答这两种类型的问题时，他的表达不同——必须用一两句话而不是一两个字来作答；思考过程不同——回答前一个问题只需要回忆或判断，回答后一个问题就需要回忆起质数的特征，即对 7 的特征进行分析，然后对两者进行比较；展示出来的理解范围不同——前一个问题答对了，教师却可能无法判断学生是否真知道，而如果学生能答对后一个问题，教师就可以确定他知道。

有时，将提问转化为陈述方式，可能会引出更加丰富的学习信息。比如，问"所有的水都以液态形式存在吗？"可能会引发极为简单的回答，如果将之转化成一个陈述句"所有的水都以液态形式存在"，学生会知道，仅仅回答"是否""对错"是不够的，他们知道，接下来还得说出理由——这样的陈述起到了问题模板所起的作用。

提问的有效性与提问方式也有关。课堂中提问的主导模式大概是，教师提出问题—学生回答问题—教师对学生的回答作出回应，在一些课堂中，这种模式运行得非常快，就好像打乒乓球一样，教学进程就在师生之间的快速问答中推进。然而，从课堂评价的视角——更确切地说，从引出学习证据的视角来看，有几个关键的现实问题需要解决：

- 引出谁的信息？

- 引出多少信息？

- 能不能引出信息？

- 所引出的信息可靠吗？

引出谁的信息？当然是引出学生的信息。然而学生的信息是学生个体的信息还是学生总体的信息？理论上讲，两者都要。但课堂评价，尤其是在提问所发生的课堂教学情境中的评价，重点在于获取学生总体的学习信息。可我们经常看到的情况是，教师提出问题，然后指定学生回答。通常而言，教师会让举手的学生作答，如果几个学生都回答正确，教师就可能"推定"大家都掌握了。当把这种现象呈现出来时，所有的教师都知道，这种推论是靠不住的，对于整个班级而言，几个举手的学生明显缺乏代表性；根据一两个自信的志愿者的回答来对一个由 40~50 个学生组成的差异化群体的学习作出决策，显然是不适当的。解决这个问题的基本方向就是随机提问，在全班学生中随机抽取作答者。我自己经常用学生学号的尾数来确定作答者，如第一个问题可能让学号尾数是 6 的同学作答，下一个问题可能会让尾数是 2 的同学作答。我的一位年轻同事借助小程序将学生的号次依次呈现在大屏幕上，指定一个学生随机喊停，留在屏幕上的那个号次所属的同学就是作答者。一位教师很极端，甚至在课堂中制定了一条规则，"非提问不举手"，规定学生只有在向教师提问的时候才能举手。叫谁来回答问题？完全随机，如抽签。

　　冰棍棒技术就是一种简单的抽签方法。教师将学生名字或号码写在类似于冰棍棒那样的木签上，放在不透明的盒子中。要找人作答时，就在盒子里随机抽，抽到谁就是谁。这种随机叫答的做法使所叫到的学生更具有代表性，因而能够更好地获得总体学习情况的信息。同时，这种做法也能够促使所有学生参与学习过程中——只让举手的学生回答，实际上给了一些学生游离于课堂教学之外的机会，他们知道，只要自己不举手，就不会被提问；既然不会被提问，那就可以不去思考。为了兼顾信息收集和学生参与两个方面的考虑，一个教师对冰棍棒技术做了一个小小的改造：将放置学生名签的盒子分成两格。一名学生被叫到回答问题之后，他的名签不再放在盒子之外，而是放回盒子中——还得让他本人看到——但放在另外一格中。当教师想让某个或某些特定的学生来回答问题的时候，运用有暗格的盒子来抽签也是一种好方法：表面上看是抽签决定的，但实际上抽谁是教师定好的。就像一位教师在巡视中发现有一些学生在之前的教学过程中表现出迷惑，教师就提前将他们的名签放在另一格中，随后在提问题时就从这一格中抽取回答问题的学生，确保那些学生被"随机"抽中。

　　随机提问的目的在于保证被叫答的学生能够适当地代表班级总体，因此每次提问都只叫个别学生是不适当的。众所周知，样本对一个总体的代表性在很大程度上与样本量相关，因此教师要想获得较为全面的信息就需要一定数量的学生回答。理想情况下，每一次收集信息时应该"一个都不能少"。当信息技术在课堂中得到普遍使用时，这种理想会成为现实，如果学生拥有类似于投票系统的听众反应系统（audience response system，ARS）的手持设备，就可以即时回答问题，且其背后的系统可以快速汇总、处理并显示信息——PowerPoint 等软件程序中就有类似的程序。若没有这类信息技术支持，快速轮转是一种有用的技术：提出一个问题，给学生几分钟来思考并简略地做笔记，然后教师在课堂中快速走动，让学生根据自己的笔记给出答案。在这种技术中，给予学生充分的时间来准备，有助于他们快速地回答，从而确保教师能够收集到来源多样的信息。一位教师使用了"Give Me Five"技术，在提出问题之后随机抽取 5 个同学来回答（也可以让学生自愿举手）。教师伸出一只手，张开五指，每当一个学生完成回答，收起一个手指。这里的"5"是一个任意数，教师可以根据班级人数、时间进程、所收集信息的实际情况来确定这个数是 3，还是 2。关键在于，在使用这种技术时，问题一定不能是封闭式的问题。教师也可以运用前面提及的冰棍棒技术避免学生被反复抽到的可能性。如果是学生自愿回答，教师要保证不会有学生被反复提问，为此，有教师使用"间隔 3 人"的做法，即再次让某个学生回答之前，一定要确保有其他 3 个同学被提问——当然，这里的 3 也是一个任意数。

　　要保证收集的信息达到支持后续教学决策的足够的量，一个关键的技术是将课堂提问从"打乒乓球"变成"打排球"，即教师提问，一个学生回答之后，还有其他学生参与回答。这可以是由教师发起的，就像下面提到的"我等下会回来的"，当学生不能回答或回答不知道的时候，先换一个回答者，或者事先定好规则，允许其他学生来补充、质疑学生的回答；也可以是由回答问题的学生发起的，他在回答之后可以请求补充，或者向其他学生提出相关的问题。这种技术能够让教师有机会听到更多学生的想法。有教师甚至事先为自己立了一个规矩，即在提出下一个问题或在对学生回答作出回应之前，确保学生之间有2~3次互动的机会。

随机提问的一个可能的缺点在于，被提问的学生可能没有回答，或者回答"不知道"。在这种情况下，教师能得到的信息就是该特定的学生没有回答，却无法收集到对于后续教学调整有用的信息。此时，三种技术有助于破解这个困境：（1）"你能说一点吗？"碰到学生不作答的情况，有些教师会直接换一个学生，这的确能节省时间，但让学生知道，只要我不想回答，我就可以不回答，因此教师提问时我也可以不用思考。当学生沉默或者回答"不知道"的时候，教师问"你能说一点吗"，学生会知道，只有多少说一点才能"逃过"。重要的是，这让他知道，教师不会放过任何一个学生的。这种技术可以扩展到教师在提问时如何运用支架帮助学生，关于这些支架，沃尔什等提供了一些好建议（参见背景知识4-6）。这种技术若用于那些已经回答问题的学生，就可以是"你能再多说一点吗？"通过向学生提出后续的问题，迫使他们进行进一步的思考，此时，这种技术就相当于威廉所说的"热座提问"。（2）"我等下会回来的"，当学生沉默或者回答"不知道"的时候，教师也可以暂时"放过他"，先转向其他学生，但会告知他，"等下我会回来"，而且每次都会履行承诺。这迫使他在其他学生回答时认真倾听，或者自己思考。（3）为搭档代言。在有些课堂中，学生可能不大习惯回答问题，教师可以改造我们后面会提到的"思考结对分享"技术，将它变成"思考—结对—分享—报告"，让学生在彼此分享之后报告同伴的想法。这种做法迫使学生在结对分享时，认真倾听同伴的想法，抓住同伴的核心观点，有助于培养转述的技能。而且，这种做法能够减轻一些比较羞怯或不太自信的学生表达自己的想法时可能会产生的压力——相对于表达自己的想法，转述他人的观点心理压力更轻。教师想收集的是总体的学生的学习证据，至于这种证据来源于A还是B，其实并不重要。这种技术在使用的时候需要注意：尽管在课堂中让坐在旁边的学生搭档最容易操作，但尽量不要每一次都让学生与固定的同伴搭档；让学生掌握交流分享的基本规范，如依次表达，在倾听时不随意打断同伴的表达；报告时要求学生如实转述同伴的想法，不要作评判。

为搭档代言的一种变式是"纸团大战"。为搭档代言并非一种匿名的技术，同样可能会给部分学生造成压力，以至于学生不敢暴露自己真实的想法。纸团大战是学生将回答写在一张纸上，然后揉成一团。教师发出信号后，学生将纸团扔来扔去，等教师再次发出指令，学生打开抢到的纸团，轮流与全班分享纸上的观点或想法。这是一种完全匿名的技术，学生可以在无威胁的情境中安全地表达。

背景知识 4-7

应对学生回答错误的支架

提示：使用符号、单词或短语来帮助学生回忆。

提醒：使用明显的提醒，如"从……开始"。

探查：寻找错误回答背后的原因，或者在回答不完整时要求澄清。

重述：用不同的话提出同样的问题。

重新定向：向不同的学生提出同样的问题。

稍后再问责：稍后再检查一下回答错误的学生，确保他有正确的答案。

资料来源：Walsh J. A., Sattes, B. D. Quality Questioning: Research-based Practice to Engage Every Learner[M]. Thousand Oaks, CA: Corwin Press, 2005: 89.

　　提问时还需要关注的一个重要问题就是收集的证据或信息的可靠性。相对于高利害评价，课堂评价情境中信息的可靠性要求可以不那么高，因为某些不够可靠准确的信息可以因为后续持续的信息收集而校准。但这并不表明课堂评价中无须考虑信息的可靠性。要提高所收集信息的可靠性，问题本身的质量很重要，提问过程如何实施也非常重要。其中，一个非常重要的方面就是学生在回答问题之前的思考时间。实际上，前面说的"你能说一点吗？"之所以能起作用，很可能是因为学生获得了一些额外的思考时间。

　　提问过程经常被分成多个不同的环节，最常见的一种环节划分方法是：发问—候答—叫答—理答，其中的候答是指教师提出问题之后，到指定学生回答之前的等待时间。在常规的乒乓球式提问情境中，这种候答经常被忽略了——实际上，即使教师并不追求快速问答，依然可能没有候答时间。教师很可能难以忍受课堂中哪怕是非常短暂的沉默。提问领域的研究者罗维（Rowe）发现，教师从提出问题到让学生回答或者自己回答，通常不会超过一秒的时间。很多研究发现，提问中的等待时间很可能会成为一种"奇迹停顿"，即当等待时间增加到 3 秒以上时，会产生一些意想不到的好处：学生的回答更长、更详细，学生能为他们的观点和结论提供证据，学生会做出推测和假设，学生会提出更多问题，学生与其他学生交谈更多，很少有人会说"我不知道"，学生在课堂上更加投入，纪律问题就会减少；更多的学生参与回应，学生回答时更有信心，认知复杂试题上的成绩会提高。不难发现，当等待时间增加时，教师有可能收集到有关学生学习的更多更高质量的信息。

做到哪怕只有 3 秒的等待，对教师来说也不容易。这需要教师练习，在提出问题之后，让学生回答之前，默数 3 秒钟。并且从一开始就要让学生知道"等待时间"的意义，让学生知晓教师为什么等待。如果学生不知道这个静默时间的意义，他们很可能会感到诧异，从而将注意力转向猜测教师行为的意图。跟学生约定，静默时间不要举手，更不能随意说出答案，可以在纸上先写下自己想法的提纲，只有在等到教师发出信号之后，才可以回答。在小学课堂中，教师还需要在这个过程中经常用眼神、手势来制止那些过于急切想回答的学生，有时可能需要借助语言，如"我要让每个同学都好好想了之后，才叫人回答"。

另外，还需要注意，在提问过程中，实际上存在两种等待时间。候答涉及的等待时间通常被称为"等待时间Ⅰ"，还有一个"等待时间Ⅱ"，指的是学生作答之后，到教师给出回应之前的时间。在学生回答之后，给予学生一点时间，同样有助于提升学生回答的质量，有助于教师获得更丰富的有价值的信息。有时，等待时间Ⅱ还能够在无意中扮演"教学干预"的作用，即可以作为一种静默的反馈，让学生对自己的回答作出补充、澄清、纠正……

反思时刻
4-4

沃尔什和萨特斯曾经引用了一个课堂中张贴的海报，其内容涉及学生在等待时间的行为规范（见表 4-7）。

表 4-7　学生在等待时间的行为规范

当教师提问时……	当学生回答问题时……
• 仔细听 • 安静地思考自己的想法 • 不要举手 • 等待被叫 • 用清晰的声音回答，让每个人都能听到 • 记住，所有的想法都很重要 • 如果没有被叫到，那就听听别人的回答 • 思考你的想法与听到的答案有何异同	• 利用沉默的时间来思考自己的想法 • 准备好从别人的回答中吸取教训 • 在说话之前，想想别人都说了些什么 • 挑战别人的想法时，要尊重他们 • 与全班同学进行眼神交流

尝试根据课堂需要，通过删减、补充表 4-7 内容，形成自己课堂中学生在等待时间中的行为规范。

（二）讨论

与提问一样，讨论也是课堂中极为常见的活动，尤其是在当前课程教学改革背景中，学生之间的互动变得越来越普遍。但与经常用来作为检测学生学习情况的提问不同，课堂中的讨论很少被当作一种评价的手段。这有些奇怪：作为一种基于讨论的评价技术，"无领导小组讨论"已在真实的职场测评以及高校的自主招生评价中有广泛的运用，为何讨论在日常的课堂中极少作为一种评价技术来运用？其实说起来也正常，因为一直以来，我们的评价观念经常与"竞争文化"相关，我们的评价实践更多关注个体的表现。除此之外，无领导小组讨论所需要的资源，包括测评任务、评委水平、所需时间等方面的高要求也可能是限制其在课堂中运用的重要因素。

其实，将讨论视为一种评价活动，需要解决的主要是观念问题，另外还需要一些技术。正如我们在前面提到的，课堂情境中教师进行评价是因为决策需要信息，而教师在课堂教学过程中需要做出的决策绝大多数是关于班级总体的决策，因此关于个体的表现并不特别重要；而在课堂中，如果教师始终保持对学生学习的关注，加上适当的技术使用，也不影响教师获取学生个体的信息。至于其他条件限制，如果教师能够设计出好的讨论题，那"测评任务"也就不成障碍了；讨论任务就可以直接成为"测评任务"，还正好借此让"教—学—评"一体化；正如无领导小组讨论中评委水平很重要一样，课堂中教师的评价素养也很重要，但在课堂评价层面，一次收集的信息的可靠性、准确性稍低不成问题，教师可以借助持续的评价来校准相关信息，何况，与无领导小组讨论中的评委不同，课堂情境中作为评价者的教师对学生本身就有很丰富的源于以往经验的了解。因此，如果教师把讨论视为"表现性评价"中的表现，再掌握一些相关技术，学生讨论就可以成为引出、收集学生学习证据的有效手段。

要让讨论真正成为有效信息的来源，首先需要让学生学会讨论。很多教师在课堂中发现，布置了一个讨论任务之后，有些小组就陷入了尴尬的沉默，有些小组被个别自信的学生所把持，有些小组将谈话变成了闲聊。这可能不是学生故意不执行指令，而是因为论题不当，更可能是因为学生缺少真正意义上的讨论所必需的技能。建立负责任的谈话准则，也许无法被视为一种"技术"，但对于培养学生讨论能力至关重要。2000 年，雷斯尼克（Resnick）和匹兹堡大学的一些研究者提出了师生在进行讨论时应该建立并承诺的协议，称为"accountable talk"，其中包括了期望讨论参与者共同遵循的基本准则：不要跑题、使用准确和适合主题的信息、仔细想想对方要说什么。[1] 这三条准则在对话、小组或全班讨论中都适用。这些准则可以进一步通过一些具体的技能要求加以保

---

[1] Resnick, L. B., Making America Smarter[J]. Education Week, 1999, 18（40）: 38-40.

障，如学习研究所为负责任的谈话建立了五个指标，实际上也就是为学生提供了关键的沟通技巧：

- 要求澄清和解释：你能描述一下你的意思吗？

- 要求对建议和挑战进行论证：你从哪里找到这些信息的？

- 认识并挑战误解：我不同意，因为……

- 要求对主张和论点提出证据：你能给我举个例子吗？

- 解释并使用对方的话：小明建议……

交换角色。在结对或小组讨论中，经常有一些学生会占用大部分甚至全部的时间。这对教师获得信息十分不利。对于教师而言，从改进教与学的角度出发，更有用的信息是关于学习中存在的问题、误解的信息，当占据优势的学生主导了讨论时，这些更为重要的信息就会被掩盖。教师在启动讨论时，可以明确一条基本规则：讨论中必须有角色的轮换，当一名同学说的时候，另一名同学只听，然后交换角色。比如，一位教师在让学生结对讨论时明确规定：当教师发出信号时，伙伴 1 开始讲，伙伴 2 倾听，同时可以做记录，并计时；1 分钟后，双方交换角色。下一次交换角色后，伙伴 1 说 30 秒，然后伙伴 2 说 30 秒。在使用这种技术时，学生的配对可以由教师指定，也可以由学生自行选择；所用的时间也可以用其他配置方式，如第一次说 1 分钟，第二次说 40 秒，第三次说 10 秒（作为"总结陈词"）。计时工作可以由教师来担任，让学生专注于讨论。在这一过程中，教师要始终保持对学生活动的关注，从中收集对教与学改进有价值的信息。当班级人数较多时，教师的确难以兼顾很多学生。此时，根据经验事先选择重点关注对象是一种有效的方法。此外，教师也可以借助讨论后通过学生汇报收集的信息。

这种技术有很多变式，如"同心圆"。如果课堂空间足够大，教师可以把学生课桌排列成两个同心圆，内圈和外圈的课桌数量相等。每个学生都坐在他自己的位置上，与另一圈的伙伴讨论，轮流分享 1 分钟。然后教师发出指令，让其中一圈的学生按顺时针或逆时针方向移动一个或几个位置，形成新的搭档，重复交替发言过程。在轮换之后，学生可以将从先前同伴那里得到的信息整合到自己新一轮发言中（也可能会改变自己之前表达的观点）。教师在这个过程中要认真倾听，并特别注意一些学生前后两次发言中的变化，这会给教师提供一些重要的信息。学生本来喜欢交流，在这种技术中，加上了动觉的元素——即学生有身体的位移——学生投入程度可能会更高。

另一种变式是鱼缸，也叫"鱼缸式出声思考"[①]。这种技术与同心圆非常接近，只不

① Keeley, P. Science Formative Assessment: 75 Practical Strategies for Linking Assessment, Instruction, and Learning[M]. London: Corwin Press, 2008: 91.

过内外两个圆圈座位数量不同，内圈座位数量大概在 4~5 个（"鱼缸"就是这个内圈的隐喻），大部分座位都在外圈。在教师明确讨论话题，发出指令之后，被挑选进入"鱼缸"的学生进行出声思考，然后开展讨论。进入"鱼缸"的学生被视为全班学生的一个样本，其展示的认识、理解和思维方式在一定程度上代表了班级总体。运用这种技术，教师无须像个别提问那样逐一叫答，而是同时收集来自多个学生的学习信息。在这个过程中，教师要保证外圈的学生不会无所事事，要求他们认真倾听、思考，将自己的想法与"鱼缸"呈现的想法进行比较。如果事先明确，在鱼缸讨论结束后要随机抽取外圈的同学发表想法，他们在此过程的投入程度会更高——外圈学生的评论会让教师收集到额外的信息。我们还可以做些小改变，如在讨论过程中允许内圈学生退出，外圈学生进入，这会让外圈的同学随时为参与讨论做好准备。但实施这种轮转需要建立规范，保证学生的进出不会扰乱讨论——当学生轮换时，讨论可以流畅地继续进行。

苏格拉底研讨会。这种做法与"鱼缸出声思考"有些接近。最常见的做法就是将课堂中的学生分成几个小组，每个小组都是一个"鱼缸"，只不过没有"观赏者"。非常正式的苏格拉底研讨会有几个关键的要素：文本，可以是叙事性文本也可以是信息性文本，关键在于其内容很丰富，有助于参与者提出问题并回答问题；问题，苏格拉底研讨会总是从问题开始的，最初尝试的时候，问题可以由教师提供，但要逐步让学生学会自己提问题，这些问题通常没有简单的"正确答案"，能够不断生成新问题的问题才是好问题；领导者，小组通常会涉及某种分工，领导者主要扮演讨论的促进者的角色，可以像"无领导小组"那样在讨论过程中自然形成，也可以由学生在开始时推举；参与者，所有小组成员以各种方式参与讨论。

教师或学生在提出起始问题之后，小组进行讨论。参与者需要提前学习文本，并在讨论过程中认真倾听，积极分享各自的想法、观点和问题。尤为重要的是，参与者要学习、运用之前提及的"负责任的谈话"应当使用的沟通技巧。表 4-8 是一所高中为苏格拉底研讨会参与者开发的指南。

表 4-8 苏格拉底研讨会参与者指南

序号	指南内容
1	在讨论中，有需要时可参考文本。研讨会不是对记忆力的测试，关键看你的理解。
2	当被要求发言时，允许暂时"跳过"。
3	事先做好准备。
4	如果有困惑，请求同伴作出澄清。

序号	指南内容
5	聚焦于当前讨论的问题。
6	不要举手，轮流发言。
7	仔细倾听。
8	大声点，让大家都能听到。
9	互相交谈，而不仅仅是和领导或教师交谈。
10	讨论观点而不是彼此的意见。
11	你要对研讨会负责，如果你不知道，承认它。

资料来源：Fisher, D., Frey, N. Checking for Understanding: Formative Assessment Techniques for Your Classroom[M]. Alexandria, Virginia USA: Association for Supervision and Curriculum Development, 2007: 55.

苏格拉底研讨会也可以与鱼缸技术结合，在课堂中组成多个鱼缸。将两个小组放在一起，按照鱼缸的做法，其中一组位于内圈，一组位于外圈。内圈进行苏格拉底研讨，外圈观察倾听；到中场暂停时，两个小组轮换圈子，外圈学生进入内圈，开展苏格拉底研讨。

思考—结对—分享。总体上是一种合作讨论策略，但要求在与小组或全班进行分享之前，先有个体的思考和与同伴的交流。基本做法是：首先，提出一个问题，或者让学生阅读、观察、观看视频等，要让学生花点时间进行思考（这个时间不应该是几秒钟，而应当有几分钟）；其次，让学生形成对子，相互讨论自己的想法，在此过程中学生可以调整、改变他们的想法；最后，学生面向小组或全班分享他们的想法。

在让学生进行分享之前，给予学生思考和结对讨论的机会有很多好处，任何一次提问——只要问题不是低阶的记忆问题或者有唯一答案的简单判断问题——都可以变成"思考—结对—分享"。在学生表达之前，给予他们思考的机会，相当于提问中的"等待时间 I"，能够提升学生的表达质量，而结对则让学生在面向更大的范围进行分享之前有机会练习自己的表达，也有机会改变自己的想法或表达。在进行结对讨论和小组、班级分享时，教师可能会了解到学生已经掌握了什么，会注意到学生的一些错误的想法或者推理中的缺陷，这些信息有助于为教师后续的教学决策提供信息。

这种技术有很多变式，比如，可以在"思考"与"结对"之间加上一个"写出"环节，变成"思考—写出—结对—分享"，让学生在与同伴交流之前写下自己的想法，如用概念图或提纲的形式写出需要表达的内容框架——学生所写的内容能够为教师提供额外的信息。如果将这种技术运用于探究性活动中，那经常可以在"结对"与"分享"之间加上一个"做"的环节，变成"思考—结对—做—分享"，让学生在与同伴相互交流之后采取具体的行动验证想法，然后再面向更大的群体分享自己的想法。比如，在分享环节，可以让学生报告自己的想法，或者报告结对讨论双方达成的共识，或者像之前提过的，报告同伴的想法。教师还可以考虑更大范围内的结对，如"问题转交"：开始时学生两人结对合作回答问题，但通常因时间限制只能完成部分问题，时间一到，他们就将自己的答案交给另一对搭档（或相互交换答案），让另一对搭档继续完成答案——如果觉得有必要，他们可以对前一对的答案进行调整、修改。在完成之后，两对搭档可以一起讨论。这种技术迫使学生仔细审读已有的答案，从而决定怎么继续答题，以及是否对已有答案进行调整。讨论中可能会暴露分歧，产生争论，教师从中可以收集学生深度思考的信息。

与此类似的是另一种结构化的合作学习方式，即限时同伴分享，包括以下步骤：（1）教师公布主题，并规定分享时间；（2）教师提供思考时间；（3）结对，同伴甲分享，同伴乙倾听；（4）同伴乙回应；（5）同伴之间交换角色。教师记录通过倾听获得的信息，并运用这些信息规划下一步的教学。

（三）复述

让学生复述读到或听到的内容，在很多课程都很常见，比如，语文课上，教师要求学生在阅读一篇故事后复述故事梗概或某个情节，数学课上，教师要求学生复述某个题的解决过程，体育课上，教师让学生复述某个动作的要领……复述最常见的形式是将读到或听到的内容说出来，但如果我们扩展对"述"的理解，就会明白课堂中还有不少活动本质上也是复述，比如，听一段话或阅读一篇文章，然后以书面形式进行复述；或者将读到或听到的内容以可视化的方式呈现出来。可以说，复述是一种常规的课堂活动。

作为一种学习活动，复述对学生的学习有正面影响，有研究发现，让学生在阅读之后进行复述，比教师提问更有效。这是因为，复述不是背诵，也不是将记下来的内容逐字逐句说出来，复述是基于理解的新的叙述，可能会涉及对具体内容的提炼、重构或改编，背后离不开学生的信息加工活动。正因如此，复述也是检查学生理解情况的有效做法。

在运用复述作为一种评价技术时，教师需要很清晰地记得让学生复述的目的，而且需要让学生理解复述，知道复述是一种创造性的活动，要用自己的话重新表述原文的内容。在复述之后，留出时间让学生对复述和原文进行比较，从中找出异同很有用。最好事先能够编制相应的评分规则，确保在学生复述时能够有焦点地收集信息，而不至于被其他无关的表现所吸引，比如，一位高中历史教师——要求学生阅读教材及相关的历史档案后，复述自己的发现。这种复述显然在要求上与语文课中对小说之类虚构性文本的复述不同，重点在于信息的提取和展示。因此教师事先编制了一个适合信息性文本复述的评分规则，在学生复述之后让其他学生运用该评分规则讨论这个学生的复述（见表 4-9）。

表 4-9　信息性文本的复述评分规则

维度	超过标准（2）	达到标准（1）	需要改进（0）
关键观念	识别了文本中所有的关键观点。	找到了一些关键观点。	需要从文本中识别和描述关键观点。
细节	提供了每个关键观点的细节来帮助别人理解。	为一些关键观点提供了一些细节。	需要将细节与关键观点联系起来。
顺序	按明确的顺序呈现信息，有助于听者的理解。	按顺序提供信息，但顺序有点混乱。	需要有一个顺序，以帮助听者理解。
结论	提供了结论，且结论与提供的信息直接相关。	有一个结束语。	需要聚焦于关键观点，并对收集的信息进行总结。
表达	表达流利，有较好的节奏，有表情和手势辅助。	大部分时间中，节奏和表达都较好，用了一些手势。	需要有表情和手势来辅助。

另一种类似的做法是定向转述。这种技术的基本做法是在学习了某一主题后，学生被要求面对特定的假定或真实的对象转述所学主题内容。对象可以由教师指定，也可以由学生自己选择，包括家长、缺课的同班同学、低一年级的学弟学妹、从事该主题相关领域工作的专业人员等。学生在清晰阐述自己理解的同时，还得考虑对象的情况。比如，"五分钟的课程"，要求学生设计一个教学片段，让一个缺课的同学搞清楚供求关系如何影响事物的价格；或者在学了某个历史事件之后，让学生扮演历史博物馆讲解员，向游客讲解该历史事件。

（四）非正式学生谈话

我们知道，所谓课堂评价并非仅指教师在作为一种物理环境的课堂空间范围内进行的评价，也并非仅指"课堂教学"这一时间范畴之内的评价，而是指教师在日常实践层面收集学生学习信息的活动。实际上，教师经常在教室外和/或课堂教学外的时间中通过观察、交谈等形式引出学生的学习信息。课间休息时，走廊偶遇时，或者午餐时间，学生不在正式的课堂环境的各种场合，教师都可以用一些有意识准备的问题来引出学生的学习证据。

这些问题很可能是课堂中尚未深入探究的问题，或者是教师在某个时刻观察到有学生存在困惑但未来得及解决的问题，也可以是教师认为值得进一步了解学生想法的问题。无论是什么问题，都是有目的有计划的——目的是始终明确的，即引出并收集学生想法的证据，计划未必是课前做好的，也可以是临时计划，但是是经过审慎选择的。教师应确保它是开放的提示，不包含引导性的陈述，没有关于回答方向的暗示。表 4-10 列举了用来引发非正式谈话的提示样例。

表 4-10　非正式谈话的提示样例

序号	问题
1	关于……你能告诉我些什么？
2	你试过……吗？发生了什么事？
3	你见过……吗？你能告诉我些什么吗？
4	怎样才能……？
5	当有人说……是什么意思？
6	前几天我看到了……那会是什么呢？
7	你认为是什么原因导致……？
8	我该如何向我的朋友解释这件事？
9	你能证明这……吗？
10	你能多告诉我一些吗？
11	你能帮我理解……吗？
12	有些人认为……你对此有什么看法？
13	你认为如果……会发生什么？
14	你在学校学过这个吗？如果不是，你的想法是从哪里来的？
15	你认为……有什么不同？
16	你认为……的共同点是什么？
17	你如何说服别人……？
18	你认为为什么关于这个问题有这么多不同的观点？

"非正式"仅仅是场合非正式，但从教师的角度讲，非正式谈话与正式情境中的收

集信息没有太大差别：意向是明确的，想引出的信息是明确的，引出信息的问题也不是临时生成，而是有准备的，甚至谈话的对象也是经过选择的，只不过在学生看来没那么刻意。场合非正式意味着，师生可以在放松、无压力的状态下交流。教师需认识到，这不是教学时间，不是指导时间，只是分享时间，不做评判，不做反馈，甚至不加纠正，教师要做的是持续的引导、启发，让学生充分地表达。

非正式谈话不一定只面向个别学生，也可以面向学生群体。此时，上述提示样例同样可用——实际上，你可以看到，上述问题都是开放性的，同样也是很好的讨论问题。当面向学生群体进行非正式谈话时，有时可以将谈话中的某些工作转移给学生，比如，如果学生事先经过 TAG 反馈（tell——告诉你的同伴他们做得很好的事，ask——问一个深思熟虑的问题，give——给出一个积极的建议）训练，那么此时就可以提醒学生，是时候尝试一下了。

（五）观察倾听

最后，当使用学生的口头表达来引出学生学习证据时，我们还必须关注一个极为关键的问题，那就是当学生在表达时教师的行为。任何人都会有这样的经验：当对方心不在焉或者转向做其他事情的时候，我们可能会瞬间失去表达的意愿。课堂中的教师非常忙碌，很可能在学生讨论或回答问题的时候忙于其他事务，此时，这些活动就变成了纯粹的学生活动，与评价无关——或许引出了信息，但教师却没有得到信息。特别是，在提问情境中，教师忽略了学生的回答，即使有时可能是无意的，因为可能是另一个学生的行为引起了他的关注——甚至会"培养"起一批再也不回答问题的学生。

教师应当始终保持对学生的关注，这不仅仅是对学生的尊重和鼓励，更重要的是，通过这样的关注才能收集学生表达内容中的信息以及表达过程中的一些非语言信号——有时，这种非语言信号中包含的信息甚至与语言呈现的信息同样重要，至少可以成为与语言信息相互印证的证据来源之一。心不在焉的教师或许也能得到一些信息，但通常只是对答案的对错作出肤浅的判断，却可能错失对于后续教学改进极为重要的信息。如何表现出这样的关注？前面提及的在学生回答错误时可用的支架也可以用来体现对学生的关注，运用一些非语言信号也是非常有用的技术，以下关于倾听应有元素的观点对教师或许有所启发：

- 目光接触。直视说话人并保持眼神交流。

- 面部表情。使用各种适当的面部表情，如微笑或表现出惊讶或兴奋。

- 身体的姿势。使用手势，如手势信号；保持对学生的想法开放的身体姿势。

- 物理距离。根据教学情况调整在课堂中的位置，例如，靠近正在说话的学生（或不太投入的学生）。

- 沉默。学生讲话时要保持安静，不要打断；学生停止发言后，留出等待时间。

- 口头确认。使用简短、适当的口头答谢，如"继续""嗯""我明白了"。

- 总结。重述或改写学生在长时间讨论中提出的主要观点。[①]

反思时刻
4-5

你在以往的实践中用过哪些基于讨论的评价技术？你在这种技术的运用上有什么心得？本书介绍的技术对你有什么样的启发？

四、把你的想法写出来

借助书面文字（包括符号）引出信息，大概是教师最为熟悉的一类技术，常规的评价活动大多以纸笔方式完成，要求学生运用书面文字来答题。测验、考试、家庭作业都属于课堂评价范畴，也是以书面文字方式引出学生学习证据的手段。下面内容聚焦于一些借助书面文字的可在教学过程中简便快速运用的技术。

这类技术的共同特点是让学生以书面方式完成结构化程度比较高的任务（或问题），之所以用结构化程度较高的任务，就是为了使信息的收集整理变得更加方便、省时。这类技术有一些重要的共性，这里简单地做个说明，避免在下面的具体技术中反复提到这些共同的使用要点。

- 要事先让学生知道，教师为什么要求他们做这样的事。让学生明了使用这些技术的目的是教师要运用收集的信息改进教学，改进学生的学习。但教师不能停留于

---

① Fisher，D.，Frey，N. Checking for Understanding: Formative Assessment Techniques for Your Classroom[M]. Alexandria，Virginia USA: Association for Supervision and Curriculum Development，2007: 42.

"告知"学生这个目的，而是要通过实际的运用让学生知道目的。

- 这类技术基本上都可以与口头问答或讨论结合起来运用。

- 如果能事先准备好记录表，信息的收集会更便利。

- 这些技术都可以用来收集信息，而且主要聚焦于班级总体的学习信息，不特别关注个体的情况，因此，大多时候，使用这种技术时不需要学生署名，教师也不对这些书面作业进行评分。

- 在一些信息技术与教学结合紧密的课堂中，这些技术完全可以转化为基于信息技术的做法。

- 很多以不同名称命名的技术相互之间有交叉，很容易相互转化。

（一）出口卡

出口卡是一种隐喻，指的是学生必须上交"通行证"才能离开教室。通行证就是学生完成指定问题的答卷。指定问题通常印制在一张不大的纸上或相当于三分之一到半张A4纸大小的卡片上，数量不多，且通常以选择反应式的问题或者简答题的方式呈现，无须学生长篇大论，只需要他们用几分钟时间完成；这些问题不涉及笼统的问题或者只需要学生自陈学习状况的问题，而是与学习目标直接相关，指向学习中应该理解的核心概念。学生在完成出口卡时不需要署名，因为这不是对学生个体的测试，教师运用它主要是了解班级总体学习情况。

学生在完成出口卡后，应当将出口卡放在指定位置才能离开教室。"指定位置"可以是讲台或专门收集学生作业的地方——一位教师为了让"出口卡"名副其实，在教室门口挂上一个小篮子，学生在离开教室的时候可以顺手将他们的出口卡放入这个小篮子。

教师在事先准备出口卡时也应当准备好记录表，比如，本课的出口卡有三个问题，三个问题分别有3、2、3个常见的错误，教师可以事先准备一张记录表（见表4-11）。在学生上交后，教师可以浏览这些出口卡，同时填写记录表。绝大部分时候，教师只需要用符号来做记录，比如，看到某张出口卡中学生第一题出错了，属于第三类错误，就可以在错误C下方的空格中以便于计数的方式做记号，如画"正"。少数时候如果发现一些意料之外的错误，那就在最后一行进行描述。

表 4-11 出口卡数据记录表

第一题			第二题		第三题		
错误 A	错误 B	错误 C	错误 D	错误 E	错误 F	错误 G	错误 H

出口卡有多种变式。要求学生回答的问题可以不指向本课已学内容，而是指向下一课要学的主题，以了解学生对下一课的知识经验准备情况，教师能够运用这样的信息规划或调整下一课的教学；也可以在上课刚开始的时候运用出口卡，以评估学生在之前的课程中学到了什么——只不过，此时这种技术就不再是"出口卡"，而变成"进口卡"了。

（二）KWL 图表的变式

我们在前面已经讨论过 KWL 图表。K——"我所知道的"，用以确定学生的学习准备情况，了解前备概念和技能，从而确定新建构的起点；W——"我想知道什么"，用以确定学生的学习期望，从而为目标调整和教学活动设计提供依据；L——"我学到了什么"，用以确定学生学习的范围和深度，为后续的干预和教学调整提供依据。学生在教学开始时回答 K 和 W，在教学结束后回答 L，这有助于学生看到前备知识经验、学习愿望或目标、学习结果三者之间的关系。

这里主要关注 KWL 图表的变式：KWF——F 指找到（find out），要求学生回答准备如何找到（F）想知道的东西（W），在这种变式中，学生在学习开始时，完成全部三列内容；KTF——T 指"我认为（think）我知道的"，将之与 K（确定知道的）区分开来，让学生对已有的知识经验进行反思；OWL——O 指"我观察到的（observed）"，K 更多迫使学生去回忆，O 则需要学生通过观察去发现；POE——P 指"我的预测（predict）"，也可以替换为"猜想""假设"等，O 指"我的观察"，E 指"我的解释（explain）"，这种变式适用于探究情境。有时，KWL 模式还可以添加一列，H，即"如何学到的"，变成 KWLH。与 L 一样，H 也在学习结束后填写。

　　还有一种看起来与KWL比较接近的做法，"之前我认为……现在我知道"，让学生在一张分成两栏的纸上填写"之前我认为"和"现在我知道"（见表4-12）。与KWL的另一个不同之处是，这种技术都在学习后完成，它要求学生回顾学习开始前的想法，总结自己学到的，在这个过程中学生可以追踪自己想法的变化并记录下来。教师也能从学生的记录中发现一些问题，比如，他们观念的演进过程，或者"之前认为"与"现在知道"之间的不关联或没变化，这些信息有助于教师做出更好的教学决策。

表4-12　"之前我认为……现在我知道"作业单

之前我认为……	现在我知道……

　　也可以在表4-12中增加一列，"我是如何学到的"，这部分内容会迫使学生思考学习过程，教师也能够从中了解在学生眼中什么样的教学活动或学习体验对学生起作用。这种技术也可以转换成口头问题，例如，在教学活动快结束时，让学生围绕本课涉及的某个主题，轮流按照"之前我认为……现在我知道……"的模板进行分享。

（三）"3-2-1"学习单

　　学生以书面形式回答3个关于当前学习情况的问题，共需要提供6个回答，其中第一个问题需要提供3个回答，第二个问题需要提供2个回答，第三个问题需要提供1个回答。最常见的形式是，我在本课/单元/活动中学到的3个重要观念；我依然存在困惑的2个地方；我最想得到帮助的1件事。教师事先编印好合适的"3-2-1"学习单，在需要时分发给学生，让他们填写。具体的问题不要总是相同，否则学生会厌倦，可以根据教师想获得的信息来调整。这种技术为学生提供了一种反思自己学习的结构化方式，教师能够从中收集关于学生学习的丰富信息。在学生完成之后，可以作为"出口卡"来使用，让学生在离开教室之前将"3-2-1"学习单放在指定位置；也可以安排学生结对讨论，分享他们各自的思考，并相互提供反馈。"3-2-1"学习单也可以在刚开始学习某个主题时使用，此时，它不再是一种反思工具，而是用来引出学生已有经验和学习期望的手段，比如，一位教师在科学探究这一主题开始时，让学生完成"3-2-1"学习单（见表4-13）。此时的"3-2-1"学习单可以作为"入口卡"来使用。

表 4-13 "3-2-1" 学习单

我已经知道的 3 种科学探究方法:
1. _____
2. _____
3. _____
我想在探究时做得更好的 2 件事:
1. _____
2. _____
我想得到教师和同学帮助的 1 件事:
_____

与 "3-2-1" 学习单看起来很接近的做法是前面已经提及的 KWL 图表。共同点在于，两种技术都要求学生回答三类问题；差别在于，（1）"3-2-1" 学习单规定了学生回答的数量，而 KWL 图表不限制学生回答的数量;（2）"3-2-1" 学习单要么在开始学习时运用，要么在学习结束时运用，而 KWL 图表需要学生在开始和结束时分别填写其中的一部分。

（四）一分钟答卷

"一分钟" 是虚指，未必就是 1 分钟，而是强调不用花费太多时间，通常可以用 1~3 分钟，让学生书面回答少量（1~2 个）与所学内容相关的问题。问题可以很简单，例如，你在本课学到的最重要的是什么？你未能解决的又是什么？教师可以根据自己的需要对这两个问题进行适当的改编，如 "本课" 就可以根据需要换成本次作业、本次实验、本次活动等。如果教师想了解学生对这堂课的理解情况，那么可以在最后几分钟实施；如果教师关注上一次的家庭作业情况，那么在最初几分钟实施是适当的。一分钟答卷上的问题不一定就是自我反思性的问题，也可以是直接涉及所学内容的问题。如果一分钟答卷直接涉及所学内容，且在临近下课时运用，就成了 "出口卡" 的一种形式。

通常，一分钟答卷无须学生署名，教师也不用为这些答卷评分，只需要对学生的回答进行简单归类，并记下特别有用的回答，运用这些信息确定学生是否理解了学习内容。如果没有理解，那就需要进一步分析原因，如果是学生的问题，下一次上课要留出几分钟时间进行反馈；如果是自身教学的问题，那么就要考虑对所呈现的内容和呈现方式作出调整。

（五）最难理解点

最难理解点与一分钟答卷的程序相同，但主要关注学生没有理解的内容。通常在活动快结束时，让学生将自己"在本课（或家庭作业、讨论、阅读、电影等）中最难理解（最不清楚）的内容"写下来，然后教师将学生的回答收上来。有时也可以跟随两个后续的问题：这一课题你已经清楚了吗？你有更好的方法来呈现这些材料吗？当然，教师也可以根据自己的需要将"最难理解的"换成"最有启发的""最有说服力的""印象最深刻的""感到最困扰的"等。

教师在收集了学生的回答后，先简单浏览部分学生的回答，找出普遍提及的难点类型，然后通读所有学生的回答，并对答案进行归类。如果教师在学生回答之后用投影呈现一个可能的"最难理解点"列表，并规定不同的"最难理解点"答卷上交的位置，让学生根据自己的答案选择上交位置，教师就可以快速了解班级中"最难理解点"的分布情况。教师借此能够了解学生普遍存在的问题，并据此作出教学决策，如确定在接下来的教学或布置学生作业时将重点放在什么地方，各花多少时间，同时也要针对学生存在的问题，在下一次上课开始前给予学生反馈。

（六）一句话总结

教师要求学生就给定主题回答"谁对谁做了什么？何时？何地？如何？为何？"然后将答案整合成一个有意义的，符合语法的较长句子。这句话有相对固定的模板，即谁在何时、何地、如何、对谁做了什么？为什么？主要用于了解学生对一个给定主题的大量信息的理解情况，了解学生对信息总结的准确性、完整性和创造性，通常在活动结束时实施。

教师可以对学生的回答按七个问题分别进行评定，按不适当、适当、很适当三档来评价答案。要使评价快速简易，可边阅读边评价，并同时在计数表上将答案归类。每一质量档次的答案数量表明了回答中优势和弱点的总体模型。例如，总数会告诉你，你的学生对"谁"和"什么"的回答可能要比对"如何""为何"的回答更好，然后在下一次课中进行反馈。

一句话来总结，可以帮助教师快速浏览并比较学生的回答；也为学生提供了一个练习将信息形成"组块"——压缩成更易加工和回忆的、较小的、相互联系的单位的机会。这种技术适用于需要以陈述的方式总结信息的课堂。

（七）"我认为"和"我们认为"

这是一种可以与结对或小组讨论紧密结合的技术。在活动开始前，教师让学生准备一张纸，并将之分成两栏，分别在表头标出"我认为"和"我们认为"。在讨论前的思考环节，学生在"我认为"这一栏中写出关于教师指定问题的思考或想法；在结对或小组讨论后，在"我们认为"一栏中写上通过讨论达成共识的观点。这有助于学生在讨论前先厘清自己的想法，通过与他们的想法的碰撞实现观点的调整或改变，将自己的原先想法与小组的共同想法进行比较。

在运用这种技术时可以将两部分工作分开进行。如在学生完成"我认为"之后，教师就可以回收表格，并进行分析，了解学生的最初想法，用来支持教学决策，甚至用来确定后续讨论时学生的配对或分组；然后在讨论开始前将表格发给学生。教师也可以在小组讨论后安排全班分享的环节，同时根据全班讨论的结果形成"全班的想法"，作为对学习的总结或提炼。

（八）RAFT

RAFT 是角色（role）、受众（audience）、格式（format）、主题（topic）四个词的首字母缩写，经常被用来作为叙事性文本和信息性文本阅读和写作的提示支架，即让学生在阅读或写作时思考：作者的角色是什么？作者写给谁看？写作的格式是什么？写作的重点是什么？[①] 而且，这也可以成为多种活动中检查学生理解的结构化提示，从而能从学生的回答中获取相关的信息。它可以与阅读相结合，也可以与讲座、实验等活动结合起来，根据教学目标来建构相关的提示。比如，如果一个三年级的教师想知道学生是否了解昆虫的生命周期，他或许可以使用这样的 RAFT 提示：R——蝴蝶；A——小学生；F——日记；T——我经历的变化；一个六年级的教师想知道学生是否了解马可·波罗的生平和时代，以及丝绸之路的重要性，可以使用这样的 RAFT 提示：R——马可·波罗；A——潜在的新成员；F——招聘海报；T——来看看丝绸之路吧！学生可以根据这样的提示完成相关的任务，前一个例子就是从蝴蝶的视角以日记的方式记录自己的变化，让小学生了解昆虫的生命周期；后一个例子，学生的任务就是为"马可·波罗研究会"招聘新成员设计一份海报。当学生完成任务之后，教师同样可以用这样的提示要求学生澄清 RAFT 分别是什么，从而检查学生的理解情况。

（九）匹配

匹配是一种常见的评价活动，许多测验经常会用到匹配题，如语文中作品和作者的

---

① Fisher, D., Frey, N. Checking for Understanding: Formative Assessment Techniques for Your Classroom[M]. Alexandria, Virginia USA: Association for Supervision and Curriculum Development, 2007: 67.

匹配，科学中概念与定义的匹配等。这种技术对于了解学生对概念或事实性知识的掌握情况很有用。在很多课堂评价技术中都有匹配活动的影子，比如，"桥型图"所考查的类比，其实就是一种匹配：A 与 B 的关系 ≈ C 与 D 的关系。

将测验中的匹配题形式转化成操作模式会使匹配活动更有趣，如其中一种是卡片匹配，教师事先准备好两套卡片，一套是文学作品的题目，另一套是可能的作者，或者一套是简单的几何图形，另一套是这些几何图形的名称，将两套卡片打乱，让学生进行配对。这种技术还可以变得更加有趣些，即将所有卡片都翻过来，背面朝下，让学生和同伴玩游戏：两个学生轮流翻卡片，一次翻两张，如果两张正好匹配，那他就可以留下卡片；如果两张不匹配，就要放回去……直到所有的卡片都配对完成。一位教师将匹配转化成更为有趣的活动——"我有问题，谁有答案？"教师事先设计了与学习主题有关的一系列问题，也准备了答案。把每个问题和它的答案分别写在不同的卡片上，然后将卡片分发给学生，让他们在规定的时间内运用自己的方法找到匹配者。在使用这种技术时，教师可以添加一些额外的条件，如不能使用某些关键词，从而让这个任务更具挑战性。

归类是另一种匹配，是一个对象与其所属类别之间的匹配，尽管我们通常不把它看成匹配。教师可以在投影上呈现相关概念列表，要求学生将之归入不同的类别之中，如在学习形容词之后，教师提供包括形容词在内的一系列词汇，让学生进行归类。这种技术也可转换成卡片的方式让学生操作。

（十）应用卡片

学习了原理、理论或程序后，教师要求学生在卡片上写出所学知识在真实生活中的应用，至少一种。这可以帮助教师快速了解学生对所学知识的理解情况，也能促使学生去关注、思考自己的应用情况。

教师对学生的答案进行分析、评定时，要特别关注学生所提出的用途是否适合所讨论的理论、原理、方法，即这些应用方案是否确实是该原理或方法的应用；同时要关注所提出的应用实例的合理性、可操作性和创造性。然后在下一次课中公布几个最佳的应用方案实例，以及几个比较糟糕的答案。有时可以就答案进行讨论。

这种技术有几种变式：如果某种原理或方法的应用方案难以找到，可以不让个别学生作答，而是以小组方式开展探究，将应用卡片当作家庭作业的一种。

填写表 4-14，梳理下本学期所教课程的核心概念，明确其在实践中的用途。这项工作或许还有助于你设计相关的学科实践。

表 4-14　核心概念的梳理

序号	核心概念（原理、方法）	应用实例
1		
2		
3		
4		
5		
……		

（十一）总结

写总结或概要是学生的一项重要的技能，同样可以成为引出学生学习证据的有效方式。考查学生的深度理解，这种做法甚至比常规的测验或考试更有效，它能够引出学生对相关学习主题的深入理解，从而帮助教师运用这些证据进行教学决策或为学生提供反馈。这种技术在多种学习情境下都可以运用，如在读完一本书后，在看完某个视频后，在参与某个小组讨论后，或者在听完一堂课后。教师要求学生运用学习主题涉及的关键概念对所学内容进行概括、总结，或者写出摘要，不一定针对某个主题下的所有内容，可以让学生自行选择活动中所学的核心观念进行总结。通常这种技术在运用时会规定词汇的数量，比如，在学完某个主题后，一位教师要求学生用不超过 140 个字来总结内容。

类似的做法是让学生列提纲。教师要求学生在有限的时间内通过列提纲的方式概述某一主题内容。有时，教师可以向学生提供已部分完成的提纲，让学生作补充。

总结或概述也可以用口头形式实施。比如，一位教师向学生介绍了 TED 演讲的内涵——"一个人对值得传播的思想的简短陈述"，要求学生在所学主题中选择"值得传播的思想"，做自己的 TED 演讲。从学生的演讲中，教师能够收集关于主题的选择、内容的选择和组织、表达的清晰性、准确性等多方面的信息。

（十二）问题识别

教师向学生提供一系列问题，每个问题都阐明了不同类型的问题，不是要求学生解决问题，而是要求学生通过对问题的分析，找到问题之间的区别，确定问题的类型。这种技术用以诊断学生分析问题、识别不同类型的问题的能力。通常有两种不同的做法。

一种做法是同时提供问题的类型和具体问题的实例，要求学生在两者之间进行匹配，如要求学生将教师提供的具体问题按所属类别填入表 4-15 右边的空格中（一种变式是让学生就不同问题类型，自己提出具体问题的例子）：

表 4-15　问题识别工具（一）

问题类型	具体问题
类型 A	
类型 B	
类型 C	

另一种做法是只提供具体的问题实例，要求学生确定具体的问题实例所属的类型，比如，要求学生在表 4-16 右边的空格中填写具体问题所对应的问题类型名称。

表 4-16　问题识别工具（二）

具体问题	问题类型
问题 1	
问题 2	
问题 3	
问题 4	

教师通过对学生答案的分析，了解学生对哪些类型的问题的识别存在困难，以及困难所在，为下一步的补充教学提供依据。这种技术适合问题性比较强的课程内容。

（十三）问题解决记录

教师可以要求学生记录并解释解决问题的每一步骤。如将一张纸分成两半，左半部分呈现解决问题的过程，右半部分用文字写出解决问题的步骤（见表 4-17）。这种技术不仅能够了解学生解决问题的情况，还能了解学生是如何描述并解决问题的。对于学生而言，他能够在这种技术的应用中学会对自己解决问题过程的意识和监控，学会反思解题过程。

表 4-17　问题解决记录表

解题过程	对解题过程的描述和说明

教师收集了相应的信息后，要对正确和错误的解题思路进行比较，找出容易出错的解题步骤或环节，然后与学生交流，提出相应的建议，也可以展示一两种特别出色的解题方案实例。

这种技术有几种可行的变式：找一两个解题特别出色的学生板演解题过程，然后一步一步地解释自己的解题过程，或者就在板演过程中进行"出声思考"，说明自己的解题思路；在课外作业中安排"问题解决记录"作业，让学生在作业中选择一两个题记录解题过程。这种技术既适合需要学生经常解决问题的课程，如数学、物理、化学等理科课程，也适合写作等需要学生表现的课程。

（十四）背景知识调查

教师在新课、新单元、新学期开始之时，可以运用选择反应式问题或简单的建构反应式问题来收集学生关于本主题、本课程的重要的先前知识和相关经验。这能够帮助教师了解学生在相应学习内容上的知识准备情况，以确定接下来教学的最佳切入点和最适当的教学水平，也能够为学生提供温习先前所学知识的机会。如果在教学中及之后再次使用背景知识进行调查，还能发现学生在学习过程中的进步和变化。

教师要明确接下来的教学主题。教师要事先准备好能够反映该主题的"使能目标"（要保证后续目标的达成，首先必须达成的目标）的一些简答题或 10~20 道选择题，让学生作答。收集到相关信息后，将学生的答案归入"错误的背景知识""无关的背景知识""有一定关联的背景知识""重要的背景知识"四类，或者简单地将学生分为"有准备"和"无准备"两类，然后在下一次课中让学生知道结果，告知学生自己将如何根据结果调整教学，并指导学生依据自己的准备状况调整学习。这种技术适用于几乎所有课程，即使那些学生未接触过相应的前设课程内容，也会因为学生可能存在相应的经验而适用于这种技术。而且，学生学习的最佳预测器是学生进入课堂之前的已知知识，这种调查对于教学质量的提高非常重要。

（十五）定义性特征

定义性特征是指将某个主题或概念与其他区分开来的那些重要特征。这种评价技术要求学生确定某个概念或观点是否具备某种重要的特征，这对于了解学生能否区分容易混淆的概念或观点尤其有用。教师首先需要确定学生容易混淆的两个重要概念，然后确定这些概念的特征，进而编制表格（见自评时刻 4-4），要求学生根据是否有某种特征在空格中填写"＋"或"－"号。收集到学生的答案后，对错误答案进行简单计数，然后根据学生错误的情况找到重要的疑点，并针对疑点做出阐释和说明。

自评时刻 4-4 根据之前的学习内容，请分析"评定"与"课堂评价"的定义性特征。若具有相关定义性特征，请在空格处打√；反之则打 ×（见表 4-18）。

表 4-18 "评定"与"课堂评价"的定义性特征

定义性特征	评定	课堂评价
1. 更关注教和学的改善，而不是记录结果。		
2. 主要用于课程结束时。		
3. 通常以匿名方式收集材料。		
4. 主要是定量的，适用于统计分析。		
5. 直接反映学生对课程材料的理解。		
6. 强调判断和总结性评价。		
7. 结果主要用于正式的外部用途。		
8. 主要运用标准化的工具。		
9. 需要研究方法上的培训。		
10. 结果对师生均有用。		

有时这种表格需要更复杂些，因为对于某些定义性特征，特定的概念或观点不是简单的"有或无"的问题，用"总是有—经常有—很少有—从没有"这样的等级来描述更合适。

五、给我反馈

在课堂评价中，还有一类技术，可能并不直接引出学生的学习证据，但能够引出学生对教师实践活动的反应。这种反应可能不是关于学生学习的直接证据，但与学生对自己学习过程和结果的感知有关联，与其对教师实践活动的影响力有关联。从信息的可用性角度看，比起从学生那里得到关于他们的学习证据，教师获得的学生对自己实践活动的反应信息可以更直接地用于改进实践。

这种技术的常规做法就是直接询问学生对实践的认知、感受、评价。只不过，笼统地询问通常得不到有价值的信息，教师需要明确自己需要的是哪方面的信息，比如，课程内容的组织、教学的具体方式或方法、课堂或家庭作业的布置等，问题的指向越清晰，得到的信息就越有用。比如，一位教师在教学一段时间之后，聚焦于自己在课堂中的身体姿态，请求学生给予反馈；而另一位教师有一次专门就自己一段时间以来布置的课堂作业征询学生的反馈。

运用这种技术的前提是教师需要事先设计，最好以书面问卷的方式来实施。书面问卷上应该有非常明确的问题，比如，一位教师最近在课堂中尝试了角色扮演的方法，想知道学生对这种方法的认识和感受，因此设计了一张反馈表，要求学生写出自己所认为的教师运用这种方法的可能理由，并根据自己在这方面的获益程度来评分。反馈表的核心内容如下：

请列举你认为我在这门课中运用角色扮演法的三个理由：

1. _____ 5 4 3 2 1

2. _____ 5 4 3 2 1

3. _____ 5 4 3 2 1

一位教师在一次测验之后想知道学生对本次测验的感受，设计了表 4-19：

表 4-19　学生反馈表

请在下节课之前填好这张表（不要把你的名字写在上面）。

这次考试最好的地方是_____

这次考试最糟糕的地方是_____

你最希望自己在考试前就知道的一件事是_____

你觉得这次考试反映了我们在课上讨论的重要的思想和材料吗？如果没有，请说明原因。

_____

无论教师期望得到的反馈主题是什么，在使用这类技术时，有几个关键之处必须明确，甚至需要在反馈表的指导语上直接呈现：

首先，教师的目的。一定得让学生知道，教师做这件事不是为了测试学生，而是为了获得帮助自己改进教学的信息，是教师自己需要帮助。

其次，所有这类反馈都不用学生署名。当学生知道，呈现自己真实的感受或想法不会导致对自己不利的后果后，他们呈现的反馈对教师更有用。匿名应该是统一规定，不能让学生自愿选择——自愿选择可能会让一些"过度成熟"的学生产生从中获利的念头。唯一的例外是，如果学生有负面感受，且想跟教师深入交流，那可以署名。如果能将反馈表设计成选择式的，那就更好，这样可以缓解学生认为教师从笔迹上认出自己的担心。

最后，一定要清楚地告知学生如何作答。除了问题指向要清晰，还要明确规定作答的方式，比如，上个例子中需要学生评分，学生可能都知道"54321"的含义，但是依然需要明确，到底"5"是最好的还是最差的。

本章主要参考文献：

1. Fisher，D.，Frey，N. Checking for Understanding：Formative Assessment Techniques for Your Classroom[M]. Alexandria，Virginia USA：Association for Supervision and Curriculum Development，2007.

2. Keeley，P. Science Formative Assessment：75 Practical Strategies for Linking Assessment，Instruction，and Learning[M]. London：Corwin Press，2008.

3. 查普伊斯. 学习评价 7 策略：支持学习的可行之道 [M]. 刘晓陵，等译. 上海：华东师范大学出版社，2019.

4. 安吉洛，克罗斯. 课堂评价技巧：大学教师手册：第 2 版 [M]. 唐艳芳，译. 杭州：浙江大学出版社，2006.

5. 迪伦·威廉. 融于教学的形成性评价 [M]. 王少非，译. 南京：江苏凤凰科学技术出版社，2021.

第五章　证据呈现与解释的技术

当教师运用某种技术引出了某种反应时，就有可能从中收集到学生学习证据。其中的一些证据具备被用来改进教与学的潜力。之所以说"潜力"，是因为并非所有的证据都能有效地用于支持教与学的改进——在证据的收集与运用之间，证据的呈现与解释很重要，如果证据的呈现方式不适当，其可用性就会大打折扣；如果证据的解释有偏差，其实际运用甚至可能会导致错误的后果。本章先讨论证据呈现与解释的基本原理，然后讨论证据呈现与解释的实用技术与工具。

第一节　证据的呈现与解释的必要性

一、数据、信息与证据

在具体讨论证据的呈现与解释之前，有必要先澄清下几个相关的概念。或许大家已经注意到，在本书前面几个部分，我们有时说"引出、收集'信息'"，有时会说"引出、收集'证据'"。的确，在很多情况下，这两者似乎是可以等同的，甚至有时候我们还可能将"数据"与信息、证据混用。但如果严格地区分，这些术语之间还是存在差别的，这种差别在其他语境中也许不太重要，但在讨论"证据的呈现与解释"时，对其作出区分就很必要了。

鉴于本书的定位，我们不打算对三者进行学理上的分析，仅以具体的情境来讨论。设想一下，你在课堂上请一个学生回答问题。当学生作答时，你在观察、倾听。从理论上讲，此时学生呈现出来的一切都会"作用于"你的感官，比如，他回答的内容、他的声音（音高、音调、音色、节奏等）、他的表述方式，甚至他在回答时的面部表情和身体姿态。按照信息加工的观点，如果你注意到其中的某一些，那么这些就会进入你的短时记忆中——这些能够进入你的短时记忆中的信息就是数据，即事实细节的无组织的集合。

这些数据本身不是信息，而是信息的来源。当人们对这些数据进行组织、加工、结构化，从而使它具备某种意义时，这些数据才会变成信息。就比如，你发现，那个学生在回答过程中有几处在"犹豫"，你产生的这种印象就是信息。"犹豫"其实是你作出的推断，而你作出这种推断所依据的事实，如某处他停顿了5秒，某处他更换了好几次说法，某处他看向旁边的同学，等等，就是数据。信息就是你对数据作出的解释，这种解释可能会受多种因素影响，不同的人面对不同的事实可能会作出不同的解释。比如，你对这个回答问题的学生的了解、对自己所提问题的难度的判断、当时课堂中的具体情境等都可能影响你所做的解释，就好像在某种情况下你可能会将同样的事实解释为"深思熟虑"，而不是"犹豫"。

你之所以让学生来回答问题，一定是想引出学生的反应。正如前面所说，引出的反应中包含着众多的数据，而你将其中的一些变成了信息，但并非所有信息都会成为"证据"。所谓证据，一定是用来证明什么的——就像司法实践中，只有当一种事实 A 与另一种事实 B 之间存在关联性时，A 才能成为 B 的证据。你能从学生的回答中获得多种信息，但只有其中那些能够证明学生学习的才是证据——更确切地说，只有当它能够证明我们所期望的学习是否发生（如果发生了，达到了何种程度）时，这些数据才能够成为学习的证据，且学习的证据必然与学习目标之间存在关联性。就好像是，你观察到学生回答时的一些身体语言（数据），你将之视为"羞怯"（信息），这种信息是否能够成为学习的证据？或者你观察到学生在回答时有多次停顿（数据），你将之解释为"不流利"（信息），如果你提这个问题是想了解学生对相关主题内容的掌握，这个信息能否成为学习的证据？或者如果你是语文或英语教师，表达的流畅性是你在许多主题的课中都需要关注的目标，这种信息能否成为学习的证据？

除此之外，可能还需要对证据、基于证据作出的结论以及根据结论赋予的结果进行区分。如同在司法实践中，定罪就是基于证据作出的结论，而量刑就是根据结论赋予的结果，在学生评价实践中，以高考这样一种高利害评价为例，证据就是学生在所有高考科目考试中的答题情况，分数其实就是基于那些证据得到的结论，而是否被录取以及录取到哪里就是结果。

反思时刻

5-1

在了解了数据、信息、证据三者之间的区分之后，或许我们可以思考下常规的现实评价中的一些现象：

在很多测验或考试中，出卷者会安排专门的"卷面分"；即使没有专门的"卷面分"，不少教师在评卷时依然会考虑书写的工整性、清晰度等。

一位教师的评分政策中明确规定了平时作业会在期末评分中占据一定的权重。如果学生作业交晚了，那就要扣掉一些分数。

一位小学语文教师给学生布置了片段写作的作业，写作需是"总—分—总"结构。学生完成作业后，教师非常认真地批改：错别字、标点符号错误、语法错误，无一遗漏。

请思考，这些做法有没有问题？

如果你觉得有问题，那么请再描述一种有同样问题的现象。如果你能够描述一种现象，且能够反映出上面所列现象背后的共同问题，那么这就成为你搞明白"数据、信息、证据三者的区别"的"证据"！

二、评价中"证据"的呈现

撇开上面的讨论，当我们提及"学习的证据"时，你可能会想到什么？或者，再明确一些，如果问"哪些东西能够证明学生的学习？"也许我们首先会想到分数、等级，或者学生在某些具体的题上的对错，或者，我们也可能会想到，这些都是结果表现，现在我们需要同时关注并"强化过程评价"，因此证据也应该包括学生的学习过程表现，如自主性、努力程度、坚持性等。

没错，这些都有可能成为学习的证据。但是，这些"证据"是如何呈现出来的？是否有些"证据"实际上是数据，或者信息，或者就是结论？我们先来考察一下常规实践中"证据"的呈现方式。

（一）分数

若被问及"什么能够证明学生的学习？"大部分人首先会想到的是分数，尽管他们在日常生活中评判一个人或某种行为时，极少用到"打分"的方法，几乎没有人到菜市场买菜时会给备选的几种菜评分。在学习情境中，分数可能伴随着学生的学习生涯始终，它不仅出现在高利害评价情境中，也频繁出现在学生的日常学习中。分数能否作为学习的证据？在某些需要对数目巨大的个体做决策的情境中，分数能够充当简化的证据，尤其要对个体进行筛选或横向比较时，分数可以作为比较适当的证据。但若从分数的来源看，你就会发现，分数其实是数据或信息（其中有些是证据，有些可能不是）整合之后的结论，是对学生学习状况的数据或信息进行"过度编码"的产物——将学生的表现转换成分数，将学生在不同学习领域得到的分数相加，将相加得到的分数进行换算，以确保不同学科领域的分数可以相加，可以比较。这种过度编码使得分数中包含的信息量减到一个非常低的程度，以至于它有反过来变回"数据"，从而丧失"证据"属性的风险。比如，问：小明学得怎么样啊？答：这次考试他得了85分。"85"这个特定的数字包含了什么信息？如果有，那也是极其有限的；其中包含了什么样的证据能证明他在特定的学习内容（确切地说是学习目标）上的学习情况？如果能，那得让分数回到其基于的那些事实。"数字不会自己说话。我们为它们代言，是我们赋予它们以意义。"统计学家纳特·西尔弗（Nate Silver）在他的著作《信号与噪声》（*The Signal and the Noise*）中，用这句话描述分数：那个"数字"——最合适不过了。

背景知识
5-1

分数会存续下去吗？

2018年1月6日，"教育乌托邦"网站（https://www.edutopia.org/assessment）发表了一篇非常吸引眼球的文章"Will Letter Grades Survive？"结论是，作为一根重要支柱，支撑了美国学校教育百余年的以分数、等级为核心的评价系统可能会崩溃！

这个结论有些耸人听闻！即使学校教育内部的评价可以放弃分数、等级，至少高考之类的大规模外部评价还找不到分数、等级的替代品吧？

然而，这个结论的得出，恰恰就是基于一个替代品的持续扩张，并为包括常春藤联盟在内的诸多知名大学的招生办公室所接受。这个替代品就是"精通成绩单联盟"（mastery transcript consortium，MTC）创造的全新的学生评价体系——A New Model。该联盟创造的成绩报告没有分数也不给等级，提供对学生8项能力的追踪记录，用电子化手段全面展现每一个学生的学业情况和自身优势与弱势，并提供相应的证据证明学生达标的情况以及个体优势。A New Model甫一发布，就获得了美国大学申请系统（coalition for access, affordability and success，CAAS，其使用者包括哈佛、耶鲁、普林斯顿、哥伦比亚、斯坦福、康奈尔等众多美国名校）的支持。

位于克利夫兰的霍肯学校（Hawken School）的校长斯科特·卢尼（Scott Looney）从2014年开始在他的学校中尝试了一种新型的成绩单。2017年4月，在其他28所知名私立高中的支持下，卢尼成立了精通成绩单联盟。当时参与的学校是50家，到2020年已经超过300家，而且已不局限于私立学校，也包括了一些公立学校，甚至包括了可汗实验室学校（Khan Lab School）等较新的另类学校。

（二）等级

另一个很容易被想到的"证据"呈现方式大概是等级。在教育情境中，等级比分数更古老，早在我国汉朝的太学中，就已采用及格、不及格的等级。在教育评价科学化的背景下，等级的使用逐渐式微，运用的领域范围不断缩小，看起来更为精确的分数制占据了教育评价的主流。然而，在我国当前的教育评价改革背景中，等级制再度受到重视。这背后有其考量，关键在于要解决似乎更加精确的分数所导致的过度横向比较问题。然而，从本质上讲，等级制与分数制并无太大差别，无非就是划分的等级数量不同，百分制就可以被理解为设定了 100 个等级的等级制；而等级也可用数字的形式加以表示。相对而言，等级比分数要更加模糊，其信息容量甚至比分数更低。从实操角度讲，当前的等级确实已不同于评价科学化之前的等级了，以前的等级基本上基于一种笼统的判断，如《世说新语》中陈韪评孔融"小时了了，大未必佳"，科学化的等级就得看智商分数在那条钟形曲线上所处的位置了。换言之，当前的等级经常是在"过度编码"所产生的分数基础上再度编码的结果——看分数排名在哪一档，再来确定等级。这种再度编码进一步导致了信息的丧失。于是，等级看起来很清楚，然而，甚至教师本人都很难说清楚等级意味着什么，遑论家长或学生！对于等级，保罗·德雷塞尔（Paul Dressel）看起来似乎很偏激的说法真的不无道理：

"一个等级只能被看作是对一个不准确判断的不适当的报告，这个判断是由一个有偏见的、变化无常的法官做出的，它指向于一个学生在一个不明确的材料中的不确定的部分上达成未加定义的掌握水平的程度。"[①]

（三）符号

也许你会认为，上述关于分数或等级所涉及的问题都不是问题，尤其在教师的日常评价情境中。与高利害评价不同，日常实践中实施的如作业、测验、考试等，教师都会进行批改，且批改后都会返给学生。这意味着学生不仅仅会得到分数、等级，还会得到教师做了各种各样批改符号的作业。这些符号不就是学生学习的证据体现吗？没错，这些符号能够成为学生学习证据的呈现方式，而且比起一个笼统的分数或等级，其证据属性似乎更强。然而，批改符号也可能是笼统的，如作业批改中常见的"√""×"除了能反映学生某道题的正确情况之外，其实包含的信息很少，不能反映好在哪里或错在哪里，更不能反映错误的原因所在。此外，这种简单符号适用的范围极为有限，不适用于那些无法简单判断对错的表现。

---

① 转引自迪伦·威廉. 融于教学的形成性评价: 原著第 2 版 [M]. 王少非，译. 南京: 江苏凤凰科学技术出版社，2021: 183.

（四）评语

在等级出现之前，我们用什么方式来评价？语言！比起分数、等级、符号，评语的运用更为古老，如今教师在呈现学生的学习情况时的语言表述，依然被作为学生学习的证据。这些评语体现为具有评价属性的教师语言，在学生作业、试卷或学习报告单中，这些语言就是常规的评语。或许我们会认为，评语所包含的信息会比分数、等级甚至符号更丰富一些，但实际上，评语的信息含量取决于评语本身，有时评语甚至比等级还要笼统，比如，"嗯，掌握得不错，但还存在一些问题，加油哦"或者"good job"。但评语还有一种类型，即描述性的评语，就可能包含了相当丰富的信息，且这些信息更容易成为学习的证据，比如，"你把总—分—总的结构呈现出来了，也用了一些具体的细节描写，但可以想想，第二点能不能说明小猫很可爱啊？"

以上四种呈现方式在评价情境中都有适用之处，比如，分数能够精确地反映差异，易于计算，在选拔性考试中非常有用，至少从当前来看还没有哪种方式能够在选拔性考试中取代分数；对于一些难以作出细微区分或者不必要做细微区分的领域，等级很有用，适合于认证性评价，尽管分数也能用于认证性评价，但在认证性评价中，绝大部分的分数都没有意义，只有在某些临界点之上或之下的差异才有意义，因此等级更适用；符号能够很好地结合学生的具体表现，因此相比较于分数和等级更具体，但其常规运用所包含的信息量依然不足以支持后续的决策；评语在日常交流情境中很有用，但其使用也可能很笼统很模糊。

课堂评价既不承担选拔的功能，也不承担认证的功能，课堂评价的目的在于收集学生学习的信息，从而为后续的教与学改进提供依据，因此其作用的发挥在很大程度上取决于评价所获得信息的可用性。就此而言，选择适当的"证据"呈现方式，或者提升这些证据在教学决策中的可用性，是确保课堂评价发挥促进学习功能的重要一环。

三、评价证据的解释

首先，需要澄清一下，在之前两个部分的行文中，"证据"一词都加了引号，原因在于，这些通常会被视为证据，但实际上很可能不是。在这一部分中，我们依然暂且把它们视为证据。但讨论评价证据的解释，实际上隐含的意思是如何将这些名义上的"证据"变成真正意义上的证据，即反映学生在达成目标的过程中的学习状况，并能够为后续的教与学决策提供依据的信息。

假设某个学生在一次考试中得了 85 分。仅有这样的信息显然不足以让你搞清楚这 85 分的含义。你一定有一些方法来解释这个分数，从而让它变得有意义。

回顾你通常所用的解释方法，思考你的方法是：□ 更多偏向于常模参照；□ 更多偏向于标准参照；□ 更多偏向于自我参照。

学习证据的解释是要将所谓的"证据"与学习建立关联，从而让"证据"获得意义。如前所述，有些证据包含的信息极为有限，就像家长也知道单一的分数是没有意义的，所以他会在知道孩子的分数之后再追问其他问题，如"最高几分""平均几分""排名第几"，或者"你的好朋友得了几分"之类的问题。他们并不是关心那些信息，而是想通过那些信息来建构自己孩子的分数的意义，他们实际上在尝试解释那个分数。

解释的基本方法就是将结果与某种对象进行比较。比如，在量血压时，你会得到一个数值范围，但是如果你不知道正常的血压范围，那么你知道的那个数值范围就没有意义。医生说你的血压高了、低了还是正常，是因为他用你的数据与他所知的正常血压范围相比较而得到的结论。确定比较对象，就是确定参照系，选择不同的比较对象，实际上也就决定了不同的解释方法。对证据的解释大致可以按其参考框架分成三大类。

①常模参照。常模参照，即用特定的评价结果与常模进行比较。常模是一个心理测量学概念，指的是一定人群（即常模群体）在测验所测特性上的普遍水平或水平分布状况。常模参照就是将个体的分数与所属常模团体的常模进行比较，用以确定个体在群体中的相对位置。在心理测量学中，每一种测验都会有常模，智力测验的钟形曲线就是一个常模的体现，每一个特定的 IQ 分数都能够在这条曲线上找到位置，然后很容易确定在总体中大概有多少人排在你前面。在教育评价中，一些标准化的测验也会建立常模，运用这样的常模，就能很容易确定一个分数在常模群体中所处的位置。但在绝大多数的日常评价中，即使是那些比较正式的期中考试、期末考试，甚至更大规模的区域层面的统考联考，可能都不会建立常模，更不要说那些非正式的评价。但日常评价中最常见的解释方式恰恰是常模参照的思路：横向比较，不是与平均水平比，就是与他人比。

这种解释方式能够让数字或等级获得意义，但这种意义只有在需要作横向比较的情境中才有价值，如在高考之类选拔性考试中，高出一分就意味着在与他人的竞争中占据了一分的优势。有时，这种解释方式似乎也能对学生产生激励作用，但正如我们在第一章所提到的，这种激励作用不一定靠得住——对有些学生可能不会有激励作用反而有抑制作用；而且即使动机被激发出来，结果却未必就能改善。

②标准参照。标准参照即用特定的评价结果与预定的标准进行比较，先设定一个标准，然后根据这个标准来解释个体的表现，无须考虑一个特定的结果在群体中的相对位置。最终结果与排名无关，只与标准的达成有关。

与常模参照相比，标准参照作为一种解释方式的最大好处就是有助于回答对学习极为重要的两个问题。首先，"我要去哪里"，即学习目标。标准事先描述了学习结果，让学生明确了努力的方向和目标；而且，标准参照中的"标准"是绝对标准，其达成只关乎个体努力，与他人无关，能够鼓励所有学生通过努力去达成。其次，"我现在在哪里"，标准参照用预定的标准来衡量学生当前的学习情况，能反映学生具体的掌握情况，能够让学生知道自己相对于目标"现在在哪里"，也就是知道与目标要求之间的差距。理论上讲，如果标准设定合理，所有参与考试的人都有可能通过，就像在一次驾照的理论考试中，所有参与考试的人都通过是完全正常的，这符合教育的目的——让所有的人都能成功。

③自我参照。也称"个体内差参照"，即将个体在某一领域的评价数据与他在其他方面的学习情况或以往的学习情况联系起来，从而获得关于当前评价数据的意义。具体来说，这种比较有两种方式，一是横向比较，即将某学生在某一领域的学习情况与其在其他领域的学习情况做比较；二是纵向比较，即将学生当前的学习状况与其以往的学习状况相比较。相对而言，在教育中，后一种比较运用得更为频繁。

反思时刻
5-2

了解了"证据"的呈现形式以及解释方式之后，问题来了：

我们通过对所收集的数据、信息进行加工、编码，得到某种形式的"证据"，这种"证据"蕴含的对教与学改进可用的信息越来越少；为了使这些"证据"对教与学有用，我们就得对它进行解释，而对教与学改进最有用的解释恰恰是让这些"证据"回到信息本身，并与学习目标建立关联。

如果证据收集的目的仅在于促进教与学的改进，那么，把引出、收集的数据、信息与学习目标建立关联就可以了，有没有必要再去完成一个"加工、编码"的过程呢？

没错！课堂评价完全可以放弃这样一个不必要的过程，如果不是因为过度编码导致得到的"证据"丧失了信息，那么这些"证据"也就不需要有解释的环节；如果有解释，那就是将学生的表现证据与学习目标联系起来，仅此而已。

第二节 证据呈现的技术

反思时刻
5-3

在具体讨论评价证据的呈现技术之前，先设想一下，如果你是一位被评价者，你主动参与到评价过程中，就是想通过评价改进教与学，那么你期望评价者如何呈现评价证据？

你的期望也许就是学生的期望。然后，我们再想想，如果我们不是想通过评价来对学生作判断下结论，而只是想得到一些证据来支持教学决策，那么又该如何呈现评价证据？

一、分数或等级运用的改进

分数或等级作为证明学生学习的一种证据，简单明了，很容易为学生和家长所接受。但不可否认的是，分数或等级实际上是一种"评定"，隐含着结论性判断的意味。因此，分数或等级经常会给学生的学习带来负面影响，按照威廉的说法，一旦得到了分数，学习就中止了。但是，一些技术的运用有可能降低分数或等级的负面影响，而让其更有可能发挥出形成性的功能。其中一种做法就是临时分数或等级的运用。

临时分数或等级的运用很简单，比如，教师在批改作业或试卷时，在学生作业本或试卷上做标记、写评语，但不在上面打分数或等级，而是在自己的学生成绩登记册上记下学生分数或等级。学生在拿到作业本或试卷后，要根据反馈修改、订正自己的作业并重新提交。教师再根据学生新提交的作业或试卷为学生确定分数或等级。这种做法能够让学生看见根据反馈来做调整会有实际的益处——分数或等级的提高，从而使学生会根据教师的反馈采取实际的行动——后面我们会提到，学生根据反馈信息采取的行动正是评价促进学习的关键。如果结果已定，大部分学生会觉得订正、修改已没有意义。一位教师采用的做法更加"极端"：通常都不给学生打分数或等级，只要打出了等级，永远都是 A。如果学生的初次表现就已达到了预期的目标，那么直接是 A；如果教师觉得学生的表现尚未达成目标，那么就给出具体的描述性反馈，然后要求学生修改、订正，重新提交，如果达成目标，照样是 A……理想情况是，这个过程可以在那些未达成目标的学生上持续进行下去，直至目标完全达成——这正是布卢姆"掌握学习"理论的核心。

从更长的学习阶段视角看，这种做法还可以有它的拓展做法，即成绩替换，用关于学生学习的新证据取代旧证据。后面的成绩可能来自重测或重交作业，这接近于前述的"临时成绩"的做法，更有意义的是，后面的成绩可能来自另一次不同的作业或测验，比如，单元测验经常涉及已经在课堂测验中测过的那些目标，而期中考试又可能会抽到单元测验中已经测过的目标。如果学生的前后几次测验表明，他已经将之前某个目标上存在的问题解决了，或者有所改善，那么就可以用后一次测验中相关目标的成绩替代前一次成绩。

这给常规的成绩评定一个重要的启发。在评定学生成绩的时候，一种常规的做法是根据评价规划来确定一个评价周期所涉及的多次评价的权重，然后到评价周期结束时对多次评价得到的结果进行加权平均。这种做法体现了对学生过程表现的关注，但与此同时也导致了一个问题，即学生在一个评价周期前期的不良表现会对最终的结果产生负面的影响。

设想这样一种情况：一位教师在某个教学主题上的周期评价会综合考虑家庭作业、随堂测验、项目学习任务、最终测验几种形式，并且明确规定了各种形式评价的次数和权重，如家庭作业共 5 次，在总成绩中占 20%；随堂测验共 2 次，占 20%；项目学习任务共 1 次，占 10%；最终测验占 50%。假定一个学生在最初的家庭作业 1 和作业 2 上表现糟糕，都只得了 50 分，那么他只有在后 3 次作业中都得到满分才能保证在"家庭作业"这一项拿到 80 分——一个过得去的分数。这会给学生造成巨大的压力，很可能导致他放弃学习。

然而，如果我们将教师的评价规划完整呈现出来（见表 5-1），或许就可以考虑用新证据来取代旧证据的做法了。以刚才那个学生为例，他在作业 1 和作业 2 上表现糟糕，通过结果分析，表明他的问题主要来自目标 1；但是，如果他在同样检测目标 1 的"测验 1"上表现良好，说明他已经解决了之前尚未解决的问题，此时，允许不允许用测验 1 的结果（更新的证据）来取代他在作业 1 和作业 2 上得到的结果？假定他在测验 1 上的表现还是没有明显改善，但"项目学习任务"和"最终测验"表明，他已经掌握了目标 1，能否用项目学习任务和最终测验反映其对目标 1 掌握情况的证据来取代其在作业 1、作业 2 以及测验 1 中的证据？

当然可以。但前提是，教师需要按照所考查的目标类聚学生的成绩，比如，在这个例子中，"最终测验"考查了全部 5 个目标，按目标类聚的结果表明，该学生在目标 1 的掌握程度达到 85%，那么就可以用 85 来替代作业 1 和作业 2 的成绩。现在，该生计入总评的作业 1 和作业 2 成绩就不再是 50，而是 85。

表 5-1 评价周期的评价规划样例

	作业 1	作业 2	测验 1	作业 3	作业 4	测验 2	作业 5	项目学习任务	最终测验
目标 1	X	X	X					X	X
目标 2		X	X		X	X		X	X
目标 3				X	X	X	X	X	X
目标 4				X		X	X	X	X
目标 5					X	X	X	X	X

与之相关的另一种做法是放弃平均分。假定在同一个目标上有 4 次评价，一个学生在这 4 次评价上的成绩情况是：课堂测验 73，单元测验 75，期中考试 83，期末考试 89，那么哪个成绩最能代表该学生学期末在该目标上达到的水平？通常的做法就是取平均值（主要是计算加权平均数）。但显然，如果要得到学生当前学习状况的证据，用 89 这个数字来代表学生当前的表现会比平均数更合理。

既然在计算最终成绩时不用考虑过程成绩，那这些过程成绩是不是就不需要了？设想一下，在使用导航仪时，你应该期望它持续起作用，但你肯定不期望它用你在一个小时之前获得的关于所在位置的信息来给你导航。同样，在整个教学过程中，教师总是需要学生当前学习的证据——这个过程中有太多的"当前"，因此，过程中的学习证据是必要的。而且，尽管"更新近"的证据更能代表学生当前的学习情况，但如果这个"更新近"的证据能够与其他证据相互印证，教师就能够对学生"当前"的学习情况作出更准确的判断。正如一位教师的疑问，我在关于 A 目标的课堂测验中，考查了关于 A 目标的很多方面，但在期中考试中，由于容量的限制只考查了 A 目标的某个或某些方面；学生在期中考试中表现出对 A 目标更高的掌握水平，是否可能是因为期中考试正好避开了 A 目标中该学生掌握得不够好的那些方面？这种可能性是存在的。因此，无论从哪个角度来讲，过程信息（当然不一定是分数或等级，事实上，研究表明，放弃记录分数和等级对改进更有帮助）都是必需的。这样的话，是否意味着教师需要准备两份记录表，一份记录平时成绩，一份记录最终成绩？那也没有必要，那样操作起来也复杂。但完全可以用一份记录单，只需要将过程性的成绩的权重设置为零即可。

成绩替代或放弃平均分的做法很可能会受到质疑，比如，有教师会担心这种做法无法使学生对自己的学习负责。然而，从促进改进的目的来讲——尤其是对那些在学习早期因为某种原因而落后的学生——这种做法非常有价值。当然，考虑到质疑声，也可以对这种做法进行微调——不是用新成绩完全取代旧成绩，而是部分取代，比如，在作业1和作业2的成绩上做加法，将增长幅度按一定的比例加到之前的成绩上。

我们还可以通过分目标呈现分数或等级的方法来改进分数或等级的运用形式。一方面，用多个分数或等级来反映学生的表现，这种思路教师并不陌生。就好像是，每个教师都知道，在一次考试之后，只给出一个分数而不让学生看试卷是不合适的，原因就在于试卷上实际呈现了多个分数，如每大题甚至每小题的分数。但从另一方面看，"分目标呈现"依然是呈现证据时不大常见的思路，因为教师还是习惯给出一个单一的分数或等级，即使这项作业或任务可能比较复杂，涉及多方面的目标。

在考试情境中，从某一角度来讲，提供分项的分数事实上能够减轻教师的工作量，因为教师不需要计算每个学生的总分了。也就是说，常规的考试计分三个环节——（1）确定每一道题的得分；（2）每一类（通常按题型来分）中的每一道题得分相加；（3）每一类题的得分再相加——其中的最后一个环节，甚至后两个环节都可以省略。从改进角度来讲，对于教师和学生，有用的信息其实还是关于具体每一道题上反映出来的学生学习的信息，总分甚至每一类题的分数的可用性都很有限——知道学生总分82，或者选择题扣了3分，无助于教师和学生做出有助于改进的决策。换言之，按题型来呈现的分项分数是没有意义的。然而，虽然不加类聚直接呈现每一题的分数是有意义的，但这种意义是碎片化的，所提供的信息的确可用，但很费时。这就需要一种与按题型类聚分数不同的做法——按目标来类聚分数。假定一份试卷共考查了5个目标，各种题型及具体题目考查的目标如表5-2所示，按目标类聚分数就可以将原来的1个总分或者4个按题型呈现的分数变成5个按目标来呈现的分数。当学生个体的成绩以这样的分项分数（或等级）呈现出来时，教师就可以快速确定学生存在问题的目标领域，如在一次测验中两个学生都是88分，但极端情况下，这两个学生各失掉的12分很可能没有一分是重合的，他们存在的问题可能各不相同，运用分项呈现技术就可以很好地反映他们之间的差异——如果以雷达图这样的可视化方式呈现，那就更加清楚了（见图5-1）。同样，以这样的方式来呈现一个班级的群体成绩，教师也就知道了本班学生学习的薄弱环节在哪里。唯如此，教师才能采取有针对性的后续干预措施。

表 5-2　一份虚拟试卷的规划结构

题型	题目	目标 A	目标 B	目标 C	目标 D	目标 E
选择题	1		X			
	2	X			X	
	3					X
	……					
判断题	1	X				
	2		X			
	3				X	
	……					
简答题	1		X	X		
	2	X			X	X
	……					
论述题	1		X	X	X	
	……					

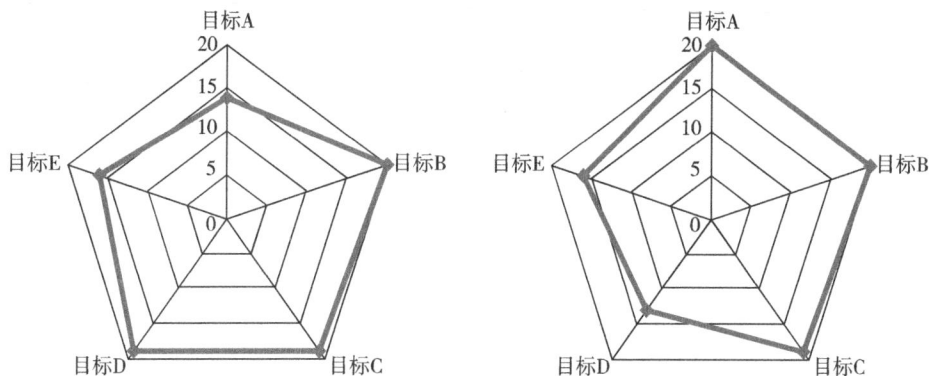

图 5-1　小明和小刚测验分项成绩的雷达图

自评时刻
5-2

请回顾自己的评价实践，思考表5-3的陈述是否符合你的实际情况。

表 5-3　关于教师评价的调查问卷

我在评价之前明确了要评价的学习目标。	□符合 □不确定 □不符合
我很清楚要评价的学习目标的排列顺序。	□符合 □不确定 □不符合
我知道每一道题目的目标指向。	□符合 □不确定 □不符合
我在整理数据时会将考查同一目标的题目放一起。	□符合 □不确定 □不符合

如果说一份试卷的成绩分项教师还较为熟悉，那么对一个单一作业的成绩分项教师可能不大了解。通常情况下，批改一篇作文或者实验报告，教师大多会给出单一的分数或等级，实际上，教师用来考查学生学习表现的评价任务经常会涉及多个具体目标，或者说，衡量学生的任务表现经常会涉及多个指标或维度，尤其是如作文、实验报告、演讲等比较复杂的任务。比如，一份实验报告，我们经常要关注学生是否提出了问题，是否有明确的假设，是否运用了适当的方法收集到数据且做了适当的呈现，是否得出了结论。假设现在要呈现的是一份完整的实验报告成绩分析，那就可以把原本的一个分数或等级变成关于"问题、假设、数据和结论"的四个分数或等级；如果这一次的任务不是呈现一份完整的实验报告成绩分析，而是只关注其中的一个维度，如"假设"，我们依然可以进行分项呈现：自变量——有吗？明确吗？因变量——有吗？明确吗？提出两者之间关系的假设了吗？对于一个任务的学习证据的分项呈现同样可以运用雷达图。

看到这里，你是否想起之前我们讨论过的一个内容？

没错，评分规则！我们在第三章把评分规则视为一种教学工具，即与学生交流分享学习目标的有效工具，在这里，评分规则扮演的是评价工具的角色，设定了清晰明确的评分规则，证据的分项呈现就是相当简单的事了。

等级问题还需要进一步讨论。按照当前的新政策，等级已经成为小学阶段学习结果呈现的主流方式。但等级在课堂评价中的运用的确有它的问题，其中信息含量低的问题可以运用按目标分项的做法来解决，同样有效的做法是附指标的等级，也就是在呈现等级的同时，将评价指标也呈现出来。比如，直接在评分规则上打等级。当学生及家长看到等级时，就可以用评分规则上的指标对照自己完成的任务，从而更清晰地看到自己的优势领域和问题所在，如表 3-8 中的每一个分项等级都有较为清楚的含义。

除了信息量之外，等级运用还可能至少涉及另外两个问题。

首先，如何确定等级？这会直接影响等级运用在促进改进上的价值。常规的做法是，划定各个等级的比例，然后根据分数排名确定等级。这种做法的依据是学生相对于他人的表现，本质上属于常模参照，它很可能导致这样一种结果，有些学生已经达成目标甚至超过了目标要求，却依然会因为在相互比较中处于靠后位置而得到低等级；此外，由于在相互比较中所处的位置对学生而言是不可控的，因而会缺乏激励作用。要使等级能够更好地促进改进，另两种确定等级的做法会更有效。一是根据标准来确定等级，事先明确学生要达成目标及相应的表现指标，只要达成目标就可以得到最高等级。这是一种绝对评价，理论上讲，一个班级中可以没有 A 等，也可以全是 A 等，只看目标达成情况。埃尔肯斯等介绍了一种等级确定方法，即基于逻辑规则建立一套门槛指标（Threshold Criteria）来生成等级，这个门槛指标是一个学科的教师根据课程标准中的关键目标共同建构的，反映了目标的要求（表 5-4 就是门槛指标的一个示例）。

二是根据能力来确定等级，依据是学生的实际表现与其能力水平的相符程度。处在班级前列，且达成了目标，但如果未表现出其能力应该达到的那种高水平，依然不能得到最高等级。这种做法对于那些可以轻易达到标准，甚至位居前列的学生尤为有益，会迫使他们充分发挥自己的潜力。

表 5-4　门槛指标的一个示例 [1]

等级		充分的最新作业样例
A	内容	• 无重大错误或遗漏。
	过程	• 在学生最近的作业样本中，没有一个是低于 3 分的。
		• 在过程标准 1~5 中，至少在 3 个标准上得到 4 分。
		• 在过程标准 6~10 中，至少有一半的标准得到 4 分。
B	内容	• 至少有四分之三的内容，掌握程度达到 3 分及以上。
		• 任何内容，掌握程度都不低于 2 分。

[1]　卡桑德拉·埃尔肯斯，等.有效评估 188 问 [M]. 王少非，王炜辰，译.南京：江苏凤凰科学技术出版社，2024.

等级		充分的最新作业样例
C	过程	• 在过程标准 1~5 中，四分之三以上的内容，得分达到 3 分及以上。
		• 在过程标准 1~5 中，没有低于 2 分的。
		• 在过程标准 6~10 中，没有低于 2 分的。
	内容	• 至少有一半的内容，掌握程度为 3 分及以上。
		• 任何内容，掌握程度都不低于 2 分。
	过程	• 在过程标准 1~5 中，至少有四分之一的内容得分为 3 分及以上。
		• 在过程标准 6~10 中，没有低于 2 分的。

其次，等级如何表述？等级有多种表征体系，可以是数字（如 1234），也可以是字母（如 ABCD），还可以是文字（如优秀、良好、中等、合格、不合格）。然而这些等级表述都隐含着较强的判断意味，似乎是在对学生作判断下结论；而且这些等级表征系统似乎也隐含着相互比较的意味，不易将等级与"达标"的程度挂钩，这对改进有负面影响。在等级的表征方式上，一些微小的变化可以减弱其中蕴含的判断意味，而且能够清晰地表明等级的确定依据是目标的达成，比如，如今越来越常见的"尚未达成、基本达成、达成"的等级系统，就是一种好的选择。特别需要提一下，学者德莫迪（Dermody）分析过，在表述学生不足时，运用"还"（yet）的价值："它提供了希望。不是告诉学生'你没有解决这个方程式'，而是说'你还没有解决这个方程式'……这个词能够深远地影响学生看待学习的方式。他们知道，如果有更多的支持，他们就能理解问题。"[1]

反思时刻
5-4

在评定学生成绩的时候，除了上面这些考虑之外，是否还有其他需要考虑之处？

设想以下几种情况。

场景一：小明是个聪明的学生，但有些懒散。他经常不交作业，但各种测验总是有不错的成绩。如果您是他的老师，在评定他的成绩的时候，您会怎么做？

A. 只考虑他的各种测验成绩，忽略他未交的作业。

---

① Dermody, J. H. Going for the Growth[J]. Educational Leadership, 2012, 70 (1).

B.确定家庭作业在总成绩中的权重，未交的作业按零分计，然后对所有成绩进行加权评分。

场景二：小明每次数学考试成绩都挺好，位居全班前列，但他上课时经常会出现一些行为问题，有时还影响到整个班级的秩序。如果您是他的数学老师，在评定他的成绩的时候，您会怎么做？

A.不考虑他的行为问题，只考虑他的考试成绩，按预先的规划计算他的成绩。

B.在按预先的规划计算出他的成绩后，适当扣掉一些分数。

请思考：

未交的作业计为零分，合理吗？如果不计零分，也不忽略未交作业的情况，有没有替代方案？

将行为问题或学习习惯计入成绩是一种好的做法吗？

借用"分项"的思路，在学习成绩之外再给出一个"行为/习惯"分呢？

最后，需要强调一点，到目前为止，绝大部分的研究表明，分数或等级等评定性的证据呈现方式对学生的学习有干扰作用，可能会妨碍学生持续改进的意愿，也可能导致学生将学习目标定向于成绩而不是真正的学习。"学生一得到等级，学习就停止了"，任何一位教师都不希望看到这种情况，然而，很遗憾，在威廉看来，这恰恰是人类心智运行的一个相对稳定的特征。解决这个问题的一种简单方案是：除总结性评价外，尽可能少用其他评价，甚至不用分数或等级，尤其在促进改进的课堂评价中。教师至少要做到像科恩（Kohn）所强调的"不要在学生还在学习的时候评定他们"。[1] 换言之，只有在

---

① 转引自迪伦·威廉.融于教学的形成性评价：原著第2版[M].王少非，译.南京：江苏凤凰科学技术出版社，2021：182.

对学生的学习进行评定时，才运用分数或等级。那么，如果放弃了分数和等级，我们有没有替代方案来呈现学生的学习情况呢？有的。

也许在很多教师看来，用其他方案来取代分数或等级，障碍在于学生及其家长：如果没有分数或等级，他们怎么知道孩子的学习情况？实际上，学生及其家长离不开分数或等级，很重要的一个原因是教师只提供分数或等级；如果他们接触过分数或等级之外的其他结果呈现方式，也许他们就可能放弃对分数或等级的执念。当然，同样重要的是，要让学生理解为何等级在促进真正意义上的学习改进中不起作用，对此，查普伊斯提出了一种方法，该方法有 5 个步骤：（1）让学生按"对我来说，某个等级意味着_____"的句式结构在横线上写出该等级对他们自己的意义；（2）收集学生的回答，隐去学生姓名，在课堂中读出学生完成的句子；（3）要求学生分享他们在听到这些句子时的想法和疑问；（4）依据学生的评论，询问学生在练习自己不擅长的事的时候感觉什么样的反馈最有效；（5）介绍你用来评价作业的方法。[1]

二、表现记录

对于改进，证据本身比基于证据得出的结论更有价值。相较于分数、等级这些评定性的结论，非评定性的学习证据更有利于改进。它更有利于教的改进，因为教师拥有学生学习的具体信息，所以更可能作出有针对性的教学决策；它更有利于学生的学习改进，因为学生知道自己的具体问题所在，因而更可能去解决那些问题。

有时候，表现记录可以是完全不作太多加工的数据整理，就像一位教师在收集了学生的出门卡之后，只简单地浏览，然后根据学生的表现情况，将学生上交的卡片分成两堆。此时她对班级学生的整体情况已有了较为准确的把握，这种把握足以支持她作出接下来的行动决策——现在能否进入下一环节。一位教师称，他每天只需要花很少的时间来批改作业，因为"我不需要改作业，我只需要看看作业，知道哪些学生需要帮助就好了"。吉莉介绍了一种称为"贴纸柱形图"的方法[2]，让学生匿名把答案写在便利贴上，然后由教师或学生按照答案情况将便利贴贴在墙上或白板上——当教师的问题是选择题的时候，这种做法特别方便，就能得到一个由贴纸组成的柱形图，学生的选择被具象化地呈现出来，一目了然（见图 5-2）。

---

① 查普伊斯.学习评价 7 策略：支持学习的可行之道 [M].刘晓陵，等译.上海：华东师范大学出版社，2019：74.

② Keeley, P. Science Formative Assessment: 75 Practical Strategies for Linking Assessment, Instruction, and Learning[M]. London: Corwin Press, 2008: 178-180.

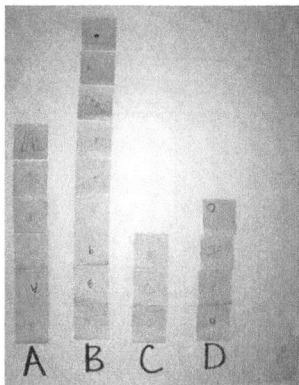

图 5-2　贴纸柱形图

表现记录表是将信息收集与呈现融为一体的技术，当信息收集完成时，证据的呈现也就完成了。这类技术涉及各式各样的评价记录工具，通常需要教师事先做好评价记录表。

很多教师平常也会运用某种形式的评价记录表，如成绩登记表，会将需要考虑的每一次评价的结果等级写在上面，这些结果大多以分数形式呈现，有时可能会加一些额外的符号，表明学生在学习过程中的一些表现，如缺课情况，或者回答问题之类的过程表现情况。本人所在学校要求在提交学生期末成绩时，不仅要提交平时成绩，还要提交平时成绩来源的原始记录表，这些记录表上涉及的项目还必须与预先制定的课程大纲上的"考核方案"一致。然而，我们在这里讨论的评价记录表与我们熟悉的成绩登记表不同。正如我的学校中所有教师都运用相同的成绩登记表，成绩登记表可以是通用的，但作为一种课堂评价技术，通用的评价记录表是不存在的，有用的评价记录表必须依据特定的学习目标来制定，而且需要与特定的引出信息的技术相匹配，更必须充分考虑到记录结果后续运用的需求。

提到这类表格，你也许有印象，我们在前面介绍过相关的表格。对了，就是第四章中的"出口卡数据记录表"，那张记录表主要用于"出口卡"的信息收集。这类表格还可以用于其他类型的评价技术上，比如，安吉洛等介绍了一种名为"背景知识调查"的技术，用以在新课、新单元、新学期开始之时收集学生关于本主题、本课程的重要的先前知识和相关经验。在收集到学生上交的调查表后，就可以运用表格（见表 5-5）来记录（同时也是整理）学生的答案——教师只需要在表格的空白处记录学生的名字或号次。当然，如果调查是在便利贴上完成的，教师还可以在必要时选择学生的答案样例，贴在表格的相应位置上。

表 5-5　背景知识调查记录表

错误的背景知识	无关的背景知识	有一定关联的背景知识	重要的背景知识

这种记录表也可以用来专门记录学生的错误。费希尔和弗雷曾经引用了一位历史教师的评价记录表。这位历史教师是在学生小组合作阅读第一手资料时使用了这张表格。当学生在讨论时，教师在巡视、观察，特别关注学生在三个学习领域中的表现：文献浏览、提取信息和得出结论。她也用了同一表格记录学生上交的作业和笔记中发现的问题——她只需要在表格空白处记录存在问题的学生的名字（见表 5-6）。

表 5-6　学生错误记录表

错误领域	课堂环节				
	1	2	3	4	5
浏览文本					
提取信息					
得出结论					

对比这两张表格，或许不难发现，它们有个非常明显的共同点，即关注的不是学生个体的情况，而是学生总体的情况。这样一种记录或呈现方式所适用的场景是教师需要运用相关信息进行教学决策：是否可以进入下一个教学环节？当前的内容是否需要重教？重教哪些内容？但表 5-6 与第四章的出口卡数据记录表的不同在于，后者也呈现了部分学生个体的情况，因而有助于教师做出另一些教学决策，比如，谁需要补充性教学？后续教学干预中若需要分组，如何分？

本节同样关注学生个体的结果呈现。相对于分数、等级等抽象的符号，将学生的表现具体地呈现出来，更有助于学生的改进。因此，借助记录表来记录学生的具体表现可以直接呈现学生的表现证据。例如，梅耶老师的阅读课观察表借助"星星与台阶"①模式，记录学生的长处和不足，其中的一些例子见表 5-7。

————————

① 星星与台阶的详细解释见第六章。

表 5-7　梅耶老师的阅读课观察表 [1]

学生	长处	不足
Keegan	复述流畅	选择的书太简单
Carmen	表达流畅，会提出问题	需要学习运用技巧来跳过生词
Eli	能模仿角色来说话	需要学会在没有理解时重读
Julian	运用了策略来探究故事的内容	要多读，读得更流畅些

　　有些观察记录更有结构性，会将学习目标或预期结果整合在其中，比如，威廉介绍了一位游泳教师的做法，她用一张表格记录对泳池中学生的观察，表格中涉及她观察的四个维度：手臂、腿、呼吸和用时；在观察每一个学生时，她按照学生在这四个维度展示出来的能力水平，在相应的空格上输入 0、1 或 2。[2] 威廉并未提供实际的表格，表 5-8 是本书作者按照威廉的描述绘制的。你可能注意到，尽管每个观察维度是以数字化等级来表示的，但该表格中没有记录学生的总得分，原因就在于总得分完全多余——对于学生来说，他要改进，他需要知道的是自己的具体表现。

表 5-8　学生观察表

学生姓名：			
手臂	腿	呼吸	用时

　　但是，这种记录依然存在问题。假定一个学生在"手臂""呼吸"两个维度上没有任何问题，得到了满分 2 分，但在"腿"和"用时"两个维度上都只得了 1 分。"用时"1 分表达的意思是明白的，表明用时超了，且超得不太多。且从记录中可以推出，用时之所以会超，原因就在于"腿"这一维度做得不够好。然而，"腿"这一维度做得不够好，很可能有多种表现或原因，比如，可能是姿势不对，也可能是运动频率不对，仅有分数还不能反映具体的实际情况。如果将这份表格做一个改造，变成附问题的记录表（见表 5-9），或许会对学生更有帮助：将原表的空行变成两列（也可以在空行下另加一行），一列计分数，一列记录具体表现。有些教师可能担心，面对那么多学生，对每个学生做这样的具体记录很困难。没错，但首先，教师通常不需要记录所有学生的情况。其次，

① 查普伊斯.学习评价 7 策略：支持学习的可行之道 [M].刘晓陵，等译.上海：华东师范大学出版社，2019：83.

② 迪伦·威廉.融于教学的形成性评价：原著第 2 版 [M].王少非，译.南京：江苏凤凰科学技术出版社，2021：183.

没有问题的领域也可以不用记录。最后，教师也能找到简化记录的方式，比如，假定在"腿"这一维度上，学生常见的问题就是"姿势"和"频率"，那么就可以用代号来表示，如 A 代表姿势，B 代表频率；假定姿势问题有 3 种具体情况，那分别用 A1、A2、A3 来表示。如果学生在拿到记录表的同时，也能看到代号与具体问题的对照表，那就能清楚自己的问题所在。

表 5-9　学生观察表改进版

学生姓名：							
手臂		腿		呼吸		用时	

当然，如果对上述记录表进行进一步改造，变成"附证据的记录表"，添加学生具体的表现样例来说明学生的表现，那就更能具体地呈现学生的问题。但这可能需要记录表有足够的空间。借助信息技术或许是一种解决方案，运用电子表格，然后将代表学生具体问题的符号上添加链接，学生或其家长点击链接就能看到证明学生表现情况的具体证据——来自学生作业的片段。我们在设计的学生学业报告单上就使用了这种技术（见表 5-10）。这个报告单以学期为单位，但同样适用于单元或更短时段的报告。该报告单不同于常规的学业报告单，它不显示分数，只呈现学生在一个时段的表现情况。"学期学习目标"列呈现的是报告的时段涉及的具体的学习目标；后三列呈现的是学生在该目标的达成情况，如果是"达成"，那只需要教师打钩，如果是后两种情况，那么就需要在相应表格中标出存在的问题的代号。但相关代号上可以添加相应的链接，链接中可以包含两个部分的内容：一是代号的具体含义，二是证明学生存在问题的具体例证。假定某个单元语文学习的一个目标是"能确定事情发生的前因后果"，一个学生的表现是"尚需努力"，而在确定因果上学生常见的问题可能有：确定的因果关系缺少来自文章的证据支持（A）；把另一结果当作原因（B）。如果该学生的问题是前一种情况，那么就可以在这一目标的"尚需努力"表格中填写 A，然后在 A 上添加一个链接：A 的含义，即确定的因果关系缺少来自文章的证据支持；以照片或其他方式呈现的作业具体样例。

表 5-10　学生学业报告单片段 [①]

	学期学习目标	达成	基本达成	尚需努力
1				

[①] 张斌，王少非. 学生学业成就报告单的再定位与新设计 [J]. 中小学管理. 2024（9）：43-46.

续表

学期学习目标		达成	基本达成	尚需努力
2				
3				
4				
5				
6				
………				

第三节　结果解释的技术

一、依据目标来解释

前面我们已经强调，采用常模参照来解释评价结果对于结果的可用性没有太大的帮助，更合适的解释方式之一是标准参照，即依据学习目标来解释结果。无论是学生群体还是个体的评价结果，都需要依据目标来解释。

在评价之后，教师对结果的关注通常会遵循从"班级群体"到"学生个体"的路径，即先把握总体情况，然后再根据实际情况决定是否关注个体，以及关注哪些个体。寻找结果的分布模型主要用于对群体结果的解释。这种技术要求教师在关注评价结果时，着重关注全班学生的学习情况。一方面，要以全班学生或特定学生群体为分析单位：班级中有多少学生已经掌握了知识点？有多少学生尚未掌握？特定的学生群体与其他学生群体相比，在表现程度上是否存在差异？本班学生与本人所教的其他班级存在什么差异？另一方面，要以学习目标而不是以具体题目或任务为分析单位：按照考查目标对相关题目进行类聚，关注学生在哪些目标上掌握良好，在哪些目标上还存在问题。

这里着重关注按目标类聚题目的做法。首先，必须确保评价与学习目标相匹配。教师实施评价总是基于某种信息需求，而教师想要获得的最重要的信息一定是学生的目标达成情况，因此，设计的评价任务必须与学习目标相匹配，而且还得明确每一个评价任务所指向的学习目标。其次，不是像常规的试卷分析那样分别统计每道题目的得分率，而是要将考查相同目标的题目放在一起来审视。假定在一次评价中共涉及 20 个题目，分别考察 ABCD 四个目标。教师或许可以像往常那样批改学生的试卷，并给予学生相应的分数或等级。但在数据的处理上，就不能再像以往那样分别计算每一题的得分率，然后根据得分率情况确定需要集中讲评的内容，也不能按学生的总体得分情况对学生进行分组，而是要借助目标对学生在相关题目上的表现进行类聚，明确学生在哪些目标或内容领域上存在问题（见表 5-11）。

表 5-11　按目标类聚题目或任务的框架

考查目标	相关题目
A	#2、#7、#13、#16、#17
B	#1、#3、#9、#12、#19
C	#5、#8、#10、#14、#20
D	#4、#6、#11、#15、#18

当然，考查结果中的模型并不完全局限于以班级为单位进行分析，有时也可能会将关注点从全班学生的表现聚焦于特定的学生群体甚至个体，以进一步深入探究考查结果中的模型。而且，对结果中的模型的探究也未必就是从班级总体情况开始，也可能从学生个体开始，比如，教师在审阅学生完成的任务时可能发现了一种不寻常的问题，然后就可能会在其他学生的作业中关注是否同样存在这种问题。"在整个班级和特定的学生群体或学生个体之间的放大和聚焦，是一种以获得关于模式和趋势的丰富理解的灵活方式。"[1]

迪兰娜（DiRanna）等提供了一个科学领域的总体分析例子（表 5-12 基于此例子进行了改编），她们是按照题目所涉及的概念来类聚题目的，本质上是依据目标来类聚。

表 5-12　定性的评价结果[2]

概念 A：质量	概念 B：体积	概念 C：密度	概念 D：推理
绝大部分学生能区分物体的大小和重量/质量。	五分之一的学生不明白如何准确地计算体积。	四分之一的学生理解质量/体积的关系，并能准确地绘制出来。	几乎所有学生都需要做更多工作来使用证据支持这些主张。

[1] DiRanna, K., et al. Assessment-Centered Teaching: A Reflective Practice[M]. Thousand Oaks, CA: Corwin Press, 2008: 104.

[2] DiRanna, K., et al. Assessment-Centered Teaching: A Reflective Practice[M]. Thousand Oaks, CA: Corwin Press, 2008, 109.

当这样的结果呈现出来之后，教师就可以作出下一步行动的决策了：概念 A 不用再教，概念 D 需要重教；关于概念 B 和概念 C，需要针对部分学生进行补充性教学或干预。然而，到底要针对哪些学生，要进行什么样的干预，依然需要进一步的结果解释。

明确哪些学生需要干预，相对比较直接；比较麻烦的是确定要进行什么样的干预——这需要明确学生存在的具体问题。学生的问题到底在哪里？是什么问题？是什么原因导致的？如果不清楚这些问题，那么后续的干预要有效是不可能的。而要搞清楚这些问题，就必须联系学习目标。

学生在学习上可能表现出许多不足，这些不足是否全是需要加以干预、补救的问题？比如，假设一个学生完成了一份实验报告的撰写，但他的书写实在糟糕，这个糟糕的书写是不是一个问题？当然是！但是不是马上需要干预或补救的问题，那就得看他的实验报告中是否存在表明他未能达成实验报告撰写目标的问题了，比如，他是否提出了问题？是否作出了假设？数据的呈现是否适当？数据的解释和结论的得出是否存在问题？等等。如果作业表明学生尚未达成当前的学习目标，那么书写就不应被当作需要强调的问题；如果作业表明学生已达成当前的学习目标，那么就可以采取相关措施来解决书写上的问题。

不与具体的学习目标联系来谈论学生的错误是没有意义的。请看下面的例子（在引用此例子时进行了改编）[①]：

> 一位语文老师给学生布置了下面的作业：
>
> 小明：_____。
>
> 小龙：我要去踢足球，你呢？
>
> 小明：_____。
>
> 小龙：我们不能下午做这件事吗？
>
> 小明：_____。
>
> 甲、乙、丙、丁四个学生的答案如下：

---

① 易克萨维耶·罗日叶. 学校与评估：为了评估学生能力的情境 [M]. 汪凌，周振平，译. 上海：华东师范大学出版社，2011：154-155.

学生甲	学生乙
小明：<u>我要和你一起去踢足球</u>。	小明：<u>你相去做什么</u>？
小龙：我要去踢足球，你呢？	小龙：我要去踢足球，你呢？
小明：<u>那你也去操场</u>。	小明：<u>我相和你一起去打栏球</u>。
小龙：我们不能下午做这件事吗？	小龙：我们不能下午做这件事吗？
小明：<u>你不愿意下午做这件事吗</u>？	小明：<u>那好。下五见</u>。
学生丙	**学生丁**
小明：<u>你做什么今天上午</u>？	小明：_____。
小龙：我要去踢足球，你呢？	小龙：我要去踢足球，你呢？
小明：<u>我你想看电影去</u>。	小明：_____。
小龙：我们不能下午做这件事吗？	小龙：我们不能下午做这件事吗？
小明：<u>那好。同一</u>。	小明：_____。
	小龙上午应该去操场踢足球，而小明更想去看电影。小明同意上午去踢足球。

　　显然，这四个学生的答案都存在问题，但如果不与具体的学习目标相联系，学生所犯的错误是不明显的。在这种情形下进行的教学干预，即使不是无效的，也至少是低效的——当解决甲的问题时，很可能在浪费乙、丙、丁的时间。实际上，只要明确该作业的目标，就不难确定四个学生的问题各不相同：甲在理解上下文上存在问题，乙存在书写问题，丙的表达不符合语法规范，而丁的问题在于错误地理解了题目中隐含的指令，未能将答案写在所要求的位置。教师在解释学生的错误时，可能需要注意到其中有些错误是普遍存在的，如甲、乙、丙的作业中呈现出来的错误。如果存在普遍的错误，教师就不需要对每一个学生逐一解释，只需要分组解释、反馈即可；但学生丁反映出来的错误可能不那么常见，那就需要单独来解释。

　　无论是整理评价结果以供自己决策之用，还是向学生提供反馈，按照目标来解释结果会得到清晰的、有意义的信息，更重要的是，通过这样的解释会使原本作为"数据"的结果变成"可用的信息"。正如波帕姆在讨论基于标准的测试如何为教学服务时所强调的"逐条标准报告"，为学生提供了各项目标准的成绩[①]，对于这些"成绩"同样需要按每一条标准或目标来解释。

---

① 波帕姆.优化测试，优化教学[M].邓小玲，译.北京：教育科学出版社，2009：113.

二、按学生原有情况来解释

依据目标来解释结果，能够反映出学生当前学习状况与学习目标的差距。与常模参照相比，这种解释方式对于促进改进更有帮助，因为它能将学生的关注点引导到真正的学习上，而不是分数或排名之类的成绩目标上；学生会感到达成某个预设的目标在自己的控制范围之内，因而更愿意为此作出努力。但是，以目标为依据的标准参照有其难以发挥作用的场合，比如，对于一个学习基础较差，很可能在作出巨大的努力之后依然难以达成甚至接近预定目标的学生，或者一个可以轻而易举达成预定目标的学生，用预定目标来衡量他的表现通常不会产生促进改进的效果。或者，当设定的目标需要通过较长的时间来达成，学生作出很大努力却依然离目标比较遥远时，标准参照通常不会有很明显的促进效果。在这些情形中，引入另一种解释方式——个体内差参照就非常必要。

在促进学习的课堂评价中，个体内差参照通常表现为对学生进步或"增值"的关注。如果将学习视为一段从当前所在之处到目的地的旅程，那么标准参照就是要看学生是否到达目的地，而个体内差参照就是要看他在原来的起点上前进了多少。这意味着，教师必须准确把握学生在学习之前的水平。在当前的实践中，这通常借助"前测"来解决，在学生学习后再进行评价（通常称为后测），然后再对"前测"和"后测"的结果进行比较。但是，用这种方法来解释学生的后测结果很可能会遇到问题，因为从日常教学实际出发，前后测所指向的目标未必一致：通常情况下，前测作为学情分析的一个基础性工作，用以把握学生与新学习相关的前备知识和技能，不会直接指向新的学习目标本身。如果是这样，直接拿两个结果来作比较显然有问题。但是，如果评价目标指向一种需要长期培养的技能，如演讲，那么"前测—后测"的方式是可行性的。但无论如何，个体内差参照的运用同样离不开对学习目标的关注。

从学习目标视角看，无论教师进行课堂评价的出发点是为自己的教学改进提供信息，还是直接指向学生学习的改进，进行个体内差参照解释首先需要同时把握学生先前和当前的学习情况。

教师可能会运用课堂评价来确定自己的教学效能，此时他需要用学生总体的学习进步情况证明自己的教学的效能。在这种情况下，相比常规的"前测—后测"做法，波帕姆介绍的一种做法则更有效更可靠，称之为"分组—调换证据收集法"，共有 6 个步骤：（1）确定一种技能，作为评价目标；（2）选择评价方式，如"选择—反应"或"建构—反应"，如果是后者，需编制评分规则；（3）编制两套评价工具，必须确保检测同样的目标，所需的时间接近，难度相近；（4）建立两个测试组，将学生随机分成两个组；（5）前测—教学—后测，前测中，两组学生各用一套评价工具，后测中，两组所用的评价工具进行互换；（6）对数据进行比较，得到两组数据：A 卷的前后测数据比较和 B 卷的前后测数据比较（见图 5-3）。[①]

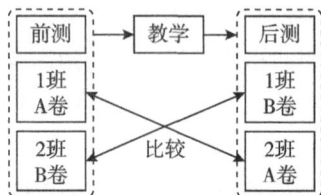

图 5-3　分组—调换证据收集法

如果涉及对学生个体学习情况的解释，教师当然可以借助前后测方法来收集证据，然而，对于教师来说，要编制出指向相同目标的两套不同的题，比想象中要困难得多。如果用同一套题，那就很难避免"前测效应"，即学生的前测经历可能会影响其在后测中的表现。因此，将学生的自评引入其中会是一种可行的好做法。比如，运用目标自评表（见表 5-13）：在一个教学时段开始之时，教师用目标自评表与学生分享学习目标，同时要求学生对照学习目标逐条自评；自评完成后暂时收起表格，开始新的内容学习；学习完成后，可以基于后测，也可以直接要求学生再次进行自评，同时要求学生对自己学习过程的努力程度作出评价。

表 5-13　目标自评表

单元_____	姓名_____		
目标	课前理解	课后理解	努力程度
1	□我不理解　　□我需要帮助 □我能自己做　□我能教别人	□我不理解　　□我需要帮助 □我能自己做　□我能教别人	1 2 3 4 5
2			
3			
……			

教师只有掌握了这样的信息，才能基于学生的原有学习情况对结果作出解释。这种解释一定不是对分数或排名的比较，而是对学生在目标达成上的进步或增值情况的描述。学生学习的进步或增值既体现在学习结果上，也体现在学习过程上，既反映为量的增加也反映为质的变化（见图 5-4），没有描述，这些进步或增值状况就无法体现出来。比如，一位英语教师在指导学生学习概要写作时，按四个目标解释学生的学习情况，她对一个

[①]　波帕姆．优化测试，优化教学 [M]．邓小玲，译．北京：教育科学出版社，2009：122.

学生在第三个目标——"是否总结了原文的主旨大义"上的表现的描述是:"上一次写作时,你的总结中有些只是对文章内容的复述,并没有真正的总结,还有些是文章内容中没有涉及的,其实是对文章内容的延伸拓展;这一次作业中,你的'总结'完全聚焦于文章内容,且对具体内容做了概括、提炼。进步很明显。"当这样解释并呈现给学生的时候,其实就是描述性反馈——一种被证明非常有效的反馈方式。

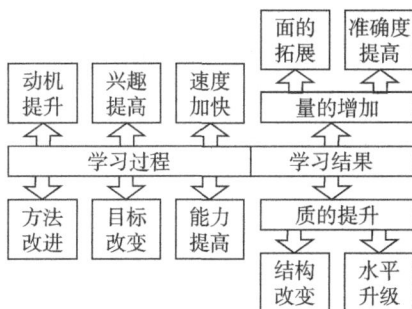

图 5-4　学习增值表现框架

三、再进一步:探寻学生出问题的原因

评价结果的解释是对评价结果进行的意义建构,其直接目的是使之对评价结果的用户有意义,但解释的最终目的是让结果推动后续的改进行动。就此而言,结果的解释是评价促进改进的关键节点,没有对结果的解释,就不可能有基于结果的行动。从这一点出发,解释就不能停留于让结果有意义,对于后续行动更为重要的是找到症状背后的原因。

正如医生治病强调"对症下药"不会只看表面症状,而是要探究症状表现背后的原因,教师要确保基于评价结果采取的后续行动的有效性,也必须搞清楚结果是怎么来的。在常规的评价中,学生所犯的错经常被同等对待,就像我们提到的根据上下文来填充的例子,四个学生得到的批改符号很可能是一样的,都是一个半对,分数也很可能非常接近,但问题的根源却各不相同。学生在学习中出现这样的问题,是因为前备知识或技能准备不足,还是当前学习目标中的一些子目标未能达成?是天真观念影响的结果,还是当前学习中的偏差?是教学造成的还是学生本身的学习缺陷?是偶然的失误还是真正的错误?如果是后者,是事实性错误、程序性错误还是概念性错误?这些问题的答案都会直接影响可能采取的后续行动及其有效性。

在对学生的错误原因进行分析时,首先需要强调的是,教师不能总是从学生身上找原因。在实践中,学生的错误经常被当作"学生的事",被归因于学生本身,但事实上,很多错误很可能源于教师的教学或者直接源于教师所用的评价工具。如果评价表明学生在某些目标或某些题目上存在普遍的错误，教师就需要审视自己的教学活动和 / 或评价任务。从这一视角看，对评价结果的解释过程实际等同于教师的自我反思过程。

我们重点关注源于学生学习上的错误根源。作者曾经建构过一个关于学生出错原因的分析框架（见图 5-5），尽管这个框架很不完整（如未涉及"思维问题""自我管理问题"中的具体原因），但还是能够为我们提供一些启发。

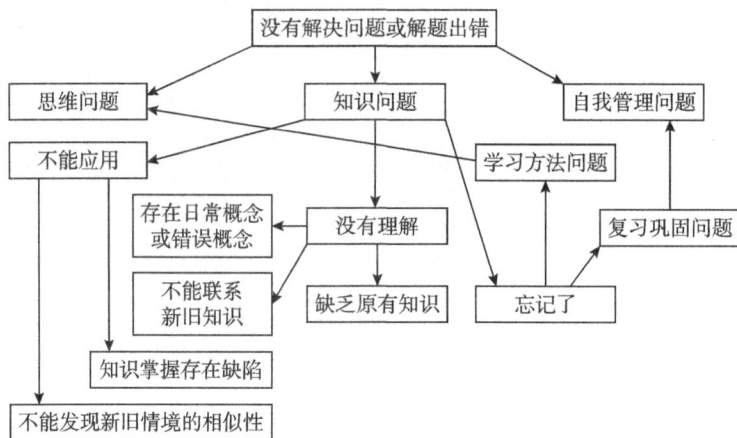

图 5-5　出错的可能原因 [1]

如果学生学习上的错误根源显而易见，那么教师就不难采取相应的干预行动。问题是，有时，学生犯错的原因可能是教师很难想到的，此时就可能需要后续的进一步探究，从学生的答案中发现问题，搞清楚问题到底出在哪里。我们先来看一个例子： [2]

一道选择题：某个地方的人们在过某个节日时有个风俗，他们会在烤制薄饼时放入一个小玩具，谁吃到这个玩具就表明他是当天的幸运儿。

要求：判断哪种情况下最有机会吃到有玩具的部分，四个选项是：A，分成六块的矩形；B，分成四块的圆形；C，分成五块的圆形；D，分成六块的圆形。

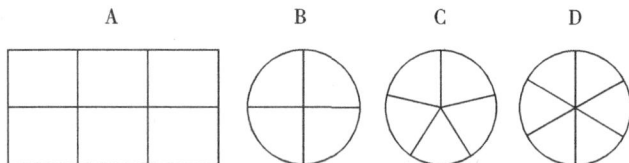

① 王少非. 课堂评价 [M]. 上海：华东师范大学出版社，2013：268.

② Elham，K. Exploring Test Performance in Mathematics：the Questions Children's Answers Raise[J].Journal of Mathematical Behavior，2002，21：203-224.

学生的回答表明，58% 的学生选择了正确答案 B，选择 A、C、D 的学生分别占 30%、3%、9%。

这个答案分布有没有需要特别关注的地方？有 30% 的学生选择 A 是否有些奇怪？为什么有那么多学生选择了同一个错误答案？这普遍的错误在数学上讲不通，那是否需要作进一步的探索，以搞清学生的问题根源？

研究者要求每一个学生陈述自己的选择理由，结果发现，27 名选 A 的学生所持的理由分成三类：

第一类：关注玩具如何放到薄饼中，有些关注玩具的形状，如他们认为 D 是三角形的，而很多小玩具经常是方形的，不适合放到这种形状中；有些关注小玩具是否适合放到薄饼中，他们认为如果玩具要被屠刀切下脑袋，他们可不愿意做小玩具。持这类理由的共 16 人。

第二类：在较大的块中更容易找到玩具，因为只能拿一片，你就要拿最大的，这样就有更多机会得到玩具。持这类理由的共 10 人。

第三类：就一个男孩，他关注的是拿到一片薄饼的可能性，他认为 B 不能给他很多机会。如果他排第五个，前面的人就拿完了，他就没机会了。

显然，这部分学生是用自己吃薄饼的经验来应对这个问题的。将生活经验迁移到学习中，其作用有时是正面的，有时是负面的，比如，学生具有的"光照射到物体，使物体变亮""有物体遮挡住视线就看不见"之类的经验会妨碍"物体将光反射到人眼"观念的形成；而"通过光合作用生产食物"的观念的形成也会受"植物通常长在土地上"的负面影响；再比如，日常语言表述中太阳"升起""落下"之类的表述很可能妨碍学生对地球与太阳的相对关系的理解。

学生错误的根源还可能来自先前的学习，比如，威廉曾经提到一个有趣的例子，

学生被要求解决一个方程组：

$3a=24$

$a+b=16$

结果，很多学生回答该方程组不能解。然而，常规的二元一次方程组的训练很可能对学生的改进无效。教师鼓励学生进一步讨论他们的困难，结果发现，学生觉得该方程组中的两个未知数不可能同时等于 8！

显然，他们在学习过程中从未被告知方程组中的多个未知数不能相等，但他们很可能从以往的学习中概括出了这样的隐性规则——因为所接触到的二元方程中的两个未知数通常都有不同的值——但这种概括是过度的概括，就好像学生在初步了解了"磁性"之后，可能会相信所有的金属材料都会被磁铁所吸引；最初接触分数时，学生习得了"分数代表整体的一个部分"，之后可能会认为所有的分数都比整数小。

虽然这些问题表现为学生学习上的问题，且其中有些问题受学生认知的局限或学习进阶安排的影响，但有些问题肯定与教学存在一定的关系，比如，如果教师在教二元一次方程时为学生提供过两个未知数相等的问题作为变式，那么学生的这种误解就可以避免。实际上，有些学习上的问题很可能就是因为教师教学或指导时存在的某种不足造成的，比如：

一名二年级小学生完成了一道数学题，是 18 除以 5 的竖式。她得到的结果是商 3 余 3，可她眉头紧皱，似乎很不确定。她的疑问是："商和余数都是 3，行吗？"在被追问为什么商和余数不能同时等于 3 时，她说："今天在学校我有一道题就是这样的，可老师说不对，让我改了。"那道题是"$25 \div 4 =$ "，她改正后的答案是"$25 \div 4 = 6 \cdots\cdots 1$"，而改正之前的答案是"$25 \div 4 = 5 \cdots\cdots 5$"。

在这个例子中，学生的犹疑源于她对教师的指导的理解，这种理解上的问题未必就是因为教师在指导时的具体表达，但可以确定的是，教师在指导或提供反馈时并未真正确保学生理解。

第四节　评价结果呈现与解释的整合：述评

对结果的解释是从评价到后续行动的桥梁。但在课堂评价中，要完成证据收集—结果呈现—结果解释的全过程并不容易，因为课堂经常是变动不居的，留给教师完成这样一种工作的时间很有限。有没有可能，在不损害课堂中决策的可靠性、有效性的前提下，将这样一个过程加以简化？鉴于"结果解释"通常需要回到"所收集的证据"下，基于证据生成一个总体的结论性结果其实有些多余。更何况，学习过程中的"评定"总体上对学习有负面影响。因此，探索基于证据收集基础，将结果呈现与解释整合起来的做法就非常有价值。在这一方面，中共中央、国务院印发的《深化新时代教育评价改革总体方案》（以下简称《总体方案》）给我们指明了一个方向：述评。

《总体方案》对我国未来较长一段时间的教育评价改革做了总体规划。《总体方案》提出了今后教育评价改革的重点任务，其中包括"改革教师评价，推进践行教书育人使命"，强调教师评价应该坚持把师德师风作为第一标准；突出教育教学实绩；强化一线学生工作；改进高校教师科研评价；推进人才称号回归学术性、荣誉性。而在"突出教育教学实绩"部分，《总体方案》明确提出"探索建立中小学教师教学述评制度，任课教师每学期须对每个学生进行学业述评，述评情况纳入教师考核内容"。

这一要求有两层意思：首先，教师必须开展学生学业述评实践；其次，之所以要开展学生学业述评，是因为它能体现教师的教育教学实绩。

教师的教育教学实绩最终一定体现在学生学习上。可是，当前的评价实践不也是定位在促进学生学习上的吗？问题在于，当前过于偏重"价值判断"的评价经常是一种"非述"之评或"无述"之评——研究证明，这种评价难以有效促进学生学习。

背景知识 5-2

关于描述性评价成效的研究结果

在 20 世纪 50 年代，佩奇（Page）就发现得到预先设定的评语（prespecified comments）的学生比得到字母等级的学生有更高的成绩，评语明显地改善了 74 个班级学生的考试表现。[1]

玛扎诺在一项关于作业反馈形式的研究中发现，以分数方式给予反馈，产生的效应量为 0.78，而以提供评语的方式给予反馈，则能产生 0.83 的平均效应量。[2]

威廉在一个对六年级学生的研究中发现，以书面评语的方式向学生提供反馈，比起只向学生提供分数之类的非特定化的反馈，导致了显著更高的成绩。[3]

巴特勒发现，只得到分数的学生始终没有任何进步；只得到评语的学生在第二次课的得分率，平均高出第一次课 30 个百分点；特别让人意外的是，同时得到分数和评语的效果与只得到分数的效果没有差别。[4]

[1] Page, E. B. Teacher Comments and Sudent Performance: A Seventy-four Classroom Experiment in School Motivation[J]. Journal of Educational Psychology, 1958, 49: 173 - 181.
[2] 玛扎诺，皮克林，波洛克. 有效课堂：提高学生成绩的实用策略 [M]. 张新立，译. 北京：中国轻工业出版社, 2003: 10-12.
[3] Wiliam, D. Embedded Formative Assessment[M]. Bloomington, IN: Solution Tree Press, 2011.
[4] Butler, R. Enhancing and Undermining Intrinsic Motivation: the Effects of Task-involving and Ego-involving Evaluation on Interest and Performance[J]. British Journal of Educational Psychology, 1988, 58(1): 1 - 14.

巴特勒在另一项研究中发现，得到评语的学生的作业质量相较于第一阶段有了显著改善，但那些得到分数和表扬的学生的进步并不比那些完全没有得到反馈的学生大。值得注意的是，其所谓的评语不包括笼统的表扬，她在研究中将评语与表扬明确地加以区分。[1]

哈蒂等发现，在反馈的四个层面中，个人层面的反馈、对个人的判断是最无效的，而任务层面的反馈、关注任务完成状况的反馈则是最有效的。[2]

如前所述，分数、等级之类经常是过度编码的结果，是对学生表现情况的高度抽象的表达，看起来很精确，实际上极模糊。这些结果通常缺少意义，其意义来自解释。问题是，解释通常需要借助其他信息或数据，而且不同的解释方法经常会导致不同的含义；更重要的是，以分数和等级为代表的评价结果的"可用性"是有限的，因而很难成为师生关于接下来的行动决策的依据。

从分数到分项等级再到表现记录，所呈现出来的结果包含的信息越来越丰富。信息越多，对结果进行解释的必要性就越低，教师、学生及家长对学生学习情况的了解就越具体，因而也就越易于作出下一步行动的决策。述评是对学生学习表现的有针对性的描述，更能为教师和学生的后续决策提供信息，因而具有更大地促进学生学习的潜力。

正因如此，学业述评的观念也成了《义务教育课程方案（2022年版）》倡导的评价改革的支撑性观念。尽管新课程方案并未直接提及"学业述评"这一术语，但在"基于证据的评价""表现性评价"的背后都隐含着"述评"的观念，且课程标准或直接提及"描述性评价"，或提及如"写实记录""定性评价""质性分析""评语"之类的话语，其背后的核心都是"述评"。

如何开展述评？其实并不难。设想以下情境：你完成了一篇论文，然后交给一个编辑朋友看。你想从对方那里得到什么样的信息？当然，你最期望得到的信息一定是：这篇论文写得太好了，我尽快安排发表。然而，如果得到的不是这样的反应，那么你期望得到的是一个分数或者一个等级吗？显然不是。那么你想得到什么样的信息？如果你想明白了自己想要的信息，那按照自己想要的来向学生提供信息吧——你做出来的就是

[1] Butler, R. Task-involving and Ego-involving Properties of Evaluation: Effects of Different Feedback Conditions on Motivational Perceptions, Interest and Performance[J]. Journal of Educational Psychology, 1987, 79(4): 474-482.
[2] Hattie, J., Timperley, H. The Power of Feedback[J]. Review of Educational Research, 2007, 77(1):81-112.

述评！

述评通常以评语方式呈现，但不是所有的评语都是述评。事实上，现实中很多评语都缺少"述"的成分，比如，"做得真好"、"good job"或者"这个单元你掌握得不够好，还需要好好努力"之类的，基本上是判断性或评价性的。只有那些具体呈现了学生学习情况的评语才是述评。其核心成分是"述"，"评"隐含在"述"中，所描述的不是学生学习的"实际情况"，而是相对于目标要求的实际情况。换言之，只有按照学习目标的要求来描述学生的学习情况才是述评，其中的"评"就体现在将学生的实际表现与目标要求进行比较。述评提供了具体信息，但与表现记录不完全一样，述评一定是基于表现记录的，没有对具体表现的记录，述评就缺失了依据。但呈现表现记录，只是原原本本反映学生的实际情况，而述评需要以一定的参照系——或者是预设的学习目标，或者是学生先前的学习情况来描述学生当前的实际学习情况；而且，述评可能不完全针对当前的具体表现，还有可能整合其他相关信息，比如，假设教师对某个学生的单元学习情况进行述评，就可能需要基于该学生在整个单元的学习表现记录进行整合，不仅考虑其单元测验的表现，还可能考虑其平常作业、课堂发言等——这就是所谓数据的三角印证。

述评的核心就是根据一定目标要求来描述学生的学习情况，但述评不排斥向学生提供改进的建议。表 5-14 就是一个可以支持学生学业述评的基本框架。其中的目标领域可分可合，后面的描述一定要聚焦在目标上。

表 5-14　学生学业述评的基本框架

目标领域	能做什么	需要改进的地方	如何支持
领域 1			
领域 2			
领域 3			
……			

"能做什么"的例子：

你能做到用实物来表示 10 以内的数，并能数到 39 了。

他现在能够用简单的句子来写故事；正确地使用逗号和句号；自信地面向全班同学朗读自己的故事。

你已经证明自己能流利而有表情地朗读（大家都喜欢听你朗读）；完全地理解了阅

读的内容（关于《××××》复述很出色）；会从地图、图表中找到有用的信息。

"需要改进的地方"的例子：

很多同伴都能阅读有较多文字的书籍了。他阅读的主要是每页只有少量词汇的图画书，还主要借助于图画来理解。

你已经会写简单的句子了，可以在文章中增加更多的细节。

你已经能够理解图表中的信息了，能不能用图形或图表准确地呈现信息呢？

"如何支持"的例子：

若有一个明确的读者，他会写得更好。我会帮他在另一个班级找到一个笔友，时时提醒他在写作时记住是写给谁看的。

我已经跟她约好，每两个星期要读一本书。你也可以每天晚上鼓励她为你读一段她自己选择的文章。

我们约定，每个任务都要先自己尝试，碰到问题可以先向两个同伴求助。

本章主要参考文献：

1. 崔允漷，等．新课程关键词 [M]．北京：教育科学出版社，2023.

2. 查普伊斯．学习评价 7 策略：支持学习的可行之道 [M]．刘晓陵，等译．上海：华东师范大学出版社，2019.

3. 迪伦·威廉．融于教学的形成性评价 [M]．王少非，译．南京：江苏凤凰科学技术出版社，2021.

第六章　有效反馈的技术

20 世纪 50 年代，美国心理学家约瑟夫·勒夫（Joseph Luft）和哈里·英格汉姆（Harry Ingham）提出了自我认知思维模型，称为"自我意识的发现——反馈模型"。该模型从"自己知道—自己不知道"和"他人知道—他人不知道"两个维度将自我认知划分成四个区域，形成了所谓的"乔哈里视窗"：公开区，即自己知道，他人也知道；隐秘区，自己知道，但他人不知道；盲区，自己不知道，但他人知道；未知区，自己不知道，他人也不知道。要实现改进，前提是自己知道。"未知区"的突破需要更大的努力，但"盲区"则相对容易突破——只需要有好的反馈。

学生也经常存在"盲区"：自己不知道，但教师通过评价收集的信息知道了。这些盲区的突破就需要来自教师的反馈。问题在于，反馈已是教师日常实践中的重要实践，但好像很多反馈都没有起作用。这并不是反馈没用，而是反馈运用的问题。这需要教师掌握有效反馈的技术。

第一节　评价是促进学习的关键

在学习评价领域，一个经常被提及的隐喻是，给猪称重并不能让猪增肥。这个隐喻换到其他领域也不违和：医生给病人照 X 光或做核磁共振，并不能给病人治病；瓜农每天用皮尺给西瓜量尺寸，也不能让西瓜长大……那么教师经常对学生进行测验呢？我们可是期望包括测验在内的评价能促进学习的。

那么评价到底如何促进学习？我们在第一章已经讨论过相关的问题，评价促进学习总体上要通过两个中介：一是学生，无论强调评价的情绪动力功能，还是评价的认知功能，都是期望运用评价来影响学生——尤其是他们的学习行为；二是教师，如果教师通过评价收集到学生的学习信息了，却将学习上的问题都归咎于学生，从来不去反思自己、调整自己的教学活动，那么改进也不可能发生。关键是，即使教师对自己的教学进行了有针对性的调整，这种调整的作用依然是通过学生的学习行动来实现的。在这里，我们不难看出，评价对学习的促进作用最终是通过与学习相关的主体对评价结果的运用来实现的——评价的结果是否被运用以及如何被运用，就是评价能否有效促进学习的关键所在。

自评时刻 6-1

对形成性评价和总结性评价的理解

请对以下几个陈述作出判断。对的打√，错的打 ×。

序号	陈述	你的判断
1	形成性评价就是在学习过程中实施的评价。	
2	所有评价既可能都是形成性评价，也可能都是总结性评价。	
3	"形成性""总结性"指的是评价的功能，而不是评价本身的特征。	
4	形成性评价就是过程性评价。	
5	形成性评价就是诊断性评价。	
6	只有期末考试、中高考试才是总结性评价。	
7	单元测验是形成性评价。	
8	区分形成性评价和总结性评价的关键在于用评价结果来做什么。	

关于这一点，我们可以从形成性评价和总结性（终结性）评价的区分来讨论。关于评价的多种分类中，这种分类大概是教师最为熟悉的。1967 年，美国学者斯克里文在其《评价方法论》中首次对两者作了区分。在他最初的界定中，形成性评价（formative evaluation）指的是通过诊断教育方案、教育过程和活动中存在的问题，为正在进行的教育活动提供反馈信息，以提高正在进行的教育活动质量的评价。而总结性评价（summative evaluation）指在教育活动发生后对教育效果的判断。

或许是这个界定中涉及的时间术语吸引了人们的注意，因此实践中人们经常按照实施的时间来区分形成性评价和总结性评价：在过程中实施的评价就是形成性的；而一个相对完整的教学阶段结束以后实施的评价就是总结性的。然而，这种理解很可能忽略了斯克里文关于形成性评价的界定中的几个词："诊断""反馈""提高"。实际上这些词直接点明了形成性评价的作用。

之后，布卢姆提出，区分形成性评价和总结性评价的最明显特征是目的，即期望的用途：形成性评价的目的不是对学习者进行分等或鉴定，而是帮助学生和教师把注意集中于进一步提高所必需的特定的学习上；而总结性评价指向于等级评定。

如今，对两者区别的理解又进了一步：区分两者的关键不是"目的"，而是"功能"——即实际发生的作用。威廉认为相比较于用来描述评价工具本身，形成性和总结性这些术语在描述评价数据所服务的功能时更有意义[1]，布莱克也强调形成性是指评价在支持学生学习和提供证据以调整教学以满足学习需要方面的功能[2]。

这种"功能"或"实际发生的作用"是如何实现的？这完全依赖于评价所得到的结果或证据的运用。如果评了，得到相关信息了，但这些信息不加以运用，那么评价就不可能促进改进；得到信息了，而且用了，但如果用来对学生作判断下结论，评价同样不能有效促进改进。若要让评价有效地促进改进，学习的主体即学生，以及学习的重要影响者即教师，都必须运用评价这些信息来决定自己的后续行动，并开展实际的行动。

给猪称重的确不能让猪增肥，能够让猪增肥的是饲养员在给猪称重后采取的后续行动；评价本身也不能促进学生学习，能够促进学习的是学习的主体针对评价发现的问题而采取的行动。就此而言，评价促进学习的关键在于评价结果的运用。

要运用评价结果，作为学习的主体的学生就必须知道结果，获得关于结果的知识或者关于表现的知识，这就需要反馈。导航之所以能够满足你的要求，就是因为它会把收集的信息经过加工之后反馈给你。它知道，方向盘握在你手中，油门踩在你脚下，车还得你来开，如果不给你反馈，它自己无法做到让你到达目的地。学习是学生的事，教师掌握了学生学习的信息，但如果不让学生知道，那么评价对学习的促进作用就只能是单条腿走路了——只能靠教师的教学来改进。

第二节　反馈及其效能

某天你开车出远门，还没启动车，你先启动了导航软件，输入了目的地，然后导航仪就开始工作了，它会确定你当前所在的位置，将之与你的目的地作比较，然后向你推荐几条备选路线。你选定其中一条之后，就可以安心地开车上路了。在这个过程中，导航仪借助卫星系统持续收集你当前所在位置的信息，但如果它仅仅收集信息，而不给你提供指引，导航就不可能实现。

一、反馈的重要性

在日常生活的所有领域，所有活动的顺利开展都有赖于反馈。就拿走路来说，假设

---

[1] 迪伦·威廉. 融于教学的形成性评价：原著第2版[M]. 王少非，译. 南京：江苏凤凰科学技术出版社，2021：51.
[2] Black，P. J.，Wiliam，D. Inside the Black Box: Raising Standards Through Classroom Assessment[J]. Phi Delta Kappan，1998，80：139-148.

你现在就在学校空旷的运动场上，试着闭上眼睛走路，看看能够非常踏实地走上几步。我试过，大概走上十几步，心里就开始发慌了。原因何在？就是因为缺少反馈。可好像盲人不会有这个问题啊，以前看到盲人走路总是拿着一根竹竿或木棍，以为他是在用它来探路，实际上，大多数情况下他都是用竹竿或木棍敲击地面来收集声音信号。这种信号对于他来说就是一种反馈。

在学习领域，反馈的重要性早就被认识到了，如今，至少在教育理论界，反馈对于学习的重要性已是一种广泛的共识——几乎在所有的学习理论中，反馈都是其基础架构的一部分。桑代克对学习心理学的众所周知的贡献就是"学习三定律"：准备律、练习律、效果律。

背景知识 6-1

桑代克的学习三定律

早期的行为主义心理学家经常用小白鼠、鸽子等动物来做实验，然后根据动物实验的结果推论人的行为。桑代克也是如此，其"试误学习"理论就来自小白鼠走迷宫实验。

桑代克曾经设计过一个笼子，该笼子上有个小门，门上有个机关，碰到就能打开门。他将一只猫关在笼子里，然后把笼子放在一个房间中，并在房间中放了猫喜欢的食物。

桑代克观察到以下一些现象，并从中推出了学习三定律：

猫看到好吃的东西，急着出来，在笼子里乱动。某个时候可能很偶然地碰到机关，笼子上的小门就打开了，猫就出来，吃到了食物。这样多次以后，猫就学会了想出来就去碰这个机关。桑代克从中得出的结论是，对于学习，练习很重要——这就是练习律。

有时候，笼子外面明明有猫爱吃的食物，可是这只猫却在笼子里懒洋洋地躺着。什么原因？它饱着呢，不想吃。桑代克从中得出的结论是，对于学习，动机很重要，需求很重要——这就是准备律。

假定这只猫已经学会想出来就去碰机关，现在要让它忘掉怎么开机关，应该怎么做？大概有很多方法，但经典行为主义者很可能会给这个机关通上电！不过，桑代克在这个实验中有一个非常新颖的设计，就是房间里不再出现食物。一段时间以后，这只猫就忘掉了怎么开机关。桑代克从中得到的结论是，对于学习，知道自己行动的结果很重要——这就是效果律。

1930 年后，桑代克放弃了练习律，因为他发现，单纯的重复练习并不能加强"联结"（行为主义者眼中的学习的本质）。在另一个实验中，桑代克要求一位被试者蒙上双眼，画一条 10.16 厘米长的线段，每天反复画几百次，但每次都得不到被试者关于线段长短的任何反馈信息。到第 12 天，该被试者所画线段长度的概率分布与第一天没有明显差别。这一实验结果表明，单纯地重复某一行为，却不知道行为的后果，那么行为的相对频率就不会有什么变化，甚至根本不会发生变化。这一实验反证了练习律，同时证明了效果律——确保行为主体看到行为的效果，对行为改善有非常重要的作用，也证明了反馈的重要性。

历史上关于学习理论的研究，不同观点、不同流派对于学习及其影响因素，的确存在众多的争议，但反馈对于学习的重要性却得到几乎所有研究的肯定——反馈的重要性一定是学习理论领域凝聚了最广泛共识的观念之一。实际上，如史密斯和迪隆（Smith, Dillon）说过的那样，在所有的学习理论以及以此为基础之上的学习模型和教学理论中，反馈都是关键部分。以下是一些学者关于反馈的重要性的定性判断：

- 如果做得好，反馈可以是教学者拥有的最有效的工具。——玛吉·谢勒

- 更多的反馈等于更好的结果。更少的教，更多的反馈。——格兰特·威金斯

- 在诸多影响学习的因素（如家庭、学校、教师、课程等）中，反馈对学生学习有最大的效果。——约翰·哈蒂

- 对视频游戏成瘾部分应归因于它所提供的持续的反馈流。反馈同样是激发学生动机和坚持的最强有力的关键之一。——马克·普伦斯基

不只是定性的判断，反馈对于学习的重要性还得到众多实证研究的支持，比如，较早对反馈的效果进行实证研究的克鲁格和德尼西（Kluger, DeNisi）发现，反馈对表现的平均效果达到 0.41，也就是得到反馈的实验组相对于控制组成绩高出 0.41 个标准差，相当于能够在标准化测验中从第 50 百分位提高到第 66 百分位。哈蒂曾经对 500 多个影响学生成绩的因素的元分析进行了分析。这些元分析涉及 18 万个研究和 2000 万～3000 万名学生，也涉及影响学生成绩的 100 多个因素，其中包括学校、家庭、学生、教师、课程等重要因素。哈蒂的分析发现，学校教育的平均效果是 0.40。在这 500 多个元分析中，至少有 12 个涉及课堂中的反馈，其中包括了 196 个研究。对这 12 个元分析的研究表明，反馈的平均效果达到 0.79，几乎是学校教育平均效果的两倍，可以位列哈蒂所研究的那些影响的因素中的前 10 位。

然而，有些教师可能会觉得，这些定性判断和实证研究似乎与自己的日常观感并不

一致，比如，很多教师可能都有这样的印象，尽管自己一直对学生进行反馈——所有的作业和试卷都批改了，而且发还给学生了，但一些学生在某些问题上却一错再错。很显然，反馈没有起作用。的确如此，事实上，也有不少的研究发现，有时有些反馈的确不起作用，甚至某些反馈还可能对学习起负面作用。

仅从研究结果来看，我们或许会发现，反馈在学习中的作用并非全是正面的。但是，如果深入考查，我们就会发现，研究中反馈的不同效果其实源于不同类型的反馈，可能源于反馈的不同运用方式，也可能源于学生对反馈的反应。比如，在一个对 74 个元分析所做的研究中，哈蒂发现，那些向学习者提供了线索或强化，以基于视频、音频或计算机的方式实施的，且与目标相联系的反馈是最有效的。而程序教学、赞扬、惩罚和奖励的效果最差（见表 6-1）；克鲁格和德尼西发现，不同实施方式和实施条件会影响反馈的成效（见表 6-2），比如，提供正确的反馈信息要比错误的反馈信息效果好，告知学生现在与先前表现相比较的反馈比未告知这种变化的反馈效果好，目标越具体，任务的复杂性越低，反馈的效果也就越好，对任务表现的赞扬基本上是无效的，低威胁的反馈效果更好。威廉发现，当反馈表明当前的表现达成或未达成目标的时候，都可能导致接受者产生七种反应（见表 6-3）。而在这七种反应中，只有粗体呈现的那两种反应才可能改善表现。"而另外六种情况，往好里说，什么也不会改变；往差里说，降低表现——有时可能会有相当大程度的下降。"[①]

表 6-1　不同类型反馈的效果

反馈的类型	元分析数量	研究数量	效果范围（Effect Size）
线索	3	89	1.10
反馈	74	4175	0.95
强化	1	19	0.94
视频或音频反馈	1	91	0.64
计算机辅助反馈	4	161	0.52
目标与反馈	8	640	0.46
集体反馈	25	1149	0.37
延时与即时反馈	5	178	0.34

[①]　迪伦·威廉.融于教学的形成性评价：原著第 2 版 [M].王少非，译.南京：江苏凤凰科学技术出版社，2021：163.

反馈的类型	元分析数量	研究数量	效果范围（Effect Size）
奖励	3	223	0.31
惩罚	1	89	0.20
赞扬	11	388	0.14
程序教学	1	40	−0.04

表 6-2　不同反馈的效果值

中介		效果值
矫正性反馈	这是正确的	0.43
	这是错误的	0.25
与先前表现相比较的反馈	是	0.55
	否	0.28
用以鼓励学生的反馈	是	−0.14
	否	0.33
关于任务的赞扬	是	0.09
	否	0.34
计算机提供的反馈	是	0.41
	否	0.23
提供反馈的次数	多	0.32
	少	0.39
任务的复杂性	非常复杂	0.03
	不复杂	0.55
目标	难	0.51
	易	0.30
对自尊的威胁	高威胁	0.08
	低威胁	0.47

表 6-3　对反馈的可能反应

反应的类型	反馈表明表现超出了目标	反馈表明表现未达到目标
改变行为	减少努力	**增加努力**
改变目标	**提高抱负水平**	降低抱负水平
放弃目标	认为目标太容易	认为目标太高
拒绝反馈	忽视反馈	忽视反馈

那么，什么样的反馈会有效或更有效？这个问题并不容易回答。如果说反馈是促进学习的关键因素得到了学界的广泛共识，那么对反馈中到底哪些因素是绝对有效的认识却存在着明显的分歧。反馈效果良好的原因很可能是微妙的，且具有情境敏感性。然而，这并不表明我们无法探讨有效的反馈——有效的反馈还是存在一些共性的。

反思时刻
6-1

你一定会觉得有些奇怪：不是在讨论反馈吗？怎么上面列表中出现那么多似乎与反馈无关的项目？实际上，关于反馈并没有非常普遍被接受的定义。

你可以尝试表述自己心目中的反馈。

背景知识
6-2

反馈的分类学

反馈可以从两个维度进行考察，一是与社会化相关，二是与评价相关。作为一种社会化工具的反馈被称为反馈S；与评价相关的反馈可以分成A、B、C、D四种类型，这些类型可以放在评价性反馈（即判断性的）—描述性反馈（即与任务相关的）的连续统一体中。每一类又可以分成两个类别。具体而言，评价性反馈有四类（见表6-4）：A1，奖励（rewarding）；A2，惩罚（punishing）；B1，赞同（approving）；B2，反对（disapproving）。描述性反馈也有四类：C1，具体说明收获（specifying attainment）；C2，具体说明进步（specifying improvement）；D1，建构成就（constructing achievement）；D2，建构前进之路（constructing the way forward）。

表 6-4　反馈的分类

类别	内涵	样例
奖励（A1）	最积极的评价性反馈，用以奖励学生在工作或行为上的努力。强调外在动机，容易制造竞争，容易变成对学生的操控，公开使用会引发学生复杂的情绪反应。	符号：笑脸、贴纸、星星、奖状、徽章。 特殊待遇：如坐在某个代表荣誉的位置。 更多人的认可：如全班给予掌声。 ……
惩罚（A2）	最消极的评价性反馈，目的是消除任何被认为不令人满意的行为。更多与学生学习和课堂行为的意向方面相关，而不是与认知方面相关。	符号：哭脸。 剥夺社交：一个人待着。 剥夺权利：不能出去玩。 利用同伴压力：你在拖小组后腿。 ……
赞同（B1）	总体上为积极的反馈，表达对学生的工作或参与的认可。本身就是一种奖励，也经常导致 A1。比描述性的反馈更直接地指向于个人。	非语言：触摸、面部表情。 语言： 个人感受：我对你非常满意。 表达爱意的用法：没关系，宝贝。 使用标签：好主意。 使用比较：这是我目前为止看到的最好的一个，太棒了。 总体评价：非常好，干得好。
反对（B2）	总体上为负面的反馈。本身这就是一种惩罚，有时会导致 A2。经常体现为教师明显的失望和烦恼情绪，这些有时与不赞成的言论相联系。	非语言：面部表情、语气、音量、肢体语言和动作。 语言： 消极个人情感的表达：表达愤怒或失望、表达烦恼、威胁。 对学生个人表示不赞成：你把大脑忘在家里了吗？ 指控：你根本没在听！ 使用标签：小明总是打断别人。 对工作的消极评价：断言工作没价值，如"把它扔到垃圾桶里"。

类别	内涵	样例
具体说明收获（C1）	描述性反馈，识别成功或成就的各个方面。具体的表扬和肯定，呈现与成功标准相关的事实，更注重工作而不是个人。标准是由教师确定的，互动主要是单向的：从教师到学生。	确定一系列成功的具体标准：你用了一些你不知道的词，还有一些描述词，你做得很好。 给予练习。
具体说明进步（C2）	描述性反馈，与认知任务而不是个人属性相联系，针对特定任务或行为方面，侧重于错误所在。语气上比 B2 更加冷静和中立。互动是单向的：从教师到学生。	指出错误之处或更正错误。 用 × 号等符号标出问题。 说明成功的标准。 表达期望：图画得很漂亮，但抓紧写你们的故事吧！ 提供示范：来，我们练习一下，就像这样…… 自我检查的重要性：看看我画了线的地方，好好检查一下。 自主学习的重要性：我很高兴看到你已经开始这样做了，我甚至都没要求你，做得好。
建构成就（D1）	更多是在与学生的对话或讨论中描述的，重点更多地转移到学生在学习中的角色上，教师更像是"促进者"而不是"提供者"或"评判者"。互动不是"教师对学生"，而是"教师与学生一起"。引导学生通过作业来解释或展示成绩，在更大程度上运用和发展了学生的自我评价。学生从接受者变成了积极的参与者。	清晰表达学生参与过程的反馈：波莉摸了摸苹果，觉得它黏乎乎的，又硬又滑。于是她在苹果里面写上了黏、硬、滑。好极了。 反映学生工作产品的反馈：这是波莉可爱的苹果图片。很好，她用了两种不同的绿色，一种浅色的，一种深色的。很好，干得好。 能让学生对当前的成就与过去的成就作比较的反馈：和你之前写的故事相比，这个故事有什么改进吗？ 与未来发展相联系的赞美：做得好。你会用两只手抓住球了，你可以试着用一只手——好，干得好。好好练习。 扩展了关于成就的思考的反馈：也许你能想出另外一种方法来解决这个问题。

续表

类别	内涵	样例
建构前进之路（D2）	与学生建立伙伴关系，赋予学生更大的责任来描述未来学习的前进道路。不是告知学生该做些什么，而是要给学生更大的自主选择空间。让学生展示自己的作品，认可学生取得的成就，描述学生未来可能做得更好的地方。所有学生都参与其中，但不作评判；教师作为学习者参与其中，同时通过提出建议或问题，扮演促进者的角色。	明确与未来发展的相关性：认可个体成就，全班参与讨论。 详细说明标准，让学生思考评价标准。 和以前的表现作比较。 角色转换：你能帮我吗？ 讨论有助于推进工作的策略。

资料来源：Tunstall，P.，Caroline，P. Teacher Feedback to Young Childern in Formative Assessment：a Typology[J]. British Educational Research Journal，1996，4（22）：389-404.

二、有效的反馈

在学生学习领域中，有效的反馈指的是反馈起到了促进学习的作用。由于这种促进作用最终是通过学生的行动来实现的，因此，只有当反馈能够引起学生的有效回应时才可能有效。我们就从这个视角来讨论反馈如何更好地引发学生的有效回应。

背景知识
6-3

有效的反馈——接收者的视角

1. 他们问我是否可以给我反馈。这确保了我准备好倾听，也让我觉得他们关心我是否在意反馈，而不仅仅是试图把他们的意见强加给我。（例如，"我能给你的演讲一些反馈吗？"）

2. 他们提到了一个特定的行为。他们陈述事实，而不是他们的想法。（例如，"第一张幻灯片上全是单词和图表。"）

3. 他们阐述了为什么会产生影响。（例如，"我很难同时读幻灯片和听你讲话。如果屏幕上有这么多信息要看，我很容易分心，就不容易听清你说的每一句话。"）

4. 他们提出了一个解决方案。（例如，"如果每张幻灯片上只有一个标题或一个图表，其余的我可以用文字解释，这样会更有效。"）

5. 他们检查了我是怎么收到的。（例如，"你觉得怎么样？"）

6. 他们提供关于解决方案的建议。（例如，"这个功能无法准确地跟踪进展……试试添加一个视觉时间轴。"）

资料来源：Melissa King. 5 of the Best Ways to Give Effective Feedback[EB/OL]. [2023-07-09]. https://zapier.com/ blog/how-to-give-effective-feedback/.

能够有效引发学生回应的反馈有什么特点？或许我们能够列出一个很长的列表，但这里尝试对这些特点进行简单的归类。在日常应用中，有时反馈被用作一个名词，如"给予反馈"，即提供给行为主体的关于其行为的信息；有时反馈被用作一个动词，如"及时反馈"中的反馈，代表的是提供这样一种信息的行动。从这一视角出发，我们可以对影响反馈成效的因素做一个简单的归类：一是提供的是什么样的信息，二是怎样提供信息。

（一）提供什么样的信息

1. 关于学习的信息

反馈是向学生提供关于其学习状况的信息，也就是说，所提供的信息是关于学生的学习行为、学习过程、学习结果的，而不是关于他这个人的。有一次我坐同事的车出差，有些迷糊，在闭目养神，突然他的导航仪中那个普通话并不标准的男声提高了："你家里人知道你这样开车吗？"这一下子让我清醒过来。这个反馈很奇特！我也很好奇，我的同事到底怎样开车了？他倒是知道，那是在提醒他超速了。他之所以知道，那是因为他用这个语音已有一段时间了，且导航过程中的情境总体比较单一。在学习情境中，这类反馈其实并不少见，即本应指向所做之事的反馈变成了对做事的这个人的判断，如"你真聪明""你真棒"。

这些当然也是反馈。但是，这样的反馈对于改进有什么帮助？哈蒂和蒂姆伯雷的研究发现，在任务层面的反馈（聚焦于事情本身做得怎么样）、信息加工层面的反馈（聚焦于做事背后的思考过程）、自我管理层面的反馈（聚焦于做事过程中的习惯、努力程度）和个人层面的反馈（聚焦于做事之人的固有特征）中，对于改进效果最差的就是个人层面的反馈[①]。尤其是当我们关注长远效果时，个人层面的反馈甚至有负面作用，其中最大的负面作用就是导致学生对成败进行错误的归因——将成败归因于内在的、稳定的、不可控的因素，从而形成德韦克所说的"固定型思维"，导致"学业宿命论"（academic fatalism）。因此，有效的反馈应当避免对学生本人作出判断，而要提供关于他学习活动和结果的信息。

2. 关于目标达成状况的信息

在日常实践中，反馈的一种常见形态就是，教师通过评价从学生那里收集关于其当前学习状况的信息——然后将所收集的信息告知学生。表面上看，反馈的就是学生当前学习状况的信息。然而，你有没有听过导航系统给你这样的反馈：现在你已经到达 ×× （某个具体的地方）。为什么导航系统不向你提供这样的信息？原因就在于它知道这样的信息无助于你到达目的地，特别是你不熟悉所走的这条路的时候。对你有用的是诸如"下一个红绿灯路口右拐"或者"在当前道路上继续行驶 5.5 公里"之类的信息。这类信息聚焦的并非你当前所在位置，而是你当前所在位置与你的目的地之间的相对关系。换言之，它所提供的信息考虑了你的目的地。

有效的反馈，也就是能够促进学生学习的反馈。促进什么样的学习？理论上讲，凡是对学生发展有价值的学习都值得促进，但从学校教育情境来讲，学习总是指向有限目标，这些目标通常在课程目标中得到明确的界定，就此而言，促进学习就是促进学生达成目标。如果反馈不考虑目标，那么反馈对于达成或接近目标就没有帮助。因此，确切地说，有效的反馈需要提供关于学生当前学习状况与学习目标之间关系的信息。

3. 具体的清晰的信息

笼统地说，只要让学生知道自己当前的学习状况，都可以视作反馈，如告知学生分数、等级，或者让学生知道某一道题是做对了还是做错了。假设你刚写完一篇小论文，然后请专家同行审阅。专家审阅之后在你的稿子上加上了一个评语：总体上很不错，但从高要求看，有些地方还有较大的改进空间。他有没有给你反馈？当然给了。然而，这样的反馈对你接下来修改这篇论文有没有帮助？也许吧，至少你知道还需要改进。问题是，学习上存在不足的学生也知道自己需要改进，关键是，如果他不知道问题在哪里或与"高要求"的差距在哪里，改进就不可能发生。

查普伊斯说过，导致学习成果的不是反馈的给予，决定学生学到多少的是基于反馈

---

① Hattie, J., Timperley, H. The Power of Feedback[J]. Creative Education, 2007, 77（1）: 81-112.

的行动。① 评价对学习的促进作用最终取决于学生依据评价信息而采取的行动，如果学生得到了反馈信息，而这些信息却无法让他作出关于下一步行动的决策，那么反馈就不可能起作用，评价也就无法支持学习的改进。有效的反馈必须向学生提供"可行动"的信息，比如，哪些做得好，可以继续保持？哪些做得不好，为什么不好？而所提供的信息的具体性、清晰性就是信息的可行动性的关键前提。

（二）怎样提供信息

1. 及时反馈

反馈的时间安排是影响反馈成效的一个重要因素。假设你使用的导航仪反应比较迟缓——你得到它发出的一个指令，其实这个指令是它依据你在一个小时之前所在的位置而作出的。那么你还会不会用它？在一个小时之前，你的确在正确的轨道上，就在那之后，你走错了，等到你收到反馈信息时，你实际上已经错了将近一个小时了。

要促进学生学习，有效的反馈就需要让学生随时知道自己是否在正确的轨道上，可不可以这样继续下去；如果偏离了轨道，那就不能偏离得太久，而需要及时"止损"。间隔太久的反馈让学生失去了及时止损的机会，而且很可能永久失去止损的机会，因为新的学习内容接上来了，谁还去关注已经过去的内容呢？就此而言，有效的反馈一定得及时。不过，需要说明的是，及时（timely）有"恰逢其时"的含义，并不等同于即时（immediately）——有研究表明，有时稍稍延缓反馈对改进会更有价值。

2. 保证学生能接受

反馈信息被运用的一个重要前提是潜在的运用者接收到且接受了反馈。就像导航仪给你反馈了，可你没听到或没听清，未能接收它的反馈信息，或者你听清了，但不明白它表达的意思，或有自己的想法，不想听它的，此时导航仪就对你没有意义。

反馈要有效，学生就必须运用反馈信息采取行动。但如果教师给了反馈，学生未接收，或者不理解、不认同，那么反馈信息就不可能被运用，反馈的成效也就无从谈起。

3. 保证学生能运用

反馈信息很聚焦很具体，而且具有可行动性，接收者也理解、认同反馈信息，然而，这些依然无法确保反馈信息能够被运用。反馈信息能够被真正运用，至少还需要两个基本前提：首先，接收者有运用反馈信息采取行动的意愿，没有这样的意愿，行动不会发生；其次，接收者有运用反馈信息的时间，没有这样的时间，行动就无法保证。

---

① Chappuis, J. How Am I Doing？[J]. Educational Leadership, 2012, 70（1）: 36-41.

反思时刻
6-2

在你的从教经历中，一定有一些给了反馈却看不到效果的情况。请回顾某个具体的反馈经历，分析其无效的可能原因。

第三节　有效反馈的实用技术

一、让反馈具体清晰

如前所述，反馈信息的具体清晰是其可用性的前提，如果信息不具体不清晰，那么其可用性就取决于学生对反馈信息的领悟能力了——问题是，如果学生能够领悟非常笼统或者非常模糊的反馈信息，那么他实际上只需要一个暂停的机会，就能够通过自我反思来了解自己的学习状况，他并不需要来自教师的反馈。

由于时间的限制，教师在日常实践中向学生提供的反馈总体上偏笼统，其中大部分属于对学生学习的结论性判断，如分数、等级、批改符号，或者含义不明的评语。这些反馈对于强化是有意义的，的确有许多学生非常喜欢得到这类反馈。然而，教师运用反馈并不只停留于强化，而是期望它能够发挥比强化更为广泛更为确定的正面作用，即让学生获得关于下一步学习行动的决策的依据，从而使学习更有针对性。如果从这样的期望出发，分数、等级、笼统的评语等就有些力所不逮了，因为这些反馈中所包含的信息有限，不足以支撑学生关于下一步行动的决策——按照威金斯等对反馈的严格定义，这些甚至称不上反馈。比如，学生在完成一个作业后，从教师那里得到的反馈是"良好"，这看起来是一个非常清晰的反馈，学生或许可以从中得到一些信息，但是如果他想在下一次作业中得到优秀，他无法根据这些信息来确定接下来该如何做。如果一个学生在完成作业后得到的反馈是"优秀"——顶级水平，那应该不涉及后续的决策了吧？既然不需要后续决策，那也就不需要支持决策的信息了。然而，这种理解是片面的，学生得知道，如果下一次还要得到优秀，那该怎么做——他得搞清楚，这次作业完成得好，到底好在哪里？他需要明确什么样的表现需要继续保持下去。

背景知识
6-4

什么是反馈？

反馈似乎是一个内涵非常清晰的概念，每个人都知道它的含义。但在学术界，对于什么是反馈，实际上存在不小的争议，比如，哈蒂和蒂姆伯雷采用了一个相当宽泛的定义：一个主体（教师、同伴、书本、父母、自己、经验）提供的，关于个人表现或理解的信息。（Hattie, J., Timperley, H., 2007）

这里介绍两个相对比较严格的定义，其中之一来自行为科学领域，另一个来自教育领域。

在行为科学领域，1983年，拉马普拉萨德（Ramaprasad, A.）将反馈定义为：关于实际水平和一个系统参数的参照水平之间的差距的信息，它被用来以某种方式改变这种差距。这个定义明确地表达了一种观点，即关于差距的信息本身并不是反馈，只有当使用该信息来改变差距时，该信息才能被称为反馈。这个定义强调了反馈的目的性。为此，他对"反馈"与"关于差距的信息"作出了严格的区分。反馈是基于"关于差距的信息"所做出的决定，有时这种决定可能是"不改变差距"；但"关于差距的信息"有可能不会被用来做决策，只是无限期地存档，此时关于差距的信息就不能被视为反馈。——Ramaprasad, A., On the Definition of Feedback[J]. Behavioral Science, 1983（28）.

在教育领域，威金斯认为反馈就是"关于我们在达成目标的努力中做得怎样的信息"。反馈是一种信息，但并非所有的信息都是反馈；反馈一定是关于某些主体（如学生）的"表现"的信息，而且一定是与目标相关的信息。关于实际表现水平与目标要求的差距信息还未必就能成为反馈，"当且仅当我试图做些什么，而信息告诉我是在正确的轨道上还是需要改变，信息才变成反馈"。如此而言，教师在课堂中给予学生的赞扬就不是反馈，因为它不包含关于学生所做的事信息；给予学生的忠告或建议也不是反馈，因为它同样不包含这类信息。"所接收的信息既不是忠告，也不是被评价的表现。没有人告诉作为一个表演者的我做什么会有不同或者我的结果有多好或多差（你可能认为那个读者在判断我的作品，但他只是在叙述我的作品对他的感受）。他们也没有告诉我做什么（这是忠告，许多人错误地把它当成反馈）。指导会有些过早，我首先需要接收的是关于我所做事情的反馈——它能够证明这种忠告是有依据的"。——Wiggins, G. Seven Keys to Effective Feedback[J]. Educational Leadership, 2012, 70: 10-16.

　　要保证反馈的具体，一个关键是按照目标直接揭示或确切描述实际的结果，换言之，不能够不提供推出结论的证据而直接跳到结论，不能用价值判断替代具体的信息，而是要提供关于表现的描述性信息，即描述性反馈。描述性反馈的核心是呈现"事实""证据""信息"，其实质就是教师将收集的具体信息与学生分享。与评价性反馈不同，描述性反馈不局限于学习结束之后实施，而是在学习过程中循环往复实施，就像师生之间就某个具体的作业的对话；它指向于学习目标的达成，依据来自学生表现的具体例子来指出表现良好和需要改善的领域，不加赞扬或批评，让学生在自己控制之下来改进学习，同时向学生示范良好的思考方式。大量的证据表明，提供关于特定任务的书面评语比只提供等级更有效。佩奇在其有影响力的研究中已经发现，相比较于只提供等级，以简短的书面评语的方式提供反馈，明显地改善了 74 个班级学生的考试表现。

自评时刻 6-2

　　表 6-5 的评语中哪些是评价性反馈，哪些是描述性反馈？请在第三列中分别用 E 和 D 来表示评价性反馈和描述性反馈，并与同伴交流你的观点和理由。

表 6-5　评价性反馈与描述性反馈的区分调查表

1	下次要更努力。	
2	在整个演讲过程中，你都与听众保持目光接触。	
3	准备工作做得很好。	
4	第三桌的同学已为上课做好准备。他们的桌子很干净，他们坐下了，而且很安静。	
5	☺	
6	B+	
7	你的作文在观点和内容上可得 5 分，但语法规范只能得 2 分。	
8	你的成绩总在平均分之上。	
9	你的解释说明你已经掌握了主要观点。我要提醒你一点，想想第三句话，看看能否用更好的表述来支持你的论点。	
10	因粗心犯的错误太多了，把作业拿回去好好修改。	
11	第 3、7、10 题的主语和谓语的搭配错了，拿回去，订正后再交给我。	
12	我觉得自己已经很清晰地讲解了要求，现在你能明白为什么没有达到要求了吗？	
13	你的文章中语意不明的句子太多了。	

续表

14	你这次的读书报告写得非常好，我很喜欢！	
15	你今天没有好好听，我希望你下次能改正。	
16	好极了！你正在成为一个优秀的学生。	
17	你运用公式正确地解决了问题，但在第二步犯了些小错误。	
18	你已经很接近标准了，只要再稍稍努力，你就能达到标准了。	
19	回去对照下评分规则。我给你的整体评分是 3 分，我希望你通过修改能得到 4 分。	
20	在某些细节，材料安排的地方似乎很不合适。	

　　开展描述性反馈意味着在整个教学过程中要减少评定。评定通常会赋予学生分数、等级，然而，"一旦学生得到等级，学习就停止了"，因此，威廉建议，在高中，每个评分周期进行一次评定，但肯定不能更多。在中学，也许一年一次的评定是有理由的，但在小学，等级的运用似乎是完全没有道理的，且的确是不必要的。当前，整个系统似乎都已将评价等同于评定，教师、学生、家长，尤其是教育管理者似乎已对评定形成依赖，完全放弃运用分数或等级的评定似乎不太可行，但至少可以做到严格按当前的政策规定降低评定的频率，如小学六年，允许有 8 次考试，初中三年，满打满算可以有 14 次考试，实在不能放弃评定，那么就在规定许可的考试之后进行评定，其余的所有评价都不给分数或等级，只给描述性反馈。

反思时刻

6-3

分数、等级是评价的本质特征吗？

　　最早的正式评分出现在 1785 年，当时耶鲁大学将成绩分为四组：Optimi、Second Optimi、Inferires 和 Perjores（大致翻译为最好、次好、不太好和更差）。然而，这些分数只适用于即将毕业的高年级学生。换言之，评分最初是一种最后关头的排名方式，而不是一种衡量学习的方式。直到 1837 年，哈佛开始使用 100 分制，现代评分制度才开始形成。（参见：Youki Terada.Why the 100-Point Grading Scale Is a Stacked Deck.）

　　那么，在分数出现之前，人们能评价吗？教育活动中能评价吗？

　　如果描述性反馈有好的效果，那我用就是了；如果在此之外，加上分数或等级不影响描述性反馈的效果，那为什么不能给分数或等级？很有道理，但很遗憾，描述性反馈之外，加上分数或等级会影响描述性反馈的效果——这种效果不是降低了，而是消失了。因为给了分数或等级，这些就会成为学生唯一的关注焦点，描述性评语会被完全忽略。如果非要给分数或等级，那么就让学生自己确定分数或等级。这是兼顾描述性反馈和分数、等级的一种做法。在批改学生作业时，教师可以在自己的成绩册上打临时分数或等级，在学生作业上只提供描述性反馈，不给分数，也不给等级；然后将作业返还给学生，让学生结合自己的作业表现和教师给出的描述性反馈，自己评定一个分数 / 等级。如果学生给出的结果与教师登记的临时成绩差距在 10% 或一个等级以内，可以将学生的自评分数 / 等级计入正式成绩。但是，采用这种做法的教师一定会发现有些学生的自评成绩与教师给出的成绩之间存在差距，对于这些学生，后续的进一步交流非常必要，对于高估自己成绩的学生，提醒他们存在的盲点，本身就是一个描述性反馈的过程；而对于倾向于低估自己成绩的学生，除了能够激发他们的效能感以外，进一步的交流也能够发现他们存在的问题。

　　如果在日常评价中依然难以完全排除评价性的反馈，那么可以对这些评价性反馈做些改造，如在评价性的判断之后加一个冒号，运用关于学生表现的信息来解释评价性判断，从而将价值判断转化成有用的反馈。就比如威金斯建议的"太棒了：你在这篇作文中的用词比上一篇准确多了，我好像看到了你描述的景色。""这篇文章很糟糕：几乎从第一句开始，我就迷惑了；第二段的主题与第一段没有关系；第三段没有提供证据，只有信念。"这种微小的改变可能会带来巨大的成效。

二、聚焦于核心目标

　　我们先来看一个有趣的研究。麻省理工学院的佩雷尔曼（Perelman）曾经对学术能力评估测试（SAT）的写作部分的评分结果进行了分析，他考察了 54 篇文章的篇幅和内容、文章的评分和测试出版商公布的样本，发现篇幅和分数之间存在很强的相关性。他说："在 25 年的评分中，我从来没有发现过一个量化的预测指标像这个一样强大……如果你只是根据篇幅来评分，而不阅读它们，你的正确率超过 90%。"是的，这个研究关注的是评分问题，或者你可以将之理解为评分的客观性问题，但是，它同样涉及反馈问题。

　　回顾下我们自己的作业或试卷批改实践，有没有出现过类似的偏离情况。实际上，在反馈时，偏离学习目标而指向无关特征的情况并不罕见，一个非常常见的现象就是教学和学习关注认知维度的目标，而评价反馈则关注情感动力维度目标，比如，教师很少向学生提供关于其表现的具体信息，而是运用偏"激励"的反馈用语。有时，关注到认知层面的学习，却聚焦于一些与主要学习目标不相关的表现特征，如形成性评价的研究者雪莉·克拉克（Shirley Clarke）发现，大多数教师在明确（学生）学习任务的意图之前，或甚至完全不考虑任务意向，就会针对（学生）作业的其他四个特征给出反馈：展示情况（如整洁程度）、写作的表面特征（如拼写）、数量、努力程度。这种类型的反馈会让学生对实际的学习目标产生困惑，无助于学生达成或接近学习目标——试想，教师要求学生完成一个"总—分—总"结构的片段写作，然后将作业批改的重点放在错别字、语法、标点符号上，学生也根据反馈作了订正，这能不能保证学生下次写出一个更好的"总—分—总"结构的片段？

要避免这个问题，首先需要教师有非常强烈的目标意识。对于教师而言，目标绝不能只是作为"以终为始"的那个"始"，这个"始"只是目标使命的一个方面，目标应该落实到课程设计、教学设计、教学实施和评价反馈的每一个环节。在这一方面，有些技术可以支撑聚焦于目标的反馈。

评分规则的运用是一种非常有效的技术。前面我们已经讨论过评分规则的教学价值，也涉及了它的评价功能，现在我们进一步扩展评分规则的评价功能：评分规则所涉及的那些指标和具体的考查点，也就是反馈信息的生成点，其所运用的词汇或语言也就是反馈可以直接使用的词汇或语言——反馈信息就是通过对学生的表现与评分规则的指标进行直接比较来生成的。

与评分规则有类似作用的还有如检核表之类的目标清单。教师可以在反馈之前（实际上应该在批改之前）就将相关作业上所考查的目标具体化，列出针对本作业且与教学目标相一致的几条具体目标，在批改作业时将目标清单放在案头，始终对照目标清单来生成反馈信息。

无论是评分规则还是目标清单，所列的目标一定得与当前的学习目标紧密关联，而且直接指向当前的学习目标，无须列举与当前核心目标无关的其他要求，如前述的"总—分—总"结构片段写作的核心目标就在"结构"上，目标清单所列举的那些目标就应该是跟"结构"相关的目标，至于一个完美的作业可能会涉及的书写情况、整洁程度、语言优美之类的要求，就不必罗列。很多教师在看到学生作业上的不足之处（如错别字、标点符号错误等）时很可能难以抑制"指出来"甚至"直接改正"的冲动，这种目标清单迫使教师将反馈聚焦于本作业相关的关键学习目标上。有些教师担心，这样一种做法实际上忽略了学生可能发生的某些与核心目标无关的错误，并导致这些错误一直留存下来。没错，这种担心很正常，但是，当核心目标达成上还存在问题的时候，别去关注那些无关的错误；只有当作业显示出核心目标的达成没有问题时，才可以关注其他的错误。

评分规则和目标清单能为反馈信息的生成提供直接的依据，如一位教师在要求学生围绕"我的乐园"写作时，采用前面提到的样例分析法让学生通过讨论生成了如表 6-6 所示的评价检核表。尽管检核表直接呈现的是等级，但指标本身就是反馈信息的生成点，也为反馈信息的生成提供了框架。就拿指标 1 来说，相关的反馈信息就可以是"你能不能再想想有没有更好的介绍顺序？"或者"先说……再说……跟你现在介绍顺序相比较会不会更好一些？"

表 6-6 "我的乐园"习作评价检核表

评价指标	自评	他评
1. 我会按照一定顺序介绍乐园的样子。	5 4 3 2 1	5 4 3 2 1
2. 我写出了自己在乐园里最爱做的事情。	5 4 3 2 1	5 4 3 2 1
3. 我写出了乐园给自己带来的快乐。	5 4 3 2 1	5 4 3 2 1
4. 我运用了一些新学到的词句。	5 4 3 2 1	5 4 3 2 1

如果教师能够预见学生在本作业关键目标达成上可能产生的问题或错误，事先制定"问题清单"，那就更有帮助。这种问题清单实际上已经将学生的表现与要达成的目标联系起来，反映了学生表现与目标之间的差距，因此可以直接作为反馈信息来"复制粘贴"。比如，还是以"总—分—总"结构片段的写作为例，学生在指标 2 上可能存在的问题包括：提供的理由没有达到至少 3 个，有些理由其实不是理由，有些理由不够有说服力，等等。这些问题稍加改变就可以直接作为反馈信息。

聚焦目标的反馈通常不应是评价性、判断性的，而应当是描述性的。这可能需要教师花比较多的时间。有些教师会担心可用的时间不足以保证教师提供这样的反馈。如果能够将学生的自我反思引入，这类技术也可以变得非常省时：预先将评分规则、目标清单或问题清单编码，用符号来表示目标、指标或问题。一种做法是，教师在学生作业上只需要标注相关目标或问题的编号，然后在下发作业时为学生提供带编码的清单（或发给学生或在投影上呈现），让学生自己去对照。这种做法还有个额外的好处，就是让学生自己去理解自己表现与目标的差距。另一种省时的做法是，教师在批改作业之前先大致浏览下学生的作业，如果发现普遍存在与核心目标相关的问题，那就无须在作业上逐一标注了——普遍存在的问题已经不能靠反馈来解决了，如果有些问题普遍存在，那么根源一定在教师的教学上，需要借助教学调整来解决。

三、提供关于下一步行动的信息

无论提供什么样的信息，千万不能忘记提供信息的初衷，即"改变差距"。有效的反馈必须让学生明确自己相对于目标（去哪里）的当前学习状况（在哪里），而且还得明确"怎么去"——按布莱克和威廉的看法，这是反馈的三个关键元素，而在查普伊斯看来，关注"怎么去"的反馈是一种"介入式反馈"，对于改进至关重要。

这听起来似乎与威金斯的观点不尽一致。威金斯曾经对"反馈"与"指导"做过严格的区分：反馈告诉你行动的结果；指导告诉你如何改善这种情况。[①]"关于下一步行动的信息"似乎属于指导范畴，然而，威金斯强调的是将那些不以反馈为基础的忠告、建议等从反馈中排除出去，他所批评的是"没有给予足够反馈而给予太多指导的倾向"，尤其是那种"跳过反馈直接给出忠告"的做法。实际上，威金斯并不排斥指导，只是期望指导是"对反馈的合理回应"，也就是说，要告知学生怎么做，首先应当让他知道当前做得怎么样。

有时，当给出具体的描述性反馈时，学生就清楚地知道了接下来该怎么做；然而有些时候，尽管学生已经明确"要去哪里""现在在哪里"，但不一定知道"下一步该怎么做才能缩小两者之间的差距"，这就需要教师在反馈中包含"前馈"（feed forward）信息。要让反馈有效，就需要将反馈的焦点放在下一步行动上，而不能仅关注学生当前表现的好坏。这不仅有助于学生的改进，更重要的是，这种做法强调了评价的"未来定向"而不是"过去定向"，能够向学生传递一种信息：学习还没有结束，改进才是首要任务。

查普伊斯等将关于下一步行动的反馈称为"干预式反馈"，在明晰学生需要改进之处的同时，让学生知道接下来要做什么。干预式反馈涉及以下一种或多种信息：确定有待改进之处；描述有待改进之处所涉及的质量指标；指出方法或策略中存在的问题；借助提醒、建议或提问来指明下一步行动的方向。干预式反馈实施的一种方式是提建议，让学生知道接下来如何做。但建议不能是威金斯所说的"忠告"，甚至不能是基于学生表现信息的忠告——不能是"你必须""你应该"，而是"你可以"。"你可以"这样的表述是将决定权交到学生手上，有助于让他们对自己的决定负责。前馈也可以借助有助于学生缩小差距的提示。克拉克建议了三种类型的提示方式：提醒式提示、支架式提示和样例式提示。比如，在写作课或口头表达课中，学生的任务是"有效地介绍一个人"，一个学生写/说道："某人是我的好朋友。"提醒式提示可以表达为：你可以多说一些你对他的感觉；支架式提示可以表达为：要说一些具体的事来说明他是你的好朋友；样例式提示可以表达为：小明也写了他的好朋友，他是那样写的，你看看能有什么样的启发。

---

① Wiggins，G. Seven Keys to Effective Feedback[J]. Educational Leadership，2012，70：10-16.

以下是查普伊斯等提供的干预式反馈的一些实例①，教师既可以提供解决方案，也可以通过提问让学生思考行动方向：

- 你在区分等腰三角形和非等腰三角形上还存在困难。请重新阅读教材 102 页，然后再来尝试一下。

- 你还没有完全理解第三段内容。请尝试画出原文中的关键观点，再用自己的话来描述，最后看看你是怎么理解第三段内容的。（或者，你有什么方法可以更好地理解第三段内容？）

- 你画的图好像对解决问题没有作用。试着画出维恩图，再在上面标注相关信息。（或者，想想看，其他哪种图可能会更有帮助。）

- 你可以试着用结构图来呈现自己的观点，并检查有没有什么问题。

- 这把尺子太短了，可以尝试用一把更长的尺子。

需要注意到，只有当反馈能够在学生控制范围之内时，他们才可能采取行动。有时候，需要采取的下一步行动可能很多，若就所有应采取的行动都提供反馈，学生很可能无从下手，甚至可能会放弃采取行动。因此，在提供反馈时专注于"紧接着的第一步"，优先考虑最迫切需要解决的问题。其他问题可以先放放，只要反馈成为教师日常行为的常规活动，就会持续进行，那些遗留的问题以后会有机会解决的。

"下一步怎么做"，狭义的理解就是在当前的作业或任务上怎么做，但广义的理解也涉及后续作业或任务上怎么做。实际上，只聚焦于"当前作业或任务的下一步怎么做"，强调当前学习中存在的问题，而可能忽略做得好的那一面。如果这种情况持续发生，就可能形成一种印象：只要教师提供了较多的反馈，那就意味着学生的作业或任务完成得不太好。然而，对于学生做得好的那些方面，同样需要给予反馈。这种成功反馈不只是为激励学生所需，更重要的是，它有助于让学生知道做得好的是哪些方面。这有两个方面的重要作用：一方面，有时候学生做得好，但很可能不知道为什么做得好，很可能"做得好"仅仅是一种"幸运"。让学生知道哪里做得好以及为什么做得好，有助于帮助学生进一步澄清他头脑中的"质量观"，进一步明晰目标要求。另一方面，得到关于做得好的具体反馈有助于他们将这种"好"的标准延伸或迁移到后续的其他类似任务或作业上，有助于他们在后续类似任务上"再优秀一次"，甚至"持续优秀下去"。如果成功反馈在群体中的情境中实施，还有一个非常明显的好处，即为其他学生提供一个正面的样例。

---

① 查普伊斯.学习评价 7 策略：支持学习的可行之道 [M].刘晓陵，等译.上海：华东师范大学出版社，2019：70-71.

但成功反馈不是笼统地赞扬，尤其不是对学生个人特征和智力水平的赞扬。笼统赞扬的激励作用是难以预料的，很大程度上受学生个体因素的影响，特别是，赞扬智力（如你真聪明）的效果总体上是负面的，会导致德韦克所说的"固定型思维"。如果要赞扬，那就赞扬学生所做的努力，对努力的赞扬会促使学生对成败进行正确的归因，从而培育"成长型思维"。但对努力的赞扬同样不能笼统，相较于"你付出了很大努力，干得好！"之类的表述，在这之后加上"你是怎么做到的？"会激发学生去回顾和思考他所做出的努力。成功反馈也应当直接指向学生的表现，而不是教师对这种表现的感受。从教师感受角度来呈现反馈（如"我很喜欢你那样做""我非常乐于看到……"或者"你……我很不喜欢"），的确会涉及学生的表现质量，因为教师总是会对良好的表现感到满意，但这样的表述会导致学生将取悦教师视为"成功"，而且，以这样开头的反馈会明显降低后续反馈信息的正面影响——学生会沉浸于"老师喜欢这样"的欢愉或者"我不讨老师喜欢"的沮丧中，却可能会忽略反馈信息想强化的那些东西。

背景知识
6-5

德韦克的固定型思维和成长型思维

斯坦福大学心理学家德韦克在她的《终身成长》一书中将人的思维模式分成两类：固定型思维和成长型思维。不同的思维模式对人后续的发展影响巨大（见表6-7）。

表6-7 德韦克的固定型思维和成长型思维

思维模式	内隐智力观	目标导向	现有智力知觉	行为模式
固定型思维	智力是固定的	操作或表现目标（目标在于获得积极评价/避免消极评价）	高知觉	自主（寻求挑战，高坚持性）
			低知觉	自弃无助（回避挑战，低坚持性）
成长型思维	智力是可变的	学习目标（目标在于提高能力）	高知觉或低知觉	自主（寻求挑战，自我激励，高坚持性）

人拥有何种思维模式不是天生的，而是后天形成的。在后天影响因素中，人在完成任务后得到的反馈至关重要，关键看反馈会将反馈接收者的关注点引导到"智力"还是"努力"上。就此而言，借助反馈焦点的改变，评价能够有效影响人的思维模式。

四、及时反馈

反馈起作用的一个关键在于要让学生在尚有改进机会时得到反馈。如果完成任务与得到反馈之间的间隔时间很长，反馈很可能完全失去作用，一方面是因为学生已经有了新的学习任务，之前的任务已经过去了，与当前的学习需求已经没有关系；尤其是，如果关注反馈信息并且依据反馈信息采取行动不能带来直接的"好处"，如之前得到的等级或分数的改变，学生会完全忽略反馈。另一方面，即使学生想理解并运用反馈，也可能会因为忘记当时完成任务时的想法而导致对反馈的理解和运用出现偏差。

及时反馈可能会给教师带来巨大的压力。在课堂提问情境中，教师需要快速回应学生的回答；在作业或试卷批改情境中，教师需要在较短的时间内完成作业或试卷的批阅，尤其是还要保证反馈信息的具体清晰！一种解决方案是预见学生在回答问题或完成作业时可能出现的问题，事先形成"反馈信息库"。这可以在教学设计阶段就完成，在明确了相关的评价任务之后就要预见学生可能产生的问题及其原因，并大致想好可能的应对措施。这种反馈信息库无论在理答情境，还是在作业或试卷批改情境中都很有用，教师可以借助信息库的搜寻来快速提取有针对性的反馈信息。表6-8就是一位小学语文教师在批改"我心爱的 ××"片段写作时准备的反馈信息库——在绝大多数情况下，她只需要对反馈信息库中的评语做简单的调整，就能给学生提供具体的描述性反馈。有时候，教师甚至可以在批改作业时，仅在事先准备好的被选评语表上做记号，并在发还作业时将做了标记的相应评语表分发给学生，让学生自己去对照；或者，在评语表的每条评语之前加上一个符号，在反馈课中呈现给学生，而在批改作业时，只在学生作业上标注相应符号。比如，以下评语表中的第一条用"A"来表示，如果学生存在这方面的问题，就在他的作业上标记"A"，然后在发还作业时在投影上呈现"ABCD"之类的符号与具体评语的对应表。

表6-8 "我心爱的 ××"片段写作反馈信息库

序号	陈述
1	你的主题句和总结句很清楚，且相互呼应。
2	你运用了很多具体的细节。我数了下，你提到喜欢 ×× 的 × 个理由。
3	你所用的那些例子都能支持你的总起句吗？看看能不能自己发现一个不够好的例子。
4	你用了 × 个例子，是否足以说明你对 ×× 的"心爱"？
5	你真的喜欢 ×× 吗？你是根据 ×× 来写的吗？
6	你在说那些理由的时候，是按照什么顺序来说的？能不能调整下顺序，让理由更有说服力？
7	在描写 ×× 时，有几个词语用得非常好（不够好），你能找出来吗？
8	你检查过你写作中的错别字吗？看看能不能找出两个写错的字。

在作业或试卷反馈中，及时性在很大程度上取决于教师在作业和试卷批改上所花的时间。当学生数量较多时，作业或试卷的批改的确需要花很多时间。但还是有一些方法可以帮助教师在确保收集到高质量信息以保证高质量反馈的同时节省时间。

- 减少任务的数量。设计作业或编制试卷时，要考虑任务是否都有必要，有没有可以删除的或者合并的任务。
- 使用较短的任务。可以将一个完整的任务拆分成较小的任务，聚焦于特定的学习目标。比如，在实验报告主题下，本课的重点目标是数据的呈现，那就没有必要让学生完成一个完整的实验报告。
- 多使用封闭式问题。教学大致上可以分成四个阶段：解释—示范—有指导的实践—独立实践（Barak Rosenshine）。除独立实践外，其余阶段都可以主要运用选择题、判断题等封闭式问题进行评价。封闭式问题的批改更容易，而且通过这些评价促使学生掌握之后再来完成独立实践，学生犯的错误会更少，教师批改速度会更快。
- 借助符号系统。设计好一个符号系统，用符号代表学生常见的问题。在作业上使用符号，只对符号系统未涉及的个性化的问题提供描述性反馈。在集中反馈时，向学生提供"符号—问题对照表"。符号不限于①②③或ABC之类，如之前提到的"交通信号灯"也可以用来批改作业。
- 忽略简单错误，聚焦于不理解导致的错误。
- 就特定的作业形成"反馈信息库"呈现给学生，让学生自己去对照。
- 共性问题集中反馈。可以在征得学生同意的情况下，以某些学生的作业为样例（匿名处理）进行集体反馈。
- 事先设计好作业记录表，将作业中发现的问题及时记录下来。这可能增加了常规意义上的"批改"时间，但会减少用来收集和处理信息的总时间。
- 如果有实时交流工具可用，可以在批改过程中及时进行反馈。在对一些相对复杂的作业进行具体的描述性反馈时，运用语音反馈能节省时间（研究表明，相较于书面评论，语音评论能节省75%的时间）；即使运用文字，对同类问题也可以借助复制粘贴或少量的编辑来节省时间。教师可以运用计算机将学生的反馈信息整理成一个文档，变成一个反馈信息库。这个信息库既可以发给学生用作集体反馈的材料，也可以留作教师自己的教学档案，成为下一次教学同一主题时的设计作业或建立反馈信息库的依据。
- 如果收集信息仅为教师自己的教学决策所用，如在出口卡、一分钟答卷等匿名的任务上，教师若能得到所需的信息，甚至可以不用逐份批改。

但是，并非总是要等到作业"批改"完之后才能进行反馈。有些教师运用了一些快速检查的方法，只需要花很短的时间就开始对学生进行反馈。一位教师说，很多作业只需要花5分钟就能完成批改，因为他不"改"作业，他就是在收集信息：没有问题的作业就过去，有问题的，简单记录问题，然后找相关的学生面谈；另一位教师在学生交上作业后快速浏览，然后把学生的作业分成两堆，一堆是没有问题的，一堆是有问题的。同样，她不用逐份"批改"作业，但已经得到了确定下一步行动所需要的信息——她知道了学生的问题主要在哪里，是由什么原因造成的，哪些学生存在问题，接下来该如何重新教学或者对哪些学生进行个别辅导，以及在个别辅导时如何对学生进行分组。实际上，当前的作业批改实践中一个常见的偏差是太多关注了"改"——教师的"改"——替代学生来改进，此时学生只需要按照教师的改，无须思索地"订正"或重抄一遍，结果在后面碰到类似的问题时，学生会一错再错。真正有价值的批改是"教师批学生改"，"学生改"是学生基于反馈信息的行动，这正是反馈起作用的关键中的关键。

反思时刻
6-4

表6-9是教师安德鲁·阿瑟顿（Andrew Atherton）创造的一种做法，适用于集体反馈以及之前的作业批改。这位教师用了一个小时就批完一个班级的写作作业——从表中可以看出，这个写作作业还不那么简单。

请思考：这种做法有何可取之处？

第一步：批改作业。不是打分数或等级，也不是在作业或试卷的边缘写下详细的评语，而是教师用荧光笔在学生作业上做标记，标出那些值得肯定的地方。

第二步：指出学生的下一步行动。根据学生的作业情况，提供关于下一步行动的指引。这一步通常可以借助预先设定的模板。表6-9是一个模板样例。

表6-9　安德鲁·阿瑟顿的反馈做法

值得肯定之处	
下一步行动	
运用关于问题的准确术语，并在整个过程中保持清晰的论点。	通过加强语言分析来考虑形式。
使用协调的短语和句子，以确保清晰地聚焦于问题。	聚焦于具体的形象和语言选择，避免讲述故事。

续表

遵循所推荐的引言 / 结论格式。	思考作者可能运用的其他词语，以及为什么你认为他们运用了那些词语。
遵循所推荐的文章结构。	经常参考比较性文本。
使用分析性动词和探索性语言。	段落之间使用连接词过渡。
对语言进行细致的分析，关注具体的词语和形象及其对读者的影响。	使用过渡短语和清晰的连接词。
确保你的注意力始终放在作者作出的选择上，而不是角色上。	在适当的地方，对作者和方法都使用评价性评论。
将你的分析锚定在对大观念的清晰理解上：什么是重要的想法和信息？	将引文嵌入句子中，确保表述简洁、活泼。
考虑相关的上下文。	考虑所选引语的总体效果。
要用上下文信息来阐明你的分析。	明智地选择你要讨论的内容。
思考文本做了什么：它是警告、挑战、庆祝、攻击还是批评？如果文本做了什么，那具体是什么？	不要关注太多的事情，选定一个特定的形象，深入展开。

第三步：找出优秀的例子。这是后续集体反馈课的核心。从学生的作业中找出至少两个优秀的例子。教师可以在批改过程中随时记录优秀的例子，然后在反馈课上与全班同学进行分享。

第四步：完成模板。针对每个学生的作业情况完成上面的模板。"值得肯定之处"无须填写；"下一步行动"只需要在相应地方做标记。

第五步：反馈课。把作业发还给学生，要求学生重新检查他们的作业，并特别注意已经标记的内容，思考为何会被标记。接着分享优秀的例子，在此过程中向学生提问，请学生来评论，一起讨论是什么让这些例子变得优秀。最后，让学生关注模板上的"下一步行动"，花点时间聚焦于其中最重要的问题。

第六步：完成一项任务。课程以一项任务来结束。任务可以有多种形式，但必须与优秀的例子或特别常见的下一步行动相关，让学生在一个与原始任务不同但相似的环境中练习在反馈课中学会的技能。

资料来源：Andrew Atherton. 6 Steps to Effective Whole-Class Feedback.

及时反馈还有另外的做法。反馈甚至可以在学生刚完成作业或测验、教师尚未浏览这些作业或测验时就实施。一种做法是，在学生完成作业或测验之后，教师立即发放或在投影上呈现答案样例，并讨论可能导致问题的主要原因。这样，学生可以在自己的思考依然历历在目的时候得到反馈信息。如果已经用了这种方法，教师在批改的时候就可以聚焦于个体的特定问题，而不必关注那些通过答案样例讨论已经解决的问题。这种做法需要教师对学生在作业或测验所涉目标上存在的问题有准确的把握，知道哪些目标容易出问题，问题可能出在哪里，可能的原因是什么。而且，由于时间的限制，答案样例无须涉及作业或测验中的所有题目或具体任务。一位教师在安排课堂测验时经常会提前 5 分钟开始，在测验后留出 5 分钟面向全体呈现答案样例，并及时反馈。一种类似的做法是奥尔莱特（Allwright，1986）在写作教学中开发的"重做"方法。这种做法是，教师在学生的作业中选择一篇"中等水平"的文章，然后像一个新手那样去改写。再将改写的文章和原文（匿名）发给学生，让学生小组对两者进行比较，重点关注其中存在的普遍问题；在此之后学生再重写他们自己的文章。按照奥尔莱特的观点，这种技术特别适合用来对"无法一口一口喂学生的关键的组织问题"进行反馈，是一种课堂中面向大群体的比较经济的做法。这种技术可以在教师批改完作业以后使用，但如果教师事先已经根据对学生学情的了解准备好改写文章，也可以在学生刚刚完成初稿写作时运用。

不过，强调及时反馈，核心在于太晚的反馈会不起作用。但是否要求反馈总是在任务完成过程中或之后及时实施呢？并非如此，因为实践表明，有时太快给予反馈可能会导致明显的负面作用：它会剥夺学生自我评价、自我反馈、自我改进的机会，使学生产生对外在的反馈提供者的依赖性；会对学生的思考带来干扰，如学生在按自己的思路解决问题，当发现这种思路不可行想自己调整时，教师太早给予反馈就是一种干扰。那么，如何决定反馈的实施时机？这很难一概而论，总体上应该按学生的需求来确定时机，就像布鲁克哈特所说的"决定反馈时间的一般原则是将自己放在学生的位置上。学生何时需要反馈？何时他还在思考问题？"任务的性质对反馈时机有明显影响，如果学生出现了事实性知识错误时，即时的反馈会很有效；但如果作业需要深入思考才能完成，那就不能太快给出反馈，延缓反馈会有更好的效果，尤其从学生的长远发展来说，延缓反馈会让学生获得自我反馈、自我反思、自我调整的机会。因学生需求而延缓，这也是及时反馈的内涵之一。

实际上，需要延缓反馈的还可能有其他情境，比如，学生当前要处理的事情（包括其他反馈）很多，他当前最紧迫的需求在于处理那些事；学生正陷于某种情绪之中，需要时间冷静，他当前的需求在于处理自己的情绪；当前的情境不适合给某些学生反馈，如有些学生不大适应在公开场合得到负面的反馈，维护自尊是他的优先需求……

五、保证学生能运用

如果学生得到反馈却不运用，那么反馈就是"悬空"的信息，反馈在促进改进上的潜力就不可能变成真实的功能。而决定反馈信息能否运用，关键在于学生——信息本身不会作出决策，作出决策的是学生。

要保证学生运用反馈信息来采取行动，就必须让学生先理解反馈并接受反馈，还得让学生有运用反馈信息的意愿以及采取行动的时间。首先，学生是否真的获得了反馈信息——他听到或者看到教师给予的反馈，并不意味着他真的拥有了反馈信息。教师的确给出了反馈，但有些时候学生可能完全不理解；有些时候学生可能完全不接受，此时，按照哈蒂的说法，有些课堂中并没有真正的反馈，有的仅是很多"反馈的时刻"。要保证学生理解反馈，前面所强调的提供具体清晰的反馈信息很重要，但必须再进一步明确，是否"具体清晰"要由学生来确认。有时教师给出了自认为非常清晰的反馈，学生却可能一头雾水，想象一下，假定一位教师的反馈对象是小学低中年级的学生，而教师给予的反馈是"你的上下文逻辑关系不够清晰"，学生将会有怎样的反应？也许教师可能看不到学生疑惑的表情——很多学生都不愿向教师提问题：女生很体贴，可能会想教师都已经那么忙了，就不要给教师添麻烦了；男生则更多出于一种担心，如果我不懂，是否会让人觉得我很傻。教师甚至可能会看到学生点头，但是实际情况很可能是，学生完全不知道教师表达的是什么意思，不知道自己的什么表现存在问题，更不知道接下来应该如何去改进，以使上下文变得"更有逻辑"。一个基本要求是，教师所提供的反馈信息应当运用学生能理解的语言。与此同时，教师还需要采用一些方法来检查学生的理解，比如，可以在提供了反馈信息之后询问学生："我说清楚了吗？你能不能把我刚才说的复述一遍？"或者"你知道接下来怎么做了吗？说给我听听"；也可以让学生对所理解的反馈作书面总结。

自评时刻
6-3

请回顾自己的评价实践，看看表 6-10 中的陈述是否与你的实践相符。

表 6-10　评价实践调查问卷

1	批改完后，我总要求学生订正。	□完全符合 □基本符合 □不确定 □基本不符合 □完全不符合
2	有时我会向学生解释我的反馈。	□完全符合 □基本符合 □不确定 □基本不符合 □完全不符合

续表

3	有时我会检查学生对反馈的理解。	□完全符合 □基本符合 □不确定 □基本不符合 □完全不符合
4	我会给学生留出运用反馈的时间。	□完全符合 □基本符合 □不确定 □基本不符合 □完全不符合
5	如果学生有效地运用了反馈，我会给学生额外的奖励。	□完全符合 □基本符合 □不确定 □基本不符合 □完全不符合
6	在给予反馈时，我允许学生提出自己的想法。	□完全符合 □基本符合 □不确定 □基本不符合 □完全不符合
7	我会控制每一次给学生的反馈数量。	□完全符合 □基本符合 □不确定 □基本不符合 □完全不符合

理解并不等同于接受，有时候理解正是导致不接受的原因——他发现你表达的意思跟他的自我认知不一致。如果学生有自己的想法，进行深入的交流是一种可取的做法，但有时学生不接受可能是因为反馈的情境因素或者教师提供反馈的方式不当。比如，有时学生在回答问题时，教师在忙着处理其他的事，此时学生可能会排斥教师给予的反馈；教师在提供反馈时，没有考虑学生的需求，且采用了"你必须""你应当"之类的表述呈现反馈；或者所给予的反馈大多是负面的反馈，指向存在的问题。学生不接受反馈可能与课堂中的文化氛围有关，而这种文化氛围又经常会在反馈呈现方式上体现出来，因此，在某些时候，最体现善意的反馈也可能以错误的方式被呈现，或被理解，结果导致负面的影响。心理学家德西（Deci）曾经指出几种导致反馈不被接受的情况：

- 学习者感到被严格监控：有时学习者觉得自己被监控得太紧，就可能变得紧张或不自在，从而从学习中脱离出来。

- 学习者将反馈理解为试图控制他们：有时学习者可能会将反馈理解为试图控制他们，或告诉他们应该如何做某事，而不是指导他们如何改进。

- 学习者感到不舒服的竞争感：在小组环境中分享的反馈可能会使学习者觉得他们必须与同龄人竞争，这也可能导致学生偏离学习。

解决这类问题当然需要教师与学生建立一种相互信任的关系，教师要让学生知道反馈不是对表现的评判，更不是对他个人的评判，而是为了改进表现；需要让学生知道，教师给出的反馈是基于认真倾听、阅读的，是深思熟虑的。除此之外，以下内容介绍的一些小技术的运用会有助于学生接受反馈。

两个强有力的词。德莫迪分析了在反馈中运用"还"和"已经"这两个词的价值。[①]当描述学生存在的不足时，她建议加上一个"还"字，不说"你没有解决这个方程式"，而说"你还没有解决这个方程式"。这会向学生传递一种信息：问题是暂时的，如果有适当的支持，学生就能学会。这个词"能够深远地影响学生看待学习的方式"。当面对学生的求助时，她建议教师运用"已经"这个词，如"关于这个问题，你已经知道什么？"这个词体现了对学生已有知识的认可，更重要的是，这样的提问会引出学生已有的知识经验，从而帮助学生自己发现问题，进而解决问题。这两个词的运用会导致反馈语气有细微的变化，也更容易让学生接受反馈。

"你可以"。相对于"你必须""你应该"之类的忠告或命令，"你可以"隐含着"决定权在你手上"的意思。在针对学生存在的问题进行反馈时，这种赋予学生改变的可能性的表述更容易为学生所接受。珍妮·爱德华兹（Jenny Edwards）建议将批评转换成一系列充满改变的可能性的问题，如"在什么地方你可以补充更多的细节？""你可以用其他哪些资源来完成项目？""如果你有更多时间，你会如何回答第二个问题？"

三明治反馈。这是一个结构化的反馈表述方式：首先肯定学生表现中的优点，但是肯定的那些优点一定是具体的而不是笼统的，一定是真实的而不是虚假的；其次，指出学生表现中存在的问题；最后，为学生提供建设性建议或者期望，并表达对学生改进的信心。尽管有"良药苦口""忠言逆耳"之类的说法，但人们总体上不大接受负面信息也是事实。"劝人不能指其过，须先美其长。人喜则语言易入，怒则语言难入"，这种看起来程式化的表述框架对于学生接受反馈还是有非常积极的作用的。不过，如果课堂中已经形成一种指向改进的文化，学生对教师有高度的信任，那么学生就可能更容易坦然地接受负面的反馈，此时就未必需要在每次负面反馈之前都先进行肯定、表扬了。

两星星一愿望。这种反馈要求教师先描述学生表现的两个优点，然后就学生表现的不足之处提出期望或建议，比如，一位科学教师给学生实验报告的反馈：你的数据很完整，并且用图表清晰地将内容呈现出来了。现在你需要对图表所显示的内容作出详细的解释。查普伊斯将这种技术称为"星星与台阶"，如同"三明治反馈"，两星星一愿望也可以用来有效地平衡正面肯定和改进建议（见表6-11）。这是一种仅运用描述性评语的反馈技术，不应使用如√、×等常用的符号以及分数、等级来提供肯定，而是具体描述

---

① Dermody, J. H. Going for the Growth[J].Educational Leadership, 2012, 70（1）.

学生表现中的优势、长处；期望所指向的应该是核心学习目标，至少在核心目标尚未达成时，期望不应指向那些无关的目标。这种反馈技术对于那些成绩相对较差的学生来说特别有用，但也能够通过明确"总有改进空间"来激励高成就的学生。一种类似的做法叫作"Glow and Grow"：用一条评语赞扬学生做得好的事情（Glow），再用一条评语提示学生接下来需改进或改善的重点（Grow）。

表 6-11　星星与台阶

姓名		科目	
学习目标			
☆			
⌐			

有时候，教师给了清晰具体的反馈，但如果学生不看不听，反馈同样不起作用。学生不关注教师提供的反馈信息，一个原因是他们已经形成了一种"成绩定向"的学习目标，习惯关注分数或者等级。巴特勒等发现了一个奇怪的现象，当只给学生描述性反馈时，学生的学习表现会有明显提升；但当在提供描述性信息的同时也给予分数或等级时，描述性反馈所起到的作用就消失了。威廉对这种现象做了一个非常简单的解释：当学生看到一个令他满意的分数或等级时，他会觉得描述性信息没有必要看了，如果得到的分数或等级不能令他满意，他就不想看那些描述性信息。要解决这个问题，一种做法可以是不给分数也不给等级，只给描述性信息。另一种做法是让学生将反馈信息与作业进行匹配。一位教师在学生完成一篇小作文后，将所有学生作业收上来。他评阅了每一份学生作业，但没有在学生作业上做任何标记，也没有写下任何文字，他把对每一份作业的评语写在一张单独的纸条上。第二天，讲评作业时，他把学生分成小组，每组 4 人，每个小组都拿到了自己的作业，外加 4 张纸条。学生必须确定哪张纸条上的反馈是针对哪份作业的。反馈方式上的这个微小的改变有很多好处，它迫使学生去阅读教师的反馈信息，并且要对作业进行分析，从而更好地理解反馈信息；它也向学生传递了一个信号，即反馈是针对他们所做的事，而不是针对他们个人；而且，在匹配的过程中，每个学生都能看到其他学生的作业以及教师给予的反馈，这为他们提供了额外的反馈信息，比如，做得好的作业是什么样的，还可能出现什么样的问题，等等。

当然，学生不看反馈信息还可能与他们的意愿相关：我就没打算用这些信息，为什么要看啊？如果能够有效地激发学生运用反馈信息的意愿，那么不阅读反馈信息这一问题也就迎刃而解了。学生缺少运用反馈信息的意愿，一个很重要的原因就是"用了也没有好处啊"，成绩都已经定了，我运用反馈信息做了改进又不能改变成绩！对于已经形成"成绩定向"的学生，的确很容易产生这样的想法。要解决这个问题，从根本上要将学生的目标从"成绩定向"转向"掌握定向"，但一些技术的运用也非常有效。这类技术的核心在于让学生因为运用反馈信息采取行动而得到"好处"。比如，上一章提到的"临时成绩登记"就是其中之一：教师在批阅学生试卷时不在试卷上记分数／等级，而是提供描述性反馈，将分数或等级用铅笔记在成绩登记册上，让学生根据描述性反馈改进试卷，然后重新上交；教师根据学生改进后的表现重新评分，作为学生的最终成绩。教师也可以根据学生的改进情况采取"额外加分"的做法，或者采用威廉等倡导的"＋－＝"的符号来表示改进情况，对于有改进的作业，可以在原来基础上给一个"＋"。也许之前成绩较好的学生不大喜欢这种做法，他们经常会发现自己只能得到"－"或"＝"，而那些之前表现较差的同学却经常能得"＋"。但是，这种技术的价值就在于引导学生关注增值，关注目标的达成，关注改进等在自己可控范围内的因素，而不是关注排名等自己无法控制的因素。

让学生运用反馈，也许最大的挑战不在于学生的理解或运用的意愿，而在于时间。绝大多数教师在教学中经常会有一种不自觉的倾向，即追求内容覆盖面，而且要保证在一个学期结束之前留出足够的时间进行复习，因此教学进程非常紧凑，以至于有时候提供了很好的反馈，学生也有强烈的运用反馈的意愿，却没有时间来运用反馈。这个问题不是仅靠技术层面的改进就能够解决的，相反，它更多要借助教学的总体思路的变革来解决，其中一个关键的方面就是要在实践层面重新安排"落实"与"进度"的关系——之所以强调实践层面，是因为任何一位教师或学校管理者都不会有"'进度'比'落实'更重要"的认识，但在实践操作上，进度的要求经常置于落实之上。这不只是教师个体实践的问题，也是学校整体安排上的问题。理想的做法是，将挤出来用于最后复习的时间用于日常的反馈：给予反馈并让学生运用反馈。这种调整涉及学校整体运行系统，比如，在美国费城的一个学区，学校将学期划分为多个周期，每个周期有六周，在每个周期的前五周完成相关内容的教学，教学结束时进行检测，留下的第六周会根据检测的情况来灵活安排：如果检测表明学生都已达成目标，那么第六周就变成"拓展周"；如果相当一部分学生尚未达成目标，那么第六周就安排为"重教周"[①]。在这种安排下，学生也有充足的时间运用教师给予的反馈。如果无法从系统层面解决问题，那么一些技术层面的做法至少可以解决部分相关的问题。以下的技术会有一定的作用。

教学流程的调整。教师对学校教学进程的整体安排可能无能为力，但在一个单元或

---

① Margaret，E. G.，Leslie，N. O.，Matthew，R. From Testing to Teaching: The Use of Interim Assessments in Classroom Instruction[R]. CPRE Research Report # RR-65，2009.

者一个课时的进程安排上还是拥有充分的自主权的。教师可以整体安排一个单元的教学活动，适当加快教学的进程，最后留出两个课时的时间，用来做检测、提供反馈、运用反馈。如果检测结果表明学生都已达成目标，那么就可以像费城学区所做的那样，将最后一课变成"拓展课"。一种类似的做法叫"三分之二测试"，即在一个教学周期（课时、单元）进行到三分之二的时候安排测试，收集信息，余下的三分之一时间用来反馈、运用反馈，或者进行教学干预。

提供少量的反馈。反馈不能被运用的一个主要原因很可能是反馈太多，学生无法在有限的时间内处理所有的反馈。如果反馈不能被运用，那就没有任何意义；提供少量的反馈有助于保证学生能够运用——从这一点来说，反馈"少即是多"。前面已经提到，有效的反馈应当聚焦于当前学习的核心目标，至少在核心目标尚未达成时，无须关注其他目标上存在的问题。第一种方案是，借助两种做法减少反馈。一是精选作业，减少作业的量；二是在批改作业时，对学生在同类目标的作业上的表现信息进行归并。第二种方案是，如果教师不大接受"忽略"学生表现中存在的某些问题，那么可以在有时间的情况下"应批尽批"，但必须将要求学生订正或改进的那些问题控制在学生可用的时间范围之内。一位教师在批改作业时，经常会将学生所犯的各种错误都标注出来，但每次只从这些错误中选择 1~2 个方面用红色"☆"加以标注，告知学生这是必须加以订正或改进的，而且他的选择遵循两个非常明确的"优先级顺序"，一个顺序是学生所犯的错误的性质：首先关注理解性错误，然后是事实性错误，当前两类错误都没有出现时才会关注那些偶然的失误，如看错、写错等学生自己稍加检查就能改进的错误；另一个顺序是目标的优先程度，首先关注当前教学的核心目标，其次如果当前教学的核心目标没有问题。才会关注之前教学中的核心目标，最后才会关注那些常规化的作业要求，如书写、语法等。第三种方案是，有效降低每一次反馈的量，即将总体目标进行分解，按照适当的进阶排序，然后每一次反馈只聚焦于总体目标中的特定目标。比如，科学课标规定第三学段（5~6 年级）"探究实践"领域的一个目标"初步具有获取信息、运用科学方法描述和处理信息并得出结论的能力"。这个目标要求学生在第三学段结束时达成，而不是要在第三学段任何一次相关的作业中全部达成，这样，教师需要渐进地安排学习目标以及相关的任务，然后在反馈时可以在某些作业上重点关注"获取信息"，有些作业的反馈重点关注"描述信息"……

10-2。这是一种教学技术，指的是教师可以花 10 分钟进行教学，然后留出 2 分钟时间让学生整理、反思前面的学习。当然，其中的"10"和"2"只是虚指的数字，教师可以根据教学内容和目标的要求确定这两个时间的长度，可以是"8-2"，也可能会是"10-4"。这种做法也可以改造为反馈的技术，如运用一分钟答卷来快速检查，然后及时反馈，并安排专门的时间运用反馈。就像一位教师将原本放在课最后的出口卡提前 3~4 分钟实施，发现问题后及时反馈，最后留 2~3 分钟让学生运用反馈信息来改进。这种做法将反馈及其运用纳入课内来完成，有助于确保学生在真正"学会"之后再来完成旨在"练习巩固"的课外作业。当学生真正学会之后，他们的课外作业中的问题会更少，教师需要花在反馈上和学生需要花在反馈运用上的时间也就更少。

反思时刻
6-5

有一次我在一所小学里听到一个说法，至今都未理解。一位小学数学教师说，口算训练，关键是要将学生的速度提上去，算对算错不重要。

有一种教学进阶理论告诉我们，教学大概可以分成四个层次：准确、流畅、概括、适应。我的理解是，先要让学生能"做对"，然后才可以让学生"做得快"，更高的要求是"迁移应用"，最高水平是"能根据实际问题来调整自己所学，进而解决问题"。

在学生尚不能"做对"时，期望学生"做得快"，真的是一种好的做法吗？反思下自己的实践，有没有这种情况。

将反馈整合到学习活动中。正如导航仪会在您整个行驶过程中提供反馈，对学生的反馈也应该持续于学习过程始终，而不是到某个特定的时间节点实施反馈，然后学生运用反馈。如果在学习活动尚在进行过程中提供反馈并安排运用反馈的时间，那么就将反馈的运用整合到教学过程中了。如在学习过程中给予学生运用"交通信号灯"或"红绿磁盘"的机会，学生就可以随时寻求教师的反馈，并在学习尚在进行时运用反馈来安排下一步的学习。

最后，需要强调的是，"反馈不足"和"反馈不当"可能不能使学生改进自己，"反馈过度"——面面俱到且可能替代学生自己的思考的反馈——从短期来看是有直接的立竿见影的成效的，但从长远来说是有害的，会阻碍学生成为有能力的自我反馈者，而这正是实现长远的可持续发展的关键所在。有时候，对某些学生，教师很可能只需要以提示的方式给出反馈，让学生知道学习中存在的问题，至于存在什么样的问题以及如何去改进，就留给学生自己去发现。吉莉介绍的"有线索的合作订正"（collaborative clued corrections，CCC）就是一种有效的技术 ①：学生完成作业后，教师从中有目的地选择一些作业样本，其中一定包含着一些错误或不完整的答案，并提供反馈。但教师不明确指出每份作业中存在的具体问题或需要改正的地方，而只是给出提示。然后，教师将这些有提示的作业样本隐去学生名字，复印多份分发给学生，学生以小组合作方式寻找问题并加以订正。这种做法还可以加上一些后续的环节，比如，作业修改完成后，学生重新提交，但不是以个体方式提交，而是代表小组的合作成果；小组合作完成后，教师可以将剩余的未批改的作业退还给学生，让他们自己或与同伴一起修改。

本章主要参考文献：

1. Fisher，D.，Frey，N. Checking for Understanding：Formative Assessment Techniques for Your Cassroom[M]. Alexandria，Virginia USA：Association for Supervision and Curriculum Development，2007.

2. Keeley，P. Science Formative Assessment：75 Practical Strategies for Linking Assessment，Instruction，and Learning[M]. London：Corwin Press，2008.

3. Race，P. Designing Assessment to Improve Physical Sciences Learning[M]. LTSN Physical Sciences Centre，2009.

4. 查普伊斯 . 学习评价 7 策略：支持学习的可行之道 [M]. 刘晓陵，等译 . 上海：华东师范大学出版社，2019.

5. 迪伦·威廉 . 融于教学的形成性评价 [M]. 王少非，译 . 南京：江苏凤凰科学技术出版社，2021.

---

① Keeley，P. Science Formative Assessment：75 Practical Strategies for Linking Assessment，Instruction，and Learning[M]. London：Corwin Press，2008：59-60.

第七章　有效干预的技术

如果你曾经玩过游戏，你大概能够体验到游戏的吸引力。绝大部分的游戏都有很强的吸引力，而这种吸引力的一个重要来源就是游戏中充分运用的学习心理学原理。在我看来，如果要找一个比教育行业运用学习心理学原理更好的领域，那么游戏行业一定位列其中。

当你玩一个新游戏时，如果开始时连续失败，你大概率会放弃；然而，一个设计良好的游戏通常不会给你这样的机会：当你可能放弃时，它"让你过了"！这种"过了"的成功感会成为诱发或维持你继续玩下去的巨大动力。游戏是如何做到这一点的？其实游戏中存在着一种隐藏的评价——与教育中常规的评价聚焦于学生产出的产品不同，游戏中的评价发生在玩家玩游戏的过程中，不需要玩家停下"玩"而实施评价。基于这种隐藏的评价，游戏就能够持续地调整给予玩家的挑战性程度，以保证其"稍稍高出"玩家当前的能力水平。正因如此，有学者认为，游戏的秘密不在于其 3D 场景，而在于其底层架构，即其设计的每一关都力求做到"刚刚能完成"的难度。

这听起来是不是很熟悉？没错，这背后就是很多教师耳熟能详的"最近发展区"理论。教学必须与学生当前已有的知识能力相匹配，如果不匹配到一定的程度，学生就可能持续遭受挫折，甚至放弃。因此，最好的教学一定是在学生能与不能的边界上徘徊的。

第一节　评价促进学习的另一个关键

评价如何促进学习？上一章我们已讨论了其中的一个关键，即通过反馈让学生了解自己存在的问题和下一步行动的方向。然而，有时候学生知道自己的问题所在，也知道下一步的行动，且依据反馈信息开展了行动，却依然不足以保证学习改善的发生；有时候，大多数学生出现同类问题，即使反馈能够起作用，也会导致教师花费过多的时间。在这些情形中，评价的另一种用途就成了促进学习改进的关键——教师运用评价信息来调整自己的教学，就像游戏会持续调整挑战性程度一样。

在教学实践中，相较于反馈，评价信息用于支持教学决策的功能似乎被忽略得更多。在发现学生学习上的问题时，教师很容易将之视为"学习问题"——其背后隐含的是"学生的问题"；评价也就是用来判断学生的学习情况，至于这种学习情况是如何产生的，大多被归咎于学生自身。因此，教学过程中实施的评价经常窄化为对学生学习的"评定"，而评定的结果则经常被归因于学生的努力或者能力——"与我的教学无关"，所以，即使在教学过程中持续进行评价，但教学活动依然按照事先设计的方案或流程按部就班地开展。然而，事实上学生学习上的很多问题很可能就是因教师的教学而产生的，有些问题也只能通过后续的教学来解决。如果评价不能导致教学的改变，那么评价的促进作用就会受到极大局限。

　　随着"教—学—评"一体化观念的广泛流行，一些教师开始尝试将评价"嵌入"教学过程中——在教学方案设计中体现为在学习活动中安排了评价任务。我们或许看到过这样的教学方案：整个过程设计得非常周密，其中有明确的评价任务，而且明确了相应评价任务在教学过程中出现的位置；评价任务之后，就是相应的教学或学习活动——事先设计好的活动。

　　这样的教学方案在实际实施中很可能呈现为"教—学—评价—教—学—评价"。请思考：在这样的实施过程中，评价发挥的作用是什么？

　　如果要在古今中外教学论述和教学实践中找到具有极高共识的有效教学"铁律"，那么我想"教学必须建立在学生已有的基础之上"一定是其中之一。近些年，"以学定教"的观念似乎没有前些年那么风光了，但这并不意味着它已被放弃，实际上当今流行的"精准教学"就是其另一种表达。维果茨基的最近发展区理论自不待言，奥苏伯尔的表述更加明确清晰："如果我不得不把全部教育心理学还原为一条原理的话，我将会说，影响学习的唯一重要因素是学习者已经知道了什么，要探明这一点，并据此进行教学。"而"数据驱动的教学""应答性教学"背后的核心思想完全一致。实际上，这些思想都可以追溯到我国古老的教育智慧——因材施教。而这条铁律的践行一定有个前提基础，那就是教师把握了学生的"已有基础"，而对学生已有基础的把握，就有赖于评价。

　　许多教师可能会认为，我在教学设计阶段已经进行了充分的学情分析，精准地把握了学生的已有基础，还需要评价吗？还记得我们前面提到过导航吧？如果你要用导航仪来导航，是否只要告知它你的目的地，然后它只需要知道你启动的那一刻所在的位置，导航就能实现？显然不是。如果那样，大概我们只需要在启动那一刻知道我们的路径，然后关闭导航仪就可以了。导航之所以能够实现，就是因为它在整个过程中随时知道你所在的位置。对于导航来说，知道你在一个小时甚至半分钟之前所在的位置都没有意义，有意义的是它知道"此时此刻"你所在的位置。那么对于教学而言，要把学生引向我们期望他们到达的地方，要不要随时知道他们当前的学习情况？当然要。

这也是教学过程中需要评价的原因。然而，如果评了，我们却将通过评价获得的信息撇到一边，那么评价就没有什么意义了。回到"反思时刻 7-1"所描述的情境，表面上看起来评价似乎融于教学之中了，但评价是否能够真正发挥其作用？如果评价之后的教学没有回应评价中所获得的信息，还是按照原先设计的方案来推进，那么只有在一种情况下，评价才有意义：评价结果恰好证明了教师在教学设计时对学生学习状况的预见，此时，教师按照预设方案继续下一步的教学就有了充分的证据。如果评价结果无法证实教师在教学设计阶段的预见，那么按照预先的设计继续下去显然是不合适的，评价事实上没能发挥其支持教学决策的作用。因此，从教学设计来看，教师需要在评价之后设计预案——至少需要有"留白"的时间，用以回应评价中的发现；从实际的教学过程来看，教师必须及时回应评价中的发现。

按照迪米奇等观点，教师在回应评价中扮演着重要的角色，这种角色既包括自己采取行动，也包括推动学生采取行动。具体的回应方式有 6 类：[1]

- 设计一堂指导课，解决教师注意到的学生个体或群体需要改进之处（解决误解、错误或深化）。

- 设计并实施指导活动，以解决通过观察确定的每一个下一步行动。

- 根据优势、需求或偏好对学生分组。

- 与学生单独交谈，提供关于优势和下一步行动的反馈，并指导学生的行动。

- 对学生进行指导，使学生明确地意识到自己的优势和下一步行动；教师要保证学生能发现自己的优势，而且要知道如何引导他们采取下一步行动。有时候，学生要采取行动就必须得到关于某个概念的直接指导，或者明确如何订正。

- 注意到什么能帮助或阻碍学生个体和群体的成长。

---

① Dimich，N.，Erkens，C.，Miller，J.，et al. Concise Answers to Frequently Asked Questions About Assessment & Grading[M]. Bloomington，IN：Solution Tree Press. 2022：151.

第二节　评价驱动的决策与决策驱动的评价

一、教学即决策

教学即决策？乍看起来这种说法有些以偏概全，决策不该是教学设计阶段就完成的吗？教学应该是执行这些决策的过程啊。确实，教学中的决策很多都已在教学设计阶段完成，然而，在整个职业生涯中，您曾经教过几堂与预先设计完全相符的课（如果曾经有过的话）？对于这个问题，我想绝大多数教师的答案会是"从来没有"。为何事先做了设计，而最终呈现出来的却会不同？其实这再正常不过了，教学是教师与学生——具有主观能动性的活生生的人的互动，无论教师多么有经验，无论教师在设计阶段在学情分析上做得有多充分，都不可能完全预见实际课堂中可能发生的情况。教学的这种"不确定性"就决定了教师必然需要也必然会在教学过程中做出调整，这种调整可能体现为行为的改变，但其背后的心智活动就是决策。其实，对于一些有经验的教师而言，教学设计阶段经常只就教学中的核心或关键问题做好相应的决策，而将教学的一些具体行为作"留白"处理——至少不会像我的很多学生实习期初上讲台那样，在备课稿上写了每一个要提的问题，以及学生对问题的回答，甚至还标注上回应学生时自己应有的动作表情。换言之，有经验的教师会有意识地将很多决策留待课堂上作出。

根据麦凯的研究，教师在相互作用教学中每小时作出大约 10 个决策，而莫赖恩－德夏默和瓦兰斯报告说，教师每节课做出的决策为 9.6~13.9 个。[①] 那么为何有些教师知道自己在教学前，甚至在教学后作出了一些决策，却可能从未意识到自己在教学过程中作出了决策？可能是这些决策所花时间太少，以至于连自己都没有清晰地意识到有选择或决策的发生；也可能是因为经验的作用，经验似乎自动地填补了"腹稿"或"脚本"中的留白部分。更重要的一个原因可能是，教师缺少明确的决策意识，比如，在一个教学环节结束之后会自动进入下一环节，而不明确此时需要一个关键的决策——"可不可以进入下一环节"。

教师的决策，尤其在与学生互动过程中发生的决策，对教学的有效性影响巨大，但影响教学有效性的一定不是决策的数量，而是决策的质量。关键在于，什么样的决策是高质量的决策，即能够有效促进学习的决策？

---

① 中央教育科学研究所比较教育研究室 . 简明国际教育百科全书　教学（下册）[M]. 北京：教育科学出版社，1985：99.

反思时刻

7-2

回顾刚上过的一堂课，分析你在教学过程中所做的决策。

仔细思考：你为何在那一刻作出了那样的决策？

所做的决策	做出决策的原因

二、评价驱动的决策

决策的质量最终要看它实际产生的影响，但决策的依据是其质量的关键影响因素。无论教师是否有明确的决策意识，决策总会持续地发生于教学过程之中。尽管有些时候教师的决策似乎是一种直觉驱使或临时起意的结果，但这些决策最终是有依据的。决策的依据不同，所做出的决策的实际成效也就不同。历史上关于"专家—新手"的教师决策的研究证明了这一点。

教学决策的早期研究者谢弗尔森（Shavelson）在 1973 年就发现，决策是教师的基本教学技巧，优秀教师和一般教师的区别不在于提问和讲述的能力，而在于知道何时去问一个问题的决策能力[1]。至于这种决策能力到底与什么有关，20 世纪 80 年代国际上关于"专家—新手"的教学决策的研究发现，专家教师和新手教师在教学决策上存在一些明显的差异。

- 教学线索注意上的差异。专家教师更多地关注学生学习的线索，而新手教师更多关注学生学习的课堂环境。

- 教学线索理解上的差异。专家教师能对教学线索进行有意义的解释，说明其与学习的关系，而新手教师只能简单地描述教学线索，不能对其进行解释。

- 教学线索应对上的差异。专家教师能够有效应对、灵活解决教学线索，从而更好

---

[1] Shavelson, R. J. What Is the Basic Teaching Skill?[J] Journal of Teacher Education, 1973, 14: 144~151.

地促进学生的学习；而新手教师只是表现出有限的几种策略，且多集中在课堂管理与集中注意上。

杨翠蓉、吴庆麟等从"专家—新手"比较角度对教学决策进行了研究，发现新手教师与专家教师在决策的数量上并无显著差异，但新手教师的决策通常用以应付意外出现的教学事件，如学生错误、学生注意分散、课堂纪律等，而专家教师在决策时更有意识，更有目的，所做的无效决策更少，在决策时主要提取自己关于学生学习的知识经验，提取的知识量会更多，因而能够作出更多的促进学习的有效教学决策。[①]

在这些研究中，我们不难发现，专家教师的教学决策之所以更为有效，一个关键的原因在于关注学生的学习，并运用关于学生学习的知识经验来解决学生的学习问题。换言之，决策的指向是解决学生学习上的问题，决策的依据是学生的学习状况。这意味着，有效的教学决策是评价驱动的——没有评价，就没有对学生学习情况的精准把握，也就没有有效的教学决策。

"评价驱动的决策"在现实中有广泛的实践，其最频繁使用的典型形态大概是，在某一较长周期（如学期、学段）结束时的考试之后的分析会，其中的核心议题通常会涉及对该测验中学生表现相关数据的整理、呈现和分析，探讨教师教学上的原因，进而提出改进措施——有时也可能会涉及对测验本身的问题分析，以及对改进策略的探讨。当前的"评价驱动的教学"或"数据驱动的教学"或"循证教学"本质上就是将教学决策甚至课程决策和评价决策建立在学生学习信息或数据的基础之上。基于这些观念所建立的系统，向下可延伸到课堂教学过程之中，强调教学过程中的决策"基于评价"或"基于数据"；向上可拓展到整个学校教育实践，强调以数据来驱动学校或教育实践的改善。

> **背景知识**
> 7-1
>
> ## 数据驱动的教学系统
>
> 美国威斯康星大学麦迪森分校教育学院的哈佛尔逊等建构了一个指向学校整体改善的"数据驱动的教学系统"（data-driven instructional systems，DDIS）。
>
> 该系统由六个环节构成，如图7-1所示。

---

① 杨翠蓉，吴庆麟，周成军. 教学决策的专家——新手比较研究 [J]. 中国特殊教育，2012（9）.

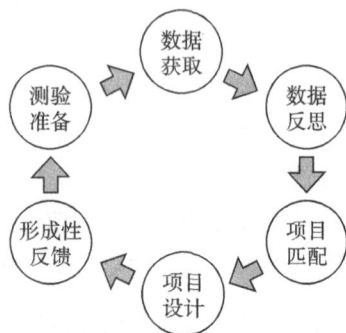

图 7-1　数据驱动的教学系统

1. 数据获取（data acquisition）是指为指导教与学而搜寻、收集和准备信息的过程。数据获取也包括数据储存和报告。不过在该框架中，作者认为所收集和组织的主要数据是学生的标准化测验分数，但也指出了关于学生表现的特定信息对于创建自己的数据系统的重要性。

2. 数据反思（data reflection）是指为改进教与学而理解学生学习数据的过程。数据反思旨在为教师和领导者合作理解数据提供结构化的机会。成功的数据反思始于问题的建构，终于行动计划目标的确定。

3. 项目匹配（program alignment）旨在保证学校的教学项目与相关的内容和表现标准，以及课堂中为改善学生学习、满足学生需求而教的内容相一致。项目匹配有多个层次：保证学校课程体现了内容标准；通过教师和同伴评价，保证课程中的内容就是课堂中所教的内容；甚至还要考虑与专业发展、社区服务等非课程因素的匹配。项目匹配是项目规划和评价的关键。

4. 项目设计（program design）是指学校为改善学生学习而创造或调适的课程、教学、学生服务项目和教学策略。

5. 形成性反馈（formative feedback）旨在建构一个以学习者为中心的反复的评价循环圈，以创造学生学习和改善整个教学项目所需要的持续的、及时的信息流。形成性反馈关注的是项目设计的改善。尽管数据反思中也包括这方面的功能，但形成性反馈主要指从实施的项目中收集的信息。可以推定，随着DDIS的成熟，数据获取、数据反思与形成性反馈之间的区别会趋向于模糊。

6. 测验准备（test preparation）包括激励学生的措施，以及改善学生在州和学区评价中的表现的策略和措施。

"背景知识 7-1"中介绍的数据驱动的教学系统非常正式，其运行需要花费比较多的时间，实际上，它所针对的场景是一个较长周期结束后的标准化测验——这种测验本质上更接近于总结性评价，因而基于这种评价所做的决策实际上会很有限，毕竟，问题是发现了，也找到了解决方案，但这么长一个周期的学习过程不能重复，生产了这些数据的那些学生实际上很难从"解决方案"中受益了。但运用评价所获取的信息或数据来为教学决策提供依据的基本思路完全适用于课堂教学过程。

反思时刻
7-3

你一定参加过某种层次的考试分析会。仔细回顾下，考试分析会中呈现的各种数据，哪些对改进教学有帮助？为了更好地实现改进教学，你期望考试管理机构能够提供什么样的信息或数据？

三、决策驱动的评价

无论如何，相较于没有学生学习信息或数据作为基础的决策，评价驱动的决策一定更有效，至少会更有根据——前提是，评价是可靠的。"更有效"是因为决策回应了学生的学习情况，更有针对性、更精准；"更有根据"是指评价能够证实教师原本想采取的行动，关于这一点，威廉曾经提到一位历史教师的例子：她在向学生介绍历史资料中的偏见问题，课程结束前 3 分钟，学生收到一张出口卡，被要求回答"历史学家为什么要关心历史资料中的偏见问题？"学生们在下课离开教室时上交这些出口卡。在所有学生离开后，教师读完全部卡片，然后扔掉。[①] 仅仅是读完，没有我们常规实践中的批改，更没有给予学生反馈，那这次的出口卡评价还有什么意义呢？意义在于，这位教师通过出口卡收集到的信息证实了她对学生学习状况的预见，她知道接下来应该采取的行动就是她原本想采取的行动，她对接下来的教学更有信心了。

———————————

① 迪伦·威廉. 融于教学的形成性评价：原著第 2 版 [M]. 王少非，译. 南京：江苏凤凰科学技术出版社，2021：55.

但必须注意到，这位教师的做法之所以有价值，还有一个很重要的原因就是她所收集的信息恰恰就是她作决策所需要的信息。回到"反思时刻 7-2"，你是否曾经有过这样的体验：参加考试分析会，看到某个或某些数据，产生了一种感叹，"如果 ×× 时候能得到这个数据或信息就好了！"为何那个时候得到这个信息就好了？也许那个时候你正需要这个或这些数据来作决策！为何就是"那个时候"而不是其他时候？因为在其他时候你可能不需要它，因为需要作决策时用不到这些数据或信息。

从这一点来看，如果教师能够在作决策时正好得到这种决策所需要的信息，那就再好不过了。定期的全面评价一定能够为教师提供决策所需要的信息，但全面评价本身要花时间，教师从这种评价中提取信息更要花时间。且不说是否有时间让教师完成这些工作，很可能，等到教师获得决策所需要的信息时，决策的时机已经过去。就此而言，要换一种思路来设计为了决策而实施的评价：不是定期进行全面评价，而是在有决策需求时仅为满足决策需求而进行评价。比如，在一个教学环节结束时，教师需要决定要不要进入下一环节。这种决定所需要的就是学生群体对上一环节所涉目标的掌握情况的信息，所设计的评价只要能够获得班级学生的总体情况就可以了，而无须去了解每一个个体的情况。

在决策需要信息之时实施评价来获取决策所需要的信息，就是威廉所称的"决策拉动的评价"[①]，也就是我们所称的"决策驱动的评价"。其基本思路是，我需要在教学过程中作出什么样的决策——要作出这样的决策需要获得关于学生学习的什么样的信息——要获得这样的信息我应该在何时实施什么样的评价。这是一种从决策出发的"逆向"思考，本质上体现了另一种"以终为始"。这种决策驱动的评价也更适合教学过程：教师想明白了为何而评，在设计和实施评价时始终清楚要收集什么样的信息，以及运用这些信息来做什么，所收集的信息足以支撑所做的决策，但不会有太多的冗余信息以至于浪费太多的时间来处理，从而支持教师更快地作出更好或更有根据的决策。更重要的是，"决策驱动的评价"让我们更新对"教学—评价"关系的认识：评价尤其是课堂评价就是为教学服务的。

需要说明的是，"评价驱动的决策"和"决策驱动的评价"并非一对对立的范畴，而是可以紧密结合在一起，共同支撑教学的改进。"评价驱动的决策"强调教学决策必须得到学生学习证据的支持，而为了将所得证据更好地为决策提供支持，获取证据的评价就必须更有目的，更有针对性，就此而言，从促进改进的视角看，理想的做法应该是教师基于"决策驱动的评价"来作出"评价驱动的决策"。

---

① 迪伦·威廉.融于教学的形成性评价：原著第 2 版 [M].王少非，译.南京：江苏凤凰科学技术出版社，2021：62.

决策驱动的评价需要有一个基本的前提，那就是教师必须有清晰的决策意识并明晰自己要做的决策的信息需求。如前所述，不同的决策需要的信息可能各不相同，决定"可不可以进入下一环节"需要的信息是班级总体在上一环节目标的达成情况，而"哪些学生需要额外的支持"就需要学生个体在不同学习目标上的具体信息。请回顾表 4-2 中列举的教师经常需要作出的典型决策及其相应的信息需求。

这对教师在教学设计阶段的决策提出了更高的要求：不仅要决定接下来的教学要素，而且要预先想好在接下来的教学实施过程中何时需要作出何种决策，并明确这种决策的信息需求，进而依据信息需求来设计评价。同时，"决策驱动的评价"也迫使教师在进行教学设计时预见评价可能发生的不同情况，提前设计好方案，至少需要在评价之后设计"留白"之处——如果评价结果证实了教师的预设，那么评价就让教师事先的决策变得更有根据；如果评价结果表明预设的方案有偏差，那么就需要启用"预案"，或者利用留白时间来应对学生学习上的问题。

自评时刻
7-1

请在表 4-2 的基础上再列举至少 3 种教师在课堂教学过程中经常会作出的决策，并说明作出这些决策需要什么样的信息。

所需要做出的决策	决策所需要的信息

第三节　有效干预的实用技术

一、干预反应系统

干预反应系统（RTI）是格雷沙姆（Gresham，F. M.）等在 2000 年提出的对学生学习障碍进行干预的一个框架[①]。严格来说，这个框架更像是循证教学的一种模式，或教学干预的一种系统架构，而不是一种或一类技术。但这个框架对于有效干预有非常重

---

① Gresham, F. M., MacMillan, D. L., Noell, G. H. Treatment Integrity in Learning Disabilities Intervention Research: Do We Really Know How Treatments Are Implemented?[J] Learning Disabilities Research & Practice, 2000, 15（4）: 198-205.

要的启发，因此我们在实用技术这一部分首先介绍这一框架。

RTI 是一种识别困难学生并给予他们额外帮助的系统方法，涉及正确识别需要干预的学习者及其特定需求，设计并有效地提供干预措施，监测干预措施的成功，并在必要时根据数据进行必要的调整[①]。其核心目的是在学生明显落后于其他同学之前提供额外的帮助。RTI 通常分为三级，即第一级预防，第二级干预，第三级补救。

第一级，预防。主要体现为教师面向整个班级的高质量的教学。教师创建良好的学习环境，通过持续的教学、有目的的学习监控以及差异化处理，以确保最大数量的学生取得成功。这一级有两个成分至关重要，一是聚焦于关键目标的核心教学，二是嵌入学习过程的评价系统。核心教学聚焦于来自课程标准的关键目标，运用被证明行之有效的教学策略或方法，面向全体学生，期望所有学生都达成关键目标；嵌入式评价旨在监控所有学生的学习情况，通过持续的评价，获得关于学生学习情况的信息，并根据评价提供的信息，以面向全体学生（也包括小组学习）的方式来回应学生的学习需求，如分层作业、灵活分组等，此时的教学回应必须运用与最初采取的教学方式不同的方式方法，但必须在单元结束前整合到教学过程中。在这一级中，至关重要的是，教师进行差异化教学，以满足课堂中所有学生需求的技能。

第二级，干预。如果到了单元结束，有些学生依然未能达成预期目标，那么就需要对他们进行二级干预。与其他学生一样，这部分学生也需要参与第一级的核心教学，但在此之外需要接受更有针对性的干预，以确保为下一单元的核心教学做好准备。这种干预通常会将具有相同学习需求或存在同类学习问题的学生放在小组中，根据他们具体的学习需求进行干预，给予他们额外机会来学习第一次教学没有学会的东西。这类干预的核心在于灵活地安排时间以保证充足的小组教学时间。常见的干预形式如双周进步监控、创造性地利用人力资源、每周 2~3 次 30 分钟的额外教学、实施 6~12 周的干预等。

第三级，补救。如果评价结果显示有些学生在第二级干预之后依然未能达成预期目标，那就要进行第三级补救。处于这一级的学生仍然需要像其他学生一样参与普通课堂中的学习，但要花更多时间在额外学习上。这一级是一种强化型的个性化支持，针对学习者个体——如果有多个个体存在同样的学习问题，这一级补救也可以以小组方式来实施，但小组的规模一定要比第二级中的小组规模更小。在这一级上，额外干预的频率也会增加，不再是每周 2~3 次，而可能需要每天实施，且持续更长的时间。

RTI 系统的一个基本假定是，对学生学习所进行的任何干预，其强度（包括频率、

---

① Dimich, N., Erkens, C., Miller, J., et al. Concise Answers to Frequently Asked Questions About Assessment & Grading[M]. Bloomington, IN: Solution Tree Press, 2022: 36.

组织形式、持续时间等）必须与学生的学习困难情况相匹配。如果两者不匹配，那么干预就注定会失败。RTI 的实现需要持续的评价，需要对学生的进步进行持续的监控，所有的预防、干预和补救都建立在因持续评价所获信息的基础之上——甚至可以说，评价就是驱动有效和高效的 RTI 连续体的引擎[1]。从这一点来说，RTI 可以被视为"评价驱动的决策"的一种操作模型。后面将要讨论的众多具体技术都可以作为"有效干预"的重要支撑，并纳入该模型中。

另一种与 RTI 类似的系统是"MTSS"，即多层级支持系统（multi-tiered system of supports）。一方面，在绝大多数的实践情境中，MTSS 和 RTI 的含义几乎没有差别，都涉及按照学生的学习困难情况渐进地提供越来越强、越来越多的额外支持。只不过，MTSS 有时可能超过三级，其第四级可能会涉及专门化的特殊教育项目；另一方面，MTSS 对学生发展领域的关注更为宽泛，可能在关注学生的学业之外，还会涉及学生的社会、情感和行为发展，而 RTI 主要关注的是学生的学业发展领域。

二、重教

在 RTI 和 MTSS 中有一个共同的成分，那就是对所有学生的普遍筛查，如运用之前提到的"出口卡""一分钟试卷"的技术，这些技术能够快速了解学生总体的学习情况。教师在获得相关信息之后，可能会依据他们自己的"门槛"作出下一步行动的决策，比如，有 75% 的学生已经达成目标了，那么就进入预设好的下一步教学，余下的那 25% 的学生的学习问题借助其他方式来解决；如果达成目标的学生低于四分之三，那就得重教了。尽管在不同教师那里，"门槛"是个人化的，且可能会因为面对的学生、所要达成的标准的不同而变化，比如，一位教师的门槛不是 75%，而可能是 90%；而这位教师在面对另一个班级时，她的个人门槛降到 80%，但无论如何，每个教师都有这样的门槛。正是这种门槛充当了形成性评价闭环中解释和行动的关键连接点[2]。

如果评价结果表明有较多学生尚未达成目标，尤其是 RTI 中"第一级"所指向的"关键目标"，那么"重教"就是一种必要的干预措施，因为这些关键目标会导致后续学习中产生更多问题。但是，"重教"并不意味着重复评价之前的教学过程，且运用相同的方法、策略，按照相同的流程。正如 RTI 中"第一级"要求评价之后的教学回应必须与之前的教学不同一样，重教需要以不同的方法策略来教学同一关键目标，以"另一种方

① Dimich, N., Erkens, C., Miller, J., et al. Concise Answers to Frequently Asked Questions About Assessment & Grading[M]. Bloomington, IN: Solution Tree Press, 2022: 37.
② Margaret, E. G., Leslie, N. O., Matthew, R. From Testing to Teaching: the Use of Interim Assessments in Classroom Instruction[R]. CPRE Research Report # RR-65, 2009.

式来教内容"。不过"另一种方式"一定需要依据所要达成的目标、所教的内容或学生所犯的错误来选择，而不是为了不同而不同。戈尔茨等在关于费城数学教师的重教安排中发现，数学教师选择的"其他方式"经常是以"可视化或可操作化"为特征的，甚至将之作为固定化的选项。[1] 尽管对于学生来说可视化或可操作化的确更有助于理解，但显然，数学学习中可视化或可操作化并非总是有益的。

重教大致上可以被分成一般的重教和完全重教。前者更为宽泛，可以在后续的课中包含对之前内容的回顾，也可以借助学生的作业展示进行补充性指导，还可以借助信息技术手段运用"微课"来实施——这可以在课外进行，有助于节省教学时间，保证教学进程的流畅。但如果是一堂课的教学环节之间的评价所发现的问题，就需要当场解决，否则这些问题会影响后续环节的学习。完全重教则是对已经教过的概念或技能的直接教学，用以促进学生对概念的理解或者纠正学生在程序上的错误。但无论是一般的重教还是完全重教，都不意味着对之前所教内容的全部重复，相反，重教必须指向学生未能达成目标的那一部分内容。这就是诊断性评价所能发挥的作用，即诊断出学生存在问题的子目标或子领域，然后将重教聚焦于这些子目标或子领域上，而不必"重教每一个内容"。

听起来这种重教很接近于我们常规实践中的"复习"。许多教师经常会在考试或测验之前安排一定时间的复习。这不是很接近重教吗？然而，重教与复习有巨大的差别。首先，复习发生在评价之前，是一种测验准备方式，目的是使学生能在接下来的考试中得到更好的成绩；重教发生在评价之后，目的在于解决评价中所发现的问题。其次，复习经常伴随的是重要的、阶段性的，甚至是总结性的评价，如在常规的实践中，明显的复习总是安排在期末、中高考这样重要的考试之前；而重教实际上是一种形成性评价策略，旨在随时解决教学过程中发现的问题，而不是等到最后阶段再一并解决。重教与复习之间的差异或许能给我们一个重要的启发，即教学进程的重新调整。你或许还记得我们前面介绍过的费城学区的一种做法：将学年分为若干个为期六周的周期。在每一个教学周期中，学区希望教师在前五周完成教学，并在五周结束之时实施以多项选择为形式的测验，再根据学生在测验上的表现决定如何使用最后一周的时间。如果学生做得好，教师通常会安排拓展和强化活动，但如果学生的理解存在明显的弱点，最后一周就变成了"重教周"[2]。当然，将学年分为固定的"六周一个周期"显然不适合我们当前的教学内容编排——不同的学科中不同的单元未必都能在六周内完成。如果将这种进程的调整

[1] Margaret, E. G., Leslie, N. O., Matthew, R. From Testing to Teaching: the Use of Interim Assessments in Classroom Instruction[R]. CPRE Research Report # RR-65, 2009.
[2] Margaret, E. G., Leslie, N. O., Matthew, R. From Testing to Teaching: the Use of Interim Assessments in Classroom Instruction[R]. CPRE Research Report # RR-65, 2009.

权力交给教师，让他们根据特定单元的需要来确定教学周期，那可能是一种更好的做法。比如，正常情况下某个单元可能需要 15 个课时来完成，那么教师可以加快进程，用 13 个课时就教完相关内容，然后在第 14 课时进行检测评价，并根据评价结果在第 15 课时安排重教或拓展。采用这种做法是否需要教师加快教学进程？理论上是这样的，但从现实来看并不需要，因为我们的教学进程已经够快了，只是我们把进程加速挤出来的时间用在总结性评价之前的复习——现在，我们只需要用同样甚至更慢的节奏完成教学，把挤出来的时间安排在日常评价之后，用以解决评价中发现的问题。

从改进的视角看，如果一个周期比较长，最后安排的重教周或重教课时会显得太晚了。就像我们在上一章讨论的，反馈不能太晚，教师的自我调整也不能太晚。理想状态是，评价融于教学过程之中，依据评价结果的教学调整也随时发生。这种理想状态在真正的交互式教学发生时会得以实现——因为教师的评价活动与学生的学习活动是一体的。但如果需要专门的评价时间，那么也要将评价嵌入教学过程中，就像威廉建议的，至少要考虑在教学过程中嵌入连接点问题或连接问题[①]。按照威廉的建议，这种连接点问题的实施不应超过两分钟，理想情况是一分钟以内，且教师必须能够在 30 秒内（最好是更短）查看并解释课堂上的回答。但如果教师在查看并解释之后，学生没有任何回应，那么这种嵌入教学过程的评价依然无助于学生学习的改进，因此，在连接点问题之后安排时间对评价结果进行教学回应是非常重要的。

有几种技术可以支持教师用以回应评价结果的时间安排，如第六章提及的"10-2""三分之二测试"。除此之外，还有一些用以支持学生反思的技术也能支持重教等教学调整，如安吉洛和克罗斯介绍的"停顿式讲课"，即在可以分成几个部分或环节的新授课中，教师事先确定 2~3 个停顿点，但不事先告知学生何时会停顿。在教学实施过程中，教师开展教学或示范，然后停顿，要求学生进行反思。学生要将反思结果记录下来，并以匿名的方式交给教师。又如吉莉倡导的"三分钟停顿"（这里的"三分钟"是虚指，可以根据实际情况来调整），给予学生时间进行同伴或小组反思。

重教是面向大部分学生的，通常不会涉及对个别学生的干预或补救。但面向大部分学生并不表明重教只能采用班级集体教学的方式。实际上，很多重教整合了全班教学、小组教学和同伴教学等多种方式。或者，重教的组织可以整合下面将要介绍的"灵活分组"和"同伴辅导"技术。

重教是当评价结果表明大部分学生尚未达成目标时应当采取的应对措施，但即使在

---

① 迪伦·威廉. 融于教学的形成性评价: 原著第 2 版 [M]. 王少非，译. 南京: 江苏凤凰科学技术出版社，2021: 143-144.

这种情况下依然有学生已经达成目标。对于这部分学生，有效的应对必然不能是"陪着其他同学重学"，也不能是"无所事事"，而应当是拓展。只有当学习具有挑战性时，学生才能真正投入其中并能从中受益。因此，在基于评价结果的干预中，教师一定不能忽略为那些已经达成目标的学生提供拓展的机会。但拓展不是提前学习新内容，而是强调提高复杂性或以新的方式来探索学习目标。在这一方面，迪米奇等的建议值得参考：[1]

- 当有相关证据出现时，及时注意并认可学生的掌握程度。即使在正式评价之前，若有证据表明学生已经掌握，就要认可学生，并给予更具挑战性的任务。

- 提前考虑如何鼓励学生进行更深层地思考和应用更复杂的技能，预测拓展的需求，并思考有需求时进行拓展的方式。

- 要认识到拓展学习与其他类型的学习一样，也需要教学、反馈和支持。拓展是通过提高复杂性或以新的方式探索学习目标，从而丰富学习的内容，给予学生适当的挑战。

- 不能让拓展带来惩罚性后果，如评分的下降。

- 给学生足够的时间进行探索拓展学习，让他们去练习、探索、反馈、订正。

- 努力丰富学习的内容和情境，让其更具有吸引力。

- 尊重学生的归属感，确保这种拓展不会带来社交风险。

三、差异化教学

如果真的如 RTI 所要求的那样，在第一级预防中聚焦于关键目标，运用被证明行之有效的教学方法，那么需要重教的情形应该不会太常见，更多的情况是，学生因为先前的知识经验准备程度、能力水平以及对教师教学的适应性程度等方面的差异，导致学习结果表现不同。此时，教师需要的不是面向全体的重教，而是对不同学生的差异化教学或干预。

严格地说，所谓的"差异"实际上包含了两层意思：一是"差"，差劲的差。从教育的目的出发，从横向比较的视角来确定"好"或"差"没有意义，有意义的是要确定学生与特定标准或目标的"差距"。如果"差"是严格依据关键目标或标准来确定的，那么低于标准的"差"必须得到弥补，这是当前基于课程标准的教学的必然要求。二是"异"，即"不同"，蕴含着"多样性"，如果说传统智力观中愚笨与聪明反映了"差"，

[1] Dimich, N., Erkens, C., Miller, J., et al. Concise Answers to Frequently Asked Questions About Assessment & Grading[M]. Bloomington, IN: Solution Tree Press, 2022: 190-191.

那么多元智力理论就强调了"异"。学生在发展过程中存在着各式各样的"异",如智力类型、学习方式等,这些"异"没有好差之分,不可避免,只能适应。

评价驱动的教学干预必须充分考虑学生的差异,这是常识。强调教学干预的"评价驱动",实际上是在进一步强化差异化教学的意识——依据学生的学习情况进行更有针对性的干预。然而,差异化教学或干预就是大家耳熟能详的"分层教学"吗?流行的"分层教学"实际上在"适应"本来必须加以弥补的"差",但很少关注本该去适应的"异"。

背景知识 7-2

"分层教学"有效吗?

20世纪七八十年代,以美国为主实施的广泛的调查和研究结果表明,"分层教学"的有效性是值得怀疑的。

美国加利福尼亚大学的奥克斯(Oakes)在《守护竞争——学校是如何维护不平等的》(1985年)围绕分层教学的效果回答了四个问题。

(一)对提升学生的学力有效吗?

奥克斯发现,在小学找不到"分层教学"有助于提升学生学力的案例。但在复式班级与不分级班级借助柔性"出路指导"提升平均分的案例是有的。在初中没有发现被分为"上位""中位""下位"的任何一个组,比混合编组的学力成绩有所提升的案例。

综合这些结论,"分层教学"对提升学生学力没有效果。特别是对于"下位"学生而言,"分层教学"是危险的。

(二)对人际关系与学习态度有效吗?

奥克斯发现,"分层教学"对人际关系与学习态度会产生影响。在初中,"上位"组学生热心于学习,但"下位"组学生显示出被孤立、被排斥的倾向。"上位"组学生不仅对学力而且对一切都拥有自信,但是否就是"分层教学"的效果尚不明了。教师不能认为"分层教学"中的"下位"组学生比混合班学生更能积极地参与学习。以为"下位"水准的教学内容适合"下位"组的学生,或是以为周边都是"下位"的学生,所以能够安心地积极参与学习,乃是教师的偏见。

（三）学力落差缩小了吗？

奥克斯说，所有调查结果都表明，基于"分层教学"的学生之间的学力落差反倒加剧了。

"分层教学"导致的学力落差的扩大并不是"能力"差异造成的，而是各层的教学内容与学习的质的差异导致的。奥克斯报告说，在"上位"组中，教学强调"科学推理与逻辑""研究方法""批判性思维""分析、解释与评价""创造性思维""自我思考的自信""多样见解的交流""问题解决的思考""资料与经验的运用"等，使得这些学生拥有深刻理解教育内容的丰富学习经验；而在"下位"组的教学中，重点放在了"学习纪律""自尊感""基本技能的训练""学习态度的训练""学习习惯的形成"方面，教学内容限定在低水准的基本技能的熟练掌握上。

（四）对提升整个学校的学力是一种有效的方法吗？

奥克斯的调查研究表明，"分层教学"对"上位"组的一部分学生是能发挥有效的功能的，但对"上位"组的众多学生、"中位"组学生而言是无益的，对"下位"组学生是有害的。"分层教学"把"中位"组、"下位"组的学习压低了一个层次，扩大了学力的落差，因而抑制了整个学校的学力提升。

资料来源：佐藤学."分层教学"有效吗 [J]. 钟启泉，译. 全球教育展望，2010（5）：3-7.

"分"其实是差异化教学或干预的核心，为何"分层"不起作用？关键在于分层的依据。理论上分层大致上有两种方式：按学业成绩分和按智力水平分。普通教育实践中教师基本上采用第一种方式。按学业成绩来分本无问题，问题在于，常见的分层实践通常会根据一个或几个抽象的分数来分，比如，分班可能按多门课的总分，分组经常按某门课的分数。显然，按照这种"分"的方式，两个同分的学生不可能被分到不同的层，然而，两个同分的学生可能差异极大——极端情况下，他们所失的分很可能没有一分是重合的。

教学干预有效性的一个关键在于其针对性，很显然，分层教学不具备这种针对性，这也正是分层教学无效的原因所在。当前"分"的一种趋向是"灵活分组"或"动态分组"。但这种新的分组方式的实质不在于其名称所呈现的那样，仅仅体现在"灵活""动态"上，而在于"分"的依据上，即按照学生存在问题的学习领域或者目标来分。

这种分组方式的实施有一个至关重要的前提，那就是评价必须与学习目标相匹配，且教师需要明确每一个评价任务所指向的学习目标。我们已经在第五章讨论过按目标来类聚的方法，如果在表 5-11 的基础上再加上存在问题的学生，形成表 7-1，那么分组的依据就出来了，接下来就可以根据存在问题的目标领域对学生进行灵活分组。

表 7-1　支持灵活分组的数据整理样例

考查目标	涉及的题号	存在问题的学生
A	2、7、13、16、17	
B	1、3、9、12、19	
C	5、8、10、14、20	
D	4、6、11、15、18	

这种处理方式不仅适用于一次涉及多个目标或内容领域的测验或考试，而且适用于教师从学生课堂活动过程中收集的信息——只要评价目标清晰明确。一篇作文、一份实验报告、一次成果展示，甚至学生的学习过程，都可能涉及多个子目标，因此也就可以像我们在第五章提到的"学生错误记录表"那样，在收集、记录学生学习信息时就按错误涉及的目标分别来记录，这种记录可以直接成为分组的依据。

这种分组类似于医院急诊室的"分诊系统"，教师的角色就如同急诊室医生，需要评估同时到来的多个病人的需求，然后将有类似需求的学生放在一个组中，确定哪些学生需要教师的直接指导，哪些学生可以独立或与同伴一起完成相关的活动；确定在那些需要指导的学生中，他们各自需要在哪些方面得到指导。

由于这种分组必须依据学生在特定学习目标上的具体表现来确定，甚至要考虑学生发生的错误类型，因而它不可能是固定的，而一定是灵活的、动态的。分组是对学生随时间变化的理解做出反应，很可能一个学生因为在昨天的学习目标 B 上存在问题而进入了为干预而设的某个小组，而在今天的学习目标 EFGH 上没有任何问题，因而可以独立完成某种拓展任务而无须进入某个小组；同样，对于教师来说，昨天的评价结果表明需要安排 3 个小组来分别解决 ABD 这三个目标上存在的问题，但由于学生在今天的 EFGH 四个目标上表现良好，因而无须安排任何分组的辅导或补充性指导。

你一定理解这种分组的好处所在！但是，你依然可能对采用这种做法存在疑虑。也许，你的疑虑之一是，对于那些在目标达成上没有任何问题的学生，我怎么办？在一个班级里，这部分学生可是占了大多数啊，如果大多数学生都未达成目标，那就要重教了。没错，这是一个问题。肯定不能因为少数学生的利益而损害大多数学生，显然也不能因为三分之一的学生未掌握而让其余的三分之二学生"陪绑"接受补充性教学。其实，前面提及费城学区的"重教周"的安排已经给了我们一种可行的解决方案，如果评价结果表明学生不存在学习上的问题，预留的"重教周"就变成了"拓展周"。这种思路也可以用于小组教学：在以小组形式对部分学生进行补充性教学的同时，事先设计好相应的拓展活动，让已经掌握的学生进行拓展或延伸学习。但是，从现实来看，评价的结果不会只有"大多数人没掌握"和"所有人都掌握"这两极，实际上两者之间构成了一个不同掌握程度的连续体，因此，"重教周"到"拓展周"之间也存在多种可能的解决方案，而将面向已经掌握的学生的拓展活动与面向未掌握学生的小组重教整合，应该是各种解决方案的核心。

你可能产生的另一个（也许更大的）疑虑与可用的时间有关：我都已经那么忙了，怎么有时间来做这种小组的补充性教学啊？如果评价结果表明需要安排多个小组，我就更忙不过来了。是的，这同样是一个非常重要的问题，但可以解决。首先，小组补充性教学未必就要在课内完成，有时，这种活动也可以安排在课外。比如，一位教师会要求那些未能掌握的学生第二天稍早到学校，而另一位教师则在不占用学生太多休息时间的前提下，利用课间的 2~3 分钟来完成相关的 1~2 道题。需要明确的是，只有当重教时间的后延不会影响学生后续的学习时，才可以做这样的安排。其次，小组教学也未必就要由教师来实施。在戈尔茨等介绍的费城案例中，一些学校安排实习教师来为未能掌握的那部分学生提供额外的支持，也有些学校招募了退休教师作为志愿者，每周来校 3~4 次，与需要额外教学帮助的学生小组一起工作。如果有这样的人力资源可用，当然很好。但对于我们大部分学校来讲，这并不现实。然而这也不意味着教师只能"独自面对"。记得前面 RTI 系统中"第二级"所强调的一种干预方式"创造性地利用人力资源"吧？在常规的一位教师面对多个学生的课堂中，除了教师自己，可用的"人力资源"自然只有学生了。如果能够充分利用学生资源，那么教师的可用时间与需要解决的学习问题的多样性之间的矛盾会迎刃而解。比如，陶行知先生倡导的"小先生制"在此时就大有用武之地，让一些学生作为个体或者一个团队分别负责一个小组；或者，将前面介绍的"交通信号灯"技术稍作延伸：教师负责解决"亮红灯"学生的问题，然后让"亮绿灯"学生去帮助"亮黄灯"学生。如果学生的资源被充分利用，"分组"的补充性教学甚至可以变成更有成效的个别化同伴辅导。这不仅仅对尚未掌握的学生有帮助，对于已经掌握的学生来说，"教同伴学"也是一种极有价值的拓展活动。不过，若要引入学生资源，课堂中必须摒弃竞争性文化。

解决时间问题的另一种方案是从源头出发，减少教师补充性教学的工作量。最佳方案当然是做好"一级预防"，从源头上降低学生的问题量。但即使学生出现了问题，教师依然可以运用一些技术，通过减少需要补充性教学的问题来降低工作量。一种做法是"测验回放"，其中包括即时回放和慢动作回放。即时回放是在考试结束后（5~10 分钟内），教师运用一些指导性问题让学生去回忆、思考刚完成的考试中的相关问题；慢动作回放则是在试卷批改完成后发还给学生的时候实施，同样要借助一些指导性问题。这种回放有助于学生关注测验中存在的错误，并及时解决这些错误。表 7-2 是两种回放中可用的指导性问题。

表 7-2　即时回放和慢动作回放可用的指导性问题

即时回放的指导性问题	慢动作回放的指导性问题
我记得的内容是什么？（测验试测了什么？） 关于题型我还记得什么？（测验看起来如何？） 我做得怎么样？ 我准备好了什么？ 我觉得哪部分最不确定？ 教师强调了什么或者没有讲好什么？ 测验符合我的预期吗？ 出乎我意料的是什么？	试题中有什么线索？ 我是如何找出错误的答案或缩小可能的选项范围的？ 我能给教师或同伴讲述对这个问题的思考吗？ 我能分析这个问题的具体要求吗？ 我使用了什么策略来确保理解提示语？

还有一种技术是"错误自我分析"（可以将之视为"慢动作回放"的一种变式）。该技术将学生的自我评价和自我反思结合起来，这样可以极大减轻教师进行分组补充性教学或干预的工作量。学生学习上的问题并不一定都得通过教师的补充性教学才能解决。一般而言，学生在评价中反映出来的错误可以分成两类，一类是简单错误，如看错、笔误等因粗心导致的错误，是他们自己稍加检查就能改正的；另一类是真不懂造成的错误。如果教师给予学生自我反思的机会，学生就可能自己解决部分问题，这样留下来需要教师来解决的问题就会少很多。比如，一位教师在批改完一次测验后，在将试卷返还给学生的同时，也要求学生填写表 7-3 内容。

表 7-3　测验错误自我分析表

题号	题目	检测目标	对	错	简单错误	不理解导致的错误

　　表 7-3 中的"题号""题目"与测验上的一致，教师在表中明确了每道题检测的目标。后四列由学生填写，"对""错"两列甚至都不需要学生思考，因为测验教师已经批改好且返还；需要思考来填写的是后两列，学生要针对做错的题来分析思考，确定自己犯错的原因，是"简单错误"还是"不理解导致的错误"。教师在收回学生填好的表格后，就可以只针对"不理解的错误"来组织小组教学。

　　现在，要使用"灵活分组"，大概还有一个问题需要解决，即如果有些学生在多个目标或内容领域存在问题，那么如何来解决？的确，现实中有些学生很可能会在某些科目中全面落后，如果要用"灵活分组"的方式来解决，障碍不在于教师有没有时间，而在于这些学生有没有时间。要解决这个问题，一个面上的思考是，教师必须对本次评价涉及的目标进行优先性程度排序，并在"灵活分组"中首先考虑解决学生的最优先目标。最优先的目标应该是本次评价涉及的最核心的学习目标，如果这类目标中还有一些与后续学习直接相关的目标，那么得将这些目标排在更为优先的位置。如果时间确实不够用，那就先忽略那些次要目标，暂时放弃那些后面还有机会学习，但不会对后续学习带来负面影响的目标——教材螺旋式上升的编排方式让这种选择成为可能。

　　如果时间许可，那么"站点轮转"可能是一种好办法。教师可以在课堂中设置分别针对几个存在问题的目标"站点"，并由一些优秀学生负责管理这些"站点"，然后让那些在多个目标上存在问题的学生按目标的排列顺序在不同站点中轮转，逐一解决在评价中发现的问题。

　　你可能注意到，这一部分提供的解决方案都有学生参与。是的，如果学生能参与进来，他们将会成为"彼此学习的资源"，并成为"自己学习的主人"[1]。我们在第八章将要

---

① 迪伦·威廉.融于教学的形成性评价：原著第 2 版 [M].王少非，译.南京：江苏凤凰科学技术出版社，2021：55.

讨论的众多学生参与评价的技术也可以整合进来加以运用。

四、差异化作业

作业是教学的有机组成部分。评价之后根据评价结果安排的作业也是一种重要的教学干预。教学干预未必就是教师的跟进指导，实际上，当前在线教学系统中的"计算机自适应测验"（computerized adaptive testing，CAT）本质上就是借助差异化作业来实施教学干预的。计算机自适应测验通常会借助诊断性试题准确反映学生学习上的问题，并基于庞大的试题库及相应的算法，根据学生的学习情况来自动选择后续的题目，并推送给学生。计算机自适应测验提供了作为一种干预手段的差异化作业的一种思路，即基于学习内容或学习目标，为学生提供与其存在的问题相匹配或直接指向其所存在问题的后续作业。比如，一道数学题，"小明在超市买了 500 克香蕉，一些苹果，还有 1 千克的牛肉。他总共买了 6 千克的水果，那么小明买了多少苹果呢？"甲乙丙三个学生的答案分别是：4.5 千克、5.95 千克、5.5 克。对于这三个学生，我们就可以借助提供不同的后续作业进行干预：对于甲，后续作业可以集中一些有多余信息的问题，着重让他们学会提取有用的信息；对于乙，后续作业可以聚焦于"克与千克"的转换计算；对于丙，后续作业就需要着重关注"单位"。

自评时刻
7-2

在阅读下一部分内容之前，先想一想，表 7-4 中的哪些做法你会接受，哪些可能不会接受？

表 7-4　调查问卷

序号	做法	可接受	不接受
1	给不同学生布置难度不同的作业。		
2	允许部分学生少做一些作业。		
3	允许学生以不同方式来完成作业（比如，数学作业不一定要求学生手写完成）。		
4	在布置作业时，给某些学生提供一些作业提示。		

但差异化作业不限于目标和内容上的差异化，还有其他多种形式的差异化。瓦特洛特（Vatterott）总结了三种作业差异化的方式：按作业的难度或数量来差异化；按结构

或支架的数量来差异化；按学习的风格或兴趣来差异化。[①]

（一）按作业的难度或数量来差异化

作业数量上的差异化相对容易操作，只要允许学生根据自己的掌握情况来选择要完成的作业即可，但需要教师将后续跟进作业与评价中的作业加以匹配，让学生明确评价中的什么样的表现需要选择什么样的跟进作业。比如，教师可以告知学生在评价中发现的问题领域，然后在跟进作业中标明哪些作业属于哪些领域，并给予学生选择不做已经掌握领域作业的权利。对教师而言，一个难处可能是，恰恰一些掌握得不好的学生需要更多的作业，而更多的作业又会使这些学生遭遇更大的挫折。一种可能的解决方案是前面提到的优先目标排序，要确保首先跟进的是与最优先目标相关的作业，允许这部分学生放弃一些作业。另一种做法是规定作业的时间，要求学生在规定时间内完成力所能及的作业量。

按难度进行差异化接近于常规的"分层作业"，即提供挑战程度不同的作业让学生去选择。教师可以鼓励所有学生去尝试挑战性程度比较高的作业，但只有部分在先前的评价中表现良好的学生被要求完成这类作业，同时允许这些学生放弃挑战程度较低的作业。从某一角度来讲，难度不是一个客观的指标，而是一个主观性很强的指标——会就不难，不会就难。传统心理测量学中的"难度系数"通常以实际测量中的完成度来衡量。但这并不表明在进行作业设计时就无法把握难度要求，实际上，除了学生的掌握水平，难度还受诸多因素影响。表 7-5 罗列了一些影响作业难度的因素。

表 7-5 影响作业难度的因素

序号	因素
1	知识深度或认知水平
2	知识点的数量及知识点之间的跨度
3	知识的综合性程度
4	与日常学习的相似程度
5	情境的熟悉程度
6	题目的信息量
7	应答要求清晰度与文字量
8	答案的数量
9	作答时间

① Vatterott，C. Rethinking Homework：Best Practices that Support Diverse Needs[M]. Alexandria，Virginia USA：Association for Supervision & Curriculum Development（ASCD），2009.

在这些因素中，认知水平因素也许最为人所熟知。布卢姆的教育目标分类中的认知目标分类同时也可以被理解为认知水平的分层，从知识、领会、应用、分析、综合，再到评价，认知要求不断提高。从这一视角进行的设计可以被看作作业进阶设计的一种思路。如果考虑认知水平的同时也考虑知识的应用模式，那么可以参考国际教育领导研究中心（ICLE）开发的"严格／相关／关系"框架（见图7-2）。

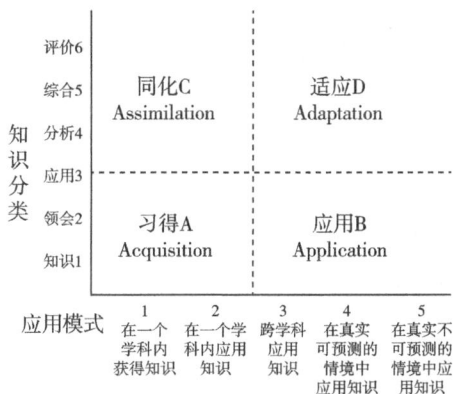

图 7-2 ICLE 开发的"严格／相关／关系"框架

难度上的差异化并非一定得运用不同难度水平的多个作业来实现。如果设计得当，单一的作业也能体现出难度上的差异化。我在期末考试之前通常会告知学生考试题型，而当学生被告知有选择题时，他们总是会问："是单选还是多选？"他们为何关注这一点？因为他们很清楚，两者难度不同，而唯一的差别就在于答案的数量。设计有多个答案的作业能够用来区分不同的难度，威廉提到过一个例子，该例子的作业要求学生计算直径为 20 厘米的半圆的面积，如图 7-3 所示。

A. $\dfrac{\pi \times 20}{2}$ B. $\dfrac{\pi \times 20 \times 20}{2}$ C. 50π D. $\dfrac{\pi \times 10 \times 10}{2}$ E. $\dfrac{\pi}{2}\left(\dfrac{20}{2}\right)^2$

图 7-3 有多个正确答案的问题实例

在这道题中，教师设置了 3 个正确选项，相对于 C 和 D，要认识到选项 E 也是正确的对学生们更具挑战性。至少一个正确选项可以用来代表继续往下学所需要的最低理解水平，更多的正确选项有助于让班级中成绩最好的学生保持警觉。[①]

类似地，另一道题目要求学生就下面的图形写出尽可能多的分数表达式，并说明其含义。这个问题的答案显然不是唯一的。学生答案的数量会表明他们对分数理解的深度。

――――――――――

① 迪伦·威廉.融于教学的形成性评价：原著第 2 版 [M].王少非，译.南京：江苏凤凰科学技术出版社，2021：147.

对于不同的学生，教师可以要求不同数量的正确答案。

（二）按结构或支架的数量来差异化

一种常见的差异化做法是提供结构化程度不同的作业。选择、填空等作业比简答等具有更高的结构化程度，对于一些学习缓慢或困难的学生来说更容易完成，因为这些结构化程度较高的作业极大减少了学生书写的压力。比如，如果作业是要建构一个图形组织器，对部分学生来说，教师可以向他们提供图形组织器的基本框架，他们只需要在现成的组织框架上填写少量的关键词即可，而对于另外的学生，则可以要求他们创建自己的图形组织器。一位教师在要求学生进行阅读想象时，就给部分学生提供了图 7-4 的框架，这个现成的框架减少了学生画出自己框架图的压力，同时其中的"看到的""听到的"之类的提示就是"支架"。

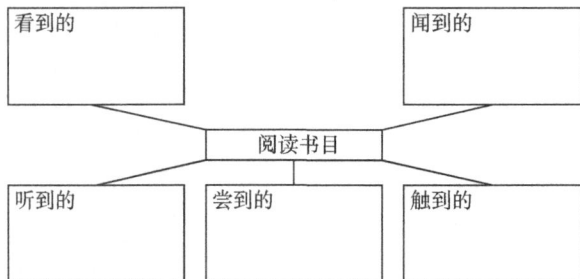

图 7-4　阅读想象结构框架

有些教师会担心，最终的考试一定会要求学生书写比较多的内容，那么在作业中有意减少学生的书写量会不会对学生最终的成绩产生负面影响？与其要求学生做很多作业，导致学生放弃写作业，那还不如抓住关键，减少作业量，让他们完成作业，真正学会一点，哪怕就是一点！瓦特洛特甚至建议，允许一些书写缓慢的学生打印作业，而不是非得让学生手写完成作业；当一道数学题需要多步骤的加工时，准备程度有限的学生可以一次掌握一个步骤，而不是掌握整个过程。

另一种常见的差异化做法是在作业中设计用以支撑作业完成的支架，按照有无支架或支架的多少来实现差异化。具体而言，支架的类型有以下几种。

①样例式支架。教师可在作业中提供相关的样例供学生参照，比如，下面的作业中的"那么'鸟：鸟巢：：蜜蜂：蜂窝'"就是样例。

如果":"代表"和","::"代表"如同",那么"鸟:鸟巢::蜜蜂:蜂窝"。请你将下面的类比填写完整。

×× : ×× :: _____ : ××

②提示式支架。教师可在作业中为学生提供解决问题所需要的知识背景或线索。请回顾本书第64页的"B选项"作业,其中的斜体部分就起着提示式支架的作用。

③图表式支架。教师可在作业中为学生提供相对固定的框架(如图7-5所示)。

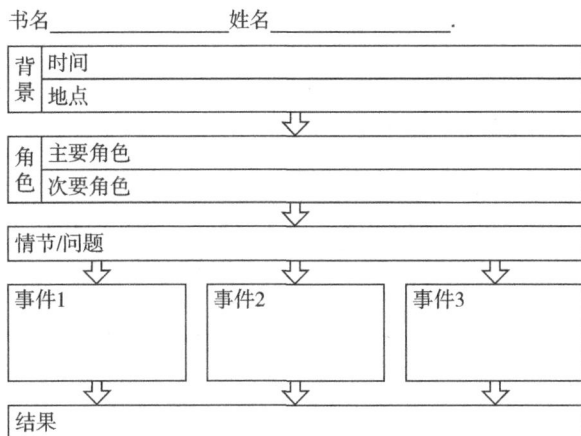

书名_____ 姓名_____.

| 背景 | 时间 |
| | 地点 |

↓

| 角色 | 主要角色 |
| | 次要角色 |

↓

| 情节/问题 |

↓   ↓   ↓

| 事件1 | 事件2 | 事件3 |

↓   ↓   ↓

| 结果 |

图7-5 文本信息梳理框架

(三)按学习的风格或兴趣来差异化

给予学生选择权,让他们可以按照自己偏好的方式来完成或展示作业。学生偏好的学习方式是多样的,有些偏好视觉方式,有些可能更偏好听觉方式;有些长于书写,有些则长于口头表达。作业要求学生做的事与学生偏好的学习方式的匹配程度会直接影响学生的作业质量,甚至影响他们的学习动力,允许他们选择自己偏好的方式来完成、展示作业会极大地提高学生对作业的拥有感。

但是,依据学生的偏好来差异化作业并不表明教师可以随意调整作业。这种差异化的一个关键前提是,作业必须确保与学习目标相匹配,在任何情况下,作业目标都不能偏离学习目标。在这一点上,迪米奇等使用不同评价工具而提出的检核性问题同样适用于差异化作业设计:每个工具是否都在测量学习目标或预期的学习目标之内的小目标?每个工具是否都以相同的严谨性程度测量预期的学习?每个工具都能捕捉到学生学习的最佳方面吗?每个工具都能告诉我推进学习所需要知道的信息吗?按照迪米奇等的观点,如果这些问题的答案都是肯定的,那么使用不同的工具、相同的掌握程度指标来测量相同的学习目标不仅是可以的，甚至可能是最理想的。[①]

表 7-6 是瓦特洛特提供的差异化作业的实例。尽管她着重关注的是家庭作业，但这些差异化的思路同样适用于作为教学干预的差异化作业设计。

表 7-6　差异化作业实例[②]

作业目的	技能或内容实例	作业难度/量的差异化	支架/结构的差异化	学习风格/兴趣的差异化
机械记忆练习	乘法表	一些学生只能一次做一列，直到能达成某种程度的掌握。另一些学生可以一次做几列。	一些学生可以查阅已完成的表格；一些学生可以完全靠记忆。	学生可以选择填写、编制自己的表格，或为表格配上音乐辅助学习。
技能的练习	整数除法	一些学生的题用两位数，一些用三位数，一些用四位数。	一些学生可以做少量的题；一些学生做的题中有些已经被填上——他们只需要提供遗漏的数；一些学生的作业旁边可以写上对步骤的解释。	学生可以编制并解决他们自己的文字题，或者可以完成来自某个数学网站的练习题。
预习	本章的主要观点	一些学生可以做聚焦于本章某一节的缩略的阅读作业；一些学生可以得到某些有焦点的问题，这些问题能引导他们发现主要观点。	可以给一些学生先行组织者；可以给学生一个词库让他们从中选择主要的观点。	可以将主要观点以图表方式总结出来；可以列举本章中三件有趣的事。
检查理解	波士顿倾茶事件的因果	一些学生阅读教材；一些学生阅读教材的简缩本。	一些学生被要求列举事件的原因和结果；一些学生会得到列有原因和结果的表格，并填写表格。	学生可以用社评、海报或概念地图等方式来为事件的参与者辩护或批判。

---

① Dimich, N., Erkens, C., Miller, J., et al. Concise Answers to Frequently Asked Questions About Assessment & Grading[M]. Bloomington, IN: Solution Tree Press, 2022: 160.

② Vatterott, C. Rethinking Homework : Best Practices that Support Diverse Needs[M]. Alexandria, Virginia USA: Association for Supervision & Curriculum Development (ASCD), 2009: 111

五、差异化作业辅导

其实，除了作业本身的差异化，作业的辅导也可以差异化。如果学生的作业情况（当教师在学生作业中收集到相关的学习信息时，作业就成了评价工具）表明，一些学生在学习上存在问题，而有些问题可能无法仅借助反馈来解决，那就需要作业辅导了——这也是教学干预的应有之义。如果没有作业辅导，可能就无法有效解决学生的问题，这些问题累积下来就会导致后续学习产生更多的问题，尤其严重的后果是，一些学生会因此丧失学习信心，甚至逃避学习。

学生在作业中出现的问题多种多样，因而有效的作业辅导必然是差异化的，针对学生的问题——前面之所以强调高质量的评价工具的诊断性，就是为了确保后续干预的针对性。差异化作业辅导作为一种观念无须解释，教师们关注的核心问题可能是"我如何找到时间？"的确，对于工作已相当繁忙的教师，如何找到时间来进行差异化的作业辅导是一个问题。在这一方面，瓦特洛特总结了三种有助于学生完成作业的可行路径（见表7-7），同样可以为我们找到差异化作业辅导的时间提供启发。

表 7-7　作业支持计划的三种类型 [①]

类型	具体做法
从在校时间中找时间	• 利用午餐、休息时间进行作业辅导，但不能经常使用。 • 在常规的课堂时间中抽出一点时间完成作业辅导。 • 如果学生存在的问题影响后续的学习，可以利用非学术性科目时间进行作业辅导。 • 另外安排时间进行作业辅导。
学校课程和日程的调整	• 每月一次的"晚到日"，即上课时间比平时晚两个小时。 • 每周有一天将每课时缩短几分钟，以便在放学时腾出一个小时的时间让学生补作业。 • 纳入课程表的强制性学术实验室课程。学生每学期必须注册学术实验室的一个模块。每隔一天学习90分钟或每天一节课，让学生向其他教师寻求家庭作业的帮助，或从学术实验室教师那里获得帮助。 • 自习室或独立学习课程，提供无学分选修课。其中安排的教师能从网页上看到不同班级的作业及教师提供的有困难学生的名单。 • 可选择的策略或学习技能课程，是持续一个学期的选修课。针对在学习技能上有困难的学生。

① 瓦特洛特讨论的是针对那些有作业困难或未能完成作业的学生的做法，参见：Vatterott, C. Rethinking Homework：Best Practices that Support Diverse Needs[M]. Alexandria, Virginia USA: Association for Supervision & Curriculum Development（ASCD），2009. 这些做法同样适用于支持作业评价后的作业辅导。本表将瓦特洛特的建议用于作业辅导。

类型	具体做法
	• 学分恢复课程（credit relovery courses）。若有学生未通过所要求课程，就要被强制参与学分恢复课程。如一所中学要求在 7 年级数学中得到 D 或 F 的学生必须注册 8 年级的选修课"Math Help"——这是在 8 年级的常规数学课之外开设的选修课程，每天都有课（小班授课），学生们在此期间接受一对一的辅导。 • 延长午餐时间。有学校把学生午餐时间从 25 分钟延长到 50 分钟或一个小时。在一些学校，学生可能会被要求花 25 分钟参与辅导。 • 延长在校时间。每天在校时间延长 45 分钟或一节课，用以指导学生的学业和监督家庭作业。
课后作业支持计划	• 放学后让一些学生留在学校接受作业辅导。要强制需要辅导的学生参与进来，但也允许没有问题的学生自愿参加。在博阿兹中学（Boaz Middle School），每周有三天，教师在放学后为学生提供补缺工作。

　　这些做法可以根据实际情况组合运用，就像瓦特洛特介绍的里奇蒙德高地中学，为后续的干预设置了三条涉及多种做法的组合路径，这些路径同样可以用于后续的作业辅导（见表 7-8）。

表 7-8　里奇蒙德高地中学的作业实验室流程 [1]

路径 A	路径 B	路径 C
• 学生未能按时完成作业，教师给学生一张作业单，让学生参加作业实验室。 • 学生已在自习室或咨询室完成作业。自习室或咨询室的辅导教师在作业单上签字。学生不需要参加作业实验室。	• 学生未能按时完成作业，教师给学生一张作业单，让学生参加作业实验室。 • 学生参加家庭作业实验室并完成作业。作业实验室教师在作业单上签字。	• 学生未能按时完成作业。教师给学生一张作业单，让学生参加作业实验室。 • 学生未参加家庭作业实验室。作业未完成。 • 学生被取消自习室、指导教室或午餐时间。学生与学业辅导教师会面，以完成家庭作业。辅导教师在学生的作业单上签字。 • 在学生补上实验室之前，课外活动被取消。学生可能不被允许参加学校举办的任何活动（包括运动和俱乐部活动）。星期六也可能被要求到校完成作业。

　　当前，课后服务已成为中小学教育的常态。按照《教育部办公厅关于做好中小学生

---

[1] Vatterott, C. Rethinking Homework: Best Practices that Support Diverse Needs[M]. Alexandria, Virginia USA: Association for Supervision & Curriculum Development（ASCD）, 2009: 153.

课后服务工作的指导意见》，课后服务内容主要是"安排学生做作业、自主阅读、体育、艺术、科普活动，以及娱乐游戏、拓展训练、开展社团及兴趣小组活动、观看适宜儿童的影片等，提倡对个别学习有困难的学生给予免费辅导帮助。坚决防止将课后服务变相成为集体教学或'补课'"，这样作业辅导时间就有了基本的保障。在这样的背景下，差异化作业辅导的主要障碍在于可用的人力。这方面的障碍可以通过两条路径来解决：一是用好学生资源，"小先生制"是一种很好的解决方案。有时可以结合"作业帮助板"，让需要求助的学生将问题写在作业帮助板上，其他学生可以自愿认领辅导任务。另一条路径是更好地利用教师资源，但这需要学校建立相关的机制，比如，在课后服务时段设立分年级分学科的作业辅导中心，分别由相关学科教师轮流负责；每个年级根据当天的作业情况设立学科作业辅导中心，教师及小先生团队驻站，需要帮助的学生以走班方式学习。这样的机制设计可以极大降低差异化作业辅导对人力资源的要求。但前提是，同年级同学科的作业需要相关教师协同设计或选择。这种做法也可以缩小范围，在课堂层面实施，那就相当于前面所提及的"站点轮转"。

六、重评

在本章的最后，我们还需要讨论一个极为重要的问题，即重新评价或再次评价。相对于上面提及的各种做法，实践中关于重评的争议要大得多。

> **反思时刻**
> 7-4
>
> 关于重评存在两种普遍的观点：一种观点强调个体责任，"人生很少有第二次机会，重评可能会鼓励学生不负责任的行为"。另一种观点关注真正的掌握，"让学生循序渐进地实现掌握比用糟糕的成绩惩罚他们更重要"。
>
> 你倾向于哪种观点？为什么？

从表面上看，重评似乎与本章的主题教学干预无关，但它对教学干预的效果以及反馈的成效都有直接的、重要的影响。基于评价结果的反馈和教学干预的目的都指向改进，或者说指向形成（form）学生的学习，但如果学生看不到改进行动的好处，他们就可能不愿采取旨在改进的行动；而如果没有这样的行动，改进就不可能发生。举一个极端的例子，假设学生在高考或中考之后，作为教师的你会根据他们在考试中反映出来的问题进行教学干预（当然，没有教师会这样做），而且你采取的干预策略与研究发现的有效策略高度吻合，你的干预真的会有效吗？不可能！学生可能完全不理睬——除非他们根据你的要求做了之后可能会改变（即提高）他们的高考或中考分数！

如果结果不可更改，那么学生就可能不会回应教师的教学干预和给出的反馈。相反，如果学生有可能改变之前的评价结果，尤其当这种结果对他们有一定的利害关系时，绝大多数的学生都会在得到支持的情况下采取改进行动。这就是重评的价值所在，也是"增值评价"所必需的策略。事实上，在很多情境中，重评都有其存在的必要性，迪米奇等提到了三种可能需要重评的情境：①相互矛盾的信息阻碍了教师就学生的掌握程度和需要采取的行动做出专业判断。例如，学生可能在形成性评估过程中显示出掌握的迹象，但在总结性评估中则表现出存在困难。②外部环境正在干扰评估的有效性（例如，一个糟糕的指令使学生感到困惑，或者家庭创伤影响了学生集中注意力的能力）。③通过额外的指导、进一步的练习、有针对性的反馈以及个人目标的设定，学生真正地提高了他们的学习水平，并且愿意并能够证明这种提高。[①]

然而，正如"反思时刻 7-4"中呈现的那样，很多教师对重评心存疑虑。比如，教师可能会担心，这显然对第一次就有良好表现的学生不公平，且会鼓励部分学生对自己学习不负责任的行为。这两个担心有一定道理，但无须为此而摒弃重评。公平性的确为学生及家长所关注，也是教师应当秉持的评价伦理中的核心要求，然而，如前所暗示的那样，重评极少发生在高利害评价情境中——不是完全没有，在新高考改革中，英语科目就提供了两次考试机会，其中一次计入总分——且本书聚焦于"课堂评价"，也就是教师在日常时间层面对学生的评价。这些评价总体而言是"低利害"的，对"公平性"的要求不是太高。更重要的是，作为排斥重考的"公平性"理由并不是教师应当秉持的"公平性"的应有之义，甚至可以说偏离了评价伦理。作为否定重评的理由的"公平性"实际上是竞争文化的产物，而作为教师专业伦理的"公平性"底线在于"不伤害"（do no harm），理想在于"尽力做到让学生发挥到最好"。

有重评的机会是否会导致部分学生对自己的学习不负责任？这是完全可能的。有些学生可能会投机取巧，第一次评价可能会应付，等教师给予反馈或进行教学干预之后才

---

① Dimich, N., Erkens, C., Miller, J., et al. Concise Answers to Frequently Asked Questions About Assessment & Grading[M]. Bloomington, IN: Solution Tree Press, 2022: 169-170.

认真对待。甚至有些学生可能在首次考试前不做准备，就是看看考什么，然后在重评时简单地复现记住的答案——此时"重评"的实际效果是"净零（net-zero）游戏"——既没有掌握知识，也没有实现个人责任。但是，这个问题可以通过一些制度设计和技术应用来解决。

教师可以制定明晰的重评制度并事先让学生知道，比如，一位高中历史教师卡特勒（Cutler）在开学第一周就向学生宣布了他课程中的重评政策：首先，明确首要目标是在所有第一次作业和评价中表现良好，毕竟，重评会花费额外的时间并带来额外的压力，可能会影响新内容的学习；重评必须在完成第一次考试反馈后的一周内完成，时间可以灵活安排；重评会涵盖相同的内容，但具体的问题可能会与第一次不同；无论学生第一次成绩如何，只要学生觉得没有发挥出自己的最佳能力，都被鼓励利用重评的机会；在成绩单中记录两个分数中较高的那个。

在相关制度中，规定重评的条件并提前让学生知晓非常重要。第一次的成绩不应成为申请重评的条件，就像卡特勒的政策，无论第一次成绩的高低，学生只要有意愿都可以申请。申请重评的核心条件只有一个，那就是学生得证明自己已经为重评做好了充分的准备，比如，一位教师要求学生申请重评时提交一份表格，回答两个问题：第一次错在哪里及为何出错？为防止以后出错，你做了什么？另一位教师要求学生申请重评时做出承诺——要比第一次表现更好。

为鼓励学生掌握同时鼓励学生对自己的学习负责，梅利尔（Merrill）提供了一些建议：①不要取两次评价中的高分，可以取两个分数的平均值，也可以限定重评中可能的最高分，或者用重评得分替代最初的分数，即使分数下降了。②当学生要求重评时，通知家长。③除非大多数学生显示没有掌握，否则就不要为照顾需要重评的学生而放慢教学进度；重评应安排在自习或课前或课后的时间来实施。④若允许重评，第二次测试的具体内容应不同于第一次，并且同样具有挑战性。⑤重评不应该是轮盘赌的又一次旋转——想要重评的学生必须证明他们已经真正努力学习了。

如果运用得当，重评的确能够起到促进学生掌握的效果，同时也不会导致学生责任心的降低。关键问题是，时间从哪里来？重评的确需要时间，有些教师可能会在第一次评价一两天之后实施重评，尽管成效可能会不错，但这相当于为一次评价花费双倍的时间。更合适的解决方案可以是在下一次评价中纳入上一次评价的目标，再次评价上一轮评价所涉目标的达成情况，然后用第五章所讨论的"成绩替换"技术来确定重评的成绩；或者只进行专门针对学生在最初考试中未能掌握内容的重评，如"掌握测验"（mastery quizzes），只用2~3个问题。一方面这种简短的重评省时且易于灵活安排，另一方面也能有效激发学生参与重评的意愿——解决自己学习上存在问题的意愿和行动。

最后，还需要特别指出，重评似乎容易将学生的关注点引到最终的结果上，可能让他们过度关注成绩、分数、等级。因此，重评不应是每一次评价之后的常态。相对于通过重评让学生获得更好的结果，更重要的是通过重评向学生传递一种信号：你能学会，犯错是一种成长的资源，你的进步会被认可！

本章主要参考文献：

1. Margaret，E. G.，Leslie，N. O.，Matthew，R. From Testing to Teaching：the Use of Interim Assessments in Classroom Instruction[R]. CPRE Research Report # RR-65，2009.

2. Vatterott，C. Rethinking Homework：Best Practices that Support Diverse Needs[M]. Alexandria，Virginia USA：Association for Supervision & Curriculum Development（ASCD），2009.

3. 波帕姆. 促进教学的课堂评价 [M]. 国家基础教育课程改革"促进教师发展与学生成长的评价研究"项目组，译. 北京：中国轻工业出版社，2003.

4. 迪伦·威廉. 融于教学的形成性评价：原著第 2 版 [M]. 王少非，译. 南京：江苏凤凰科学技术出版社，2021.

5. 卡桑德拉·埃尔肯斯，等. 有效评估 188 问 [M]. 王少非，王炜辰，译. 南京：江苏凤凰科学技术出版社，2024.

第八章　促进学生参与的技术

每一位教师都认可学生是学习的主体，至少，每一位教师都明白，自己的所有努力最终都需要通过学生而起作用。如果学生在学习中扮演着主体的角色，那么，在评价中他们扮演什么样的角色呢？实践常态是，学生作为评价的配合者——在评价之前为评价做准备，在评价中按照规范要求根据问题指令在规定时间内作出反应，然后上交完成的任务；作为评价结果（或结论）的接收者——或得到一个以分数或等级表示的结果甚至结论，或在此之外还得到其他一些信息，如某道题的对错、得分，来自教师的口头或书面形式的某种评语。

在"对学习的评价"中，学生作为评价的对象，似乎只需要扮演"配合者"和"结果接收者"的角色；然而，当评价范式转向"为学习的评价"时，如果学生依然被定位于这样的角色，那么评价对学习的促进作用就会受到极大的局限。如果我们期望评价能够起到促进学习的作用，那么学生就必须以主体的身份全面参与评价过程。

第一节　学生在促进学习的课堂评价中的角色

在所有以学生学习为对象的评价中，学生总是需要参与其中。以作业为例，如果学生不做作业，那么教师就无法收集到学生作业情况的信息——至少无法从学生的作业中收集到相关信息；即使仅借助观察来实施的评价，也需要学生在教师的视野内有所表现才能让教师收集到信息。然而，如果评价要充分发挥促进学习的功能，那么学生就不能在评价中局限于这样的角色，而必须扮演更为主动的参与者角色。

一、学生是评价效果的关键中介

评价能够促进学习，这是毋庸置疑的。但是，所有评价对学习的影响——无论是积极的还是消极的——都不是直接的。正如我们在前面讨论的，评价对学习的促进作用是通过两条路径来实现的——为学生的学习决策提供依据和为教师的教学决策提供依据。如果我们评了，得到了关于学生学习的信息，而这些信息不为学生所知，或者学生知道了但不认可或不理解，或者理解且认可了但不去运用，那么学习的改进就不可能实现。在这一过程中，学生扮演的角色至关重要。可以说，如果"评价信息的获得—学生知晓—学生理解并认同—学生基于评价信息采取行动"这一作用路径中的任何一个环节中断了，评价促进学习的作用就丧失了。

反思时刻
8-1

1967 年，美国学者斯克里文提出了"形成性评价"的观念。在他最初的界定中，形成性评价就是通过诊断教育方案、教育过程和活动中存在的问题，为正在进行的教育活动提供反馈信息，以提高正在进行的教育活动质量的评价。

25 年后，斯克里文修正了他的定义，强调形成性评价是"为能够做出改进的人而设计、实施和传递的评价"。

在学习评价领域中，"能够做出改进的人"是谁？

也许有人会认为，这种说法有问题，评价促进学习不是还有另一条路径吗？评价不是可以通过为教学改进提供信息基础来改进教学，从而促进学习吗？没错，通过改进教学来促进学习的确是评价促进学习的一条关键路径，但是，教学的作用最终还是通过学生的学习来起作用的。就此而言，学生是评价发挥促进学习的作用的关键中介（见图 8-1）。

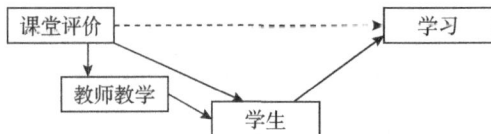

图 8-1　评价影响学习的机制

在学生方面，有很多因素可能影响他们对评价的反应。课堂评价领域的重要研究者斯蒂金斯讨论了学生对评价的认知和信念对学生反应的影响，不同学生对评价所持有的看法、对具体评价的感受可能存在差异，这种差异进而导致他们采取不同的行动来应对评价，而不同的行动就可能导致完全不同的结果。比如，有些学生可能将评价视为暴露自己失败或证明自己无能的威胁，因而可能对评价产生恐惧，进而排斥、逃避评价，甚至放弃学习；而有些学生则可能视评价为证明自己成功的机会，因而乐于参加评价，积极地应对评价。[1] 实际上，影响学生对评价的反应的不只是学生对评价的认知和信念，

---

[1]　Stiggins, R. Assessment Through the Student's Eyes[J]. Educational Leadership, 2007, 64（8）: 22-26.

学生对评价过程和结果的理解和认同也是影响学生反应的关键因素。或许很多教师都有这样的经验：同样的评价实践，甚至是完全相同的评价语言，在不同学生那里产生的效果很可能完全不同，比如，对于两个在同一题上犯了完全相同错误的学生，看到教师在作业本上给出的完全相同的符号，一个学生马上就明白了问题所在，而另一个学生可能花很多时间依然无法意识到自己的问题。这种差异会直接影响学生可能做出的后续反应，进而影响评价对他们的改进所产生的实际成效。

二、学生是评价过程中的协商主体

如果期望评价能够有效促进学生学习，那么评价就必须成为一个交流对话的过程。在布莱克和威廉看来，形成性评价的关键点是课堂交流——课堂实践改进的关键在于认可"沟通三联"：参与、讨论和反馈。[①] 而英国评价改革小组强调促进学习的评价必须建基于四种具体评价实践：①学生必须能够清楚地理解自己正试图学习的是什么，以及对自己的期望是什么；②学生必须得到关于自己工作质量，以及自己可以做些什么来变得更好的反馈；③学生必须得到关于如何改进自己的建议；④学生必须完全参与到决定下一步需要做什么，以及如果他们需要，谁可以给他们帮助的决定中。[②] 不难看出，所有这些评价实践全都高度依赖于教学过程中的交流互动。这些观念实际上明确地将学生作为评价过程的主体，至少作为评价过程中的关键协商主体。

背景知识
8-1

第四代评价理论

古巴和林肯（Guba，Lincoln）的第四代评价理论强调评价的三个核心：（1）共同建构，评价的本质在于评价参与各方在协调价值观、解决认识分歧的基础上形成共同的心理建构。（2）回应，评价的出发点在于回应评价的各利害关系人的需求。（3）协商，为达成共识，评价过程中的参与者需要开展持续的对话、交流。

《义务教育课程方案（2022年版）》在"评价促进学习"的理念之下，特别强调

---

① Black P., Wiliam, D. Inside the Black Box: Raising Standards Through Classroom Assessment[J]. Phi Delta Kappan, 1998, 80（2）: 139-148.

② Assessment Reform Group. Assessment for Learning: Beyond the Black Box [EB/OL]. http://www.nuffieldfoundation.org/sites/default/files/files/beyond_blackbox.pdf. 1998.

"加强对话交流，增强评价双方自我总结、反思、改进的意识和能力，倡导协商式评价。"这是国家课程政策文本中首次认可了学生作为评价协商主体的地位。在第四代评价理论中，"协商"指向于"共同的心理建构"，更多关注就评价结果"达成共识"，而新课程所倡导的"协商式评价"强调评价全过程中的对话交流。

如第四代评价理论所强调的，包括学生在内的评价参与各方应当就评价结果达成共同的心理建构。如果如外部评价那样，将评价结果单方面强加于学生，学生只能被动接受结果，那么至少会涉及影响结果被用以改进的两个障碍：首先，学生很可能对结果存疑，即使有帮助学生解惑的制度设计（如高考中的"查分"），但由于启动这种制度程序不会导致结果的改变，因而学生在面对外部给予的评价结果时会产生无力感，只能带着抵触来接受；其次，即使学生对评价结果没有抵触，在面对外部给予的评价结果时，还有理解的问题，若学生不接受或不理解评价结果，那么想通过有效运用评价结果来改进是不可能的。

要保证学生能够理解并认同评价结果，那么学生就必须知道评价的目标或指标，还得知道评价的运行机制，知道评价是如何运作的。但如果学生没有对目标、指标以及评价运行过程的真正理解，那么这种知道依然无法支持他们对评价结果的理解。要想支持学生真正的理解，给予学生参与确定评价目标或指标的机会就至关重要。从这一点来说，日常实践层面的评价不能像外部评价那样过于神秘化，需要让学生参与对评价目标或指标、评价时间、评价方法的确定。

要使评价充分发挥促进学习的作用，师生在后续行动方案上的协商最为重要。如前所述，评价对学习的促进作用最终是通过学生的行动来实现的，因此促进学习的评价就不能止于提供评价结果或结论，更为重要的是要支持学生的后续改进行动。而对学生来说，更常见的情况可能是，知道自己学习上的问题，但不知道如何来解决这些问题。教师可以在这方面提供极为重要的指导，但这种指导不是简单地"告知"，而是要根据学生的能力、需求与学生协商来明确：从哪里入手，运用哪些补充材料，开展什么样的活动，如何安排这些活动，要达成什么样的结果；同时教师也要明确自己需要做的事，如提供哪些支持，安排怎样的后续活动，等等。协商达成的行动方案不仅为学生的后续行动提供了方向，也能作为学生后续行动的自我监控方案，以及师生之间的学习契约。

三、学生是评价的独立主体

"协商"意味着学生必须平等地参与评价过程，这本身就在强调学生要在评价过程中保持一定的独立性，没有独立性，协商就不可能真正发生。但是，在促进学习的课堂评价语境中，我们还必须强调学生在评价中的独立主体地位，因为学生作为独立评价主体对其未来持续发展的影响更为深远。就此而言，课堂评价的任务不只是通过收集学生学习信息来促进学习，同样应当通过对评价的示范和让学生参与评价来发展学生的评价能力。

作为独立的评价主体，学生首先应成为自我评价者。成为自我评价者意味着学生要学会对自己的学习进行全面的反思，能够为自己的学习设定适当的目标，能够运用目标监控自己的进步，能够根据当前学习状况与目标的差距来调节自己的学习活动或寻求帮助，成为自我监控、自我调节的学习者。作为独立的评价主体，学生也应当成为同伴评价的主体，成为有能力的学习伙伴，成为彼此的学习资源，能够为同伴提供有效的反馈，甚至能够提供同伴辅导。不过，需要明确，如果要让学生扮演同伴评价者的角色，评价就必须定位于促进改进，正因如此，威廉强调："学生是否应该参与总结性评价，在我看来，答案是肯定的，不。……同伴评价的目的应该是简单而纯粹的，即帮助被评的个人改进工作。"①

学生作为独立的评价主体，还表现在对教师教学的评价中。但这种评价不同于常规意义上的"学生评教"，即学生对教师的教学活动进行价值判断，而是学生基于对自己学习的反思为教师提供反馈信息，这需要教师主动寻求学生的反馈。比如，一位教师运用表 8-1 来征集学生的反馈，以改进自己上课导入的方法。请注意其中的指导语的第二段，该段就在鼓励学生自我反思并向教师提供描述性的反馈。

表 8-1 上课导入反馈表

每节课开始的方式很重要。这学期我正在努力使我开始上课的方式尽可能有效。由于学生对不同的教学方法有不同的反应，因此我需要你的帮助。 这不是测试！请不要把你的名字写上，我只想了解你对我在一节课开始时所做的事情的看法。	
你觉得最有效的导入方法是	
你觉得最无效的导入方法是	
你最喜欢的导入方法是	
你最不喜欢的导入方法是	

如果学生有机会以独立主体的身份参与评价过程，且教师能够以自己良好的评价实践为学生提供示范，那么学生就可能发展对其当前和未来至关重要的自我评价能力。当学生的自我评价能力得到发展时，那么教师在促进学习的评价中最大的障碍——时间和人力不足——就有了突破的可能；更为重要的是，自我评价以及与其相伴随的自我监控和自我调节能力会成为学生终身学习和可持续发展的最宝贵的资源。

---

① 迪伦·威廉.融于教学的形成性评价：原著第2版[M].王少非，译.南京：江苏凤凰科学技术出版社，2021：197.

第二节　学生参与课堂评价的方式

提到学生参与评价，大多数教师眼前可能会浮现这样一种景象：学生各自完成作业，然后自行批改或同桌互换进行作业批改（或评分）。这是学生参与评价的常见方式。但是，斯蒂金斯在其《促进学习的学生参与式课堂评价》一书中提及了他一直坚持的一个指导性信念或价值观："我们只有开放评价的过程，让学生完全参与进来，课堂评价才能最大限度地发挥它的效用。"[①]

"完全参与"，同时强调了学生参与评价的深度与广度。

首先是深度。如前所述，其实所有评价中学生都有一定程度的参与，即使是日常课堂实践中完全借助观察来实施的评价，学生也参与其中，只是学生不知道教师在收集信息。严格来说，这是学生被卷入评价之中，但无论如何，这是一种参与。除此之外，所有的评价都需要学生某种程度的配合，比如，在考试中，他们要准时来到考场，完成试题，在此之前还会做好相关的准备，不仅仅在学习上，而且可能在其他方面，如头天晚上早点休息；在课堂提问中，他们要回答教师提出的问题；在教师专门安排的自我检查活动中，他们要进行自我评价，而对于某些学生来说，这种自评无须教师安排，已成为他们的一种习惯……显而易见，在这些情形中，学生对评价的参与程度存在着明显的差异。

背景知识
8-2

斯克里文的学生参与程度

形成性评价的提出者斯克里文曾经对学生在课堂评价中不同的参与程度进行了划分：

- 参加测验，得分。
- 在教师要求下提出改进测验的建议。
- 建议改进测验的方法。
- 实际制定评价方案。
- 帮助教师修订评分规则。
- 创建自己的评分规则。

[①]　斯蒂金斯.促进学习的学生参与式课堂评价：第 4 版 [M].国家基础教育课程改革"促进教师发展与学生成长的评价研究"项目组，译.北京：中国轻工业出版社，2005：34.

- 应用评分规则来评估自己的表现。

- 理解评价如何影响自己的学业成就。

- 理解自我评价、教师的评价与自己的学业成就之间的关系。

　　资料来源：斯蒂金斯.促进学习的学生参与式课堂评价：第 4 版 [M]. 国家基础教育课程改革"促进教师发展与学生成长的评价研究"项目组，译.北京：中国轻工业出版社，2005：34.

　　进一步加以考察，我们不难发现，学生在课堂评价中的参与大致可以分成六个层次（见图 8-2），参与程度从低到高依次是：

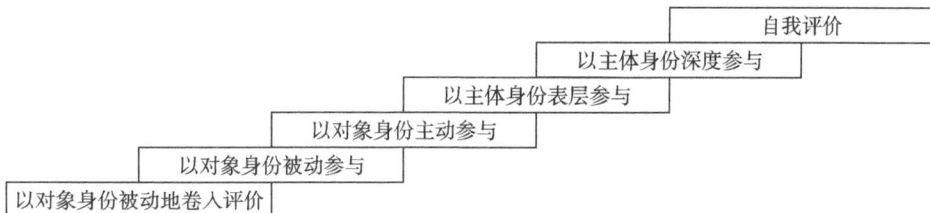

图 8-2　学生参与评价的层次

- 以对象身份被动地卷入评价。学生在自然的学习情境中成为教师观察的对象，不知道自己在被评价。

- 以对象身份被动参与。如缺乏考试动机但不得不接受考试，未举手而被要求回答问题，自己在做事，不知道教师在观察，等等。

- 以对象身份主动参与。如以积极的心态参与考试，举手回答问题，知道教师在观察，所以积极表现，等等。

- 以主体身份表层参与。如应教师要求自我检查试卷和作业，参加同伴互评，根据教师提供的评分标准自我评价，依据教师提供的反馈订正作业等。

- 以主体身份深度参与。如参与设定评价目标，共同讨论评价标准（评分规则）；运用评分规则进行自评，主动寻求教师和同伴的反馈信息；依据自己的学习情况设定学习目标，确定下一步的学习行动，等等。

- 自我评价：完全自主的自我评价。

　　随着学生对评价活动参与程度的提升，学生从评价活动中获得的收益也会逐步提升。特别是，如果学生能以主体身份深度参与评价，意味着他们能够对自己的学习进行反思并调整，这会极大地助推他们的学习改进。"学生反思自己的学习并做出相应调整的能力被认为是学生成功的最重要的决定因素之一"，^① 没有对评价的深度参与，学生的反思就不可能实现。而且，按照塔拉斯（Taras）的观点，在基于反思的评价中，主体只能是学生，因此，如果学生不能以主体身份深度参与评价，那等于排除了学生对自己学习所承担的责任^②。

自评时刻 8-1

你觉得自己在多大程度上允许学生参与评价？请在下面从"让学生以对象身份被动地卷入评价"到"让学生完全自主的自我评价"的连续体上标出自己认为的程度。

让学生以对象身份被动地卷入评价　　　　　　　　　让学生完全自主的自我评价

请提供自评的依据＿＿＿

理想状态是，学生完全承担了对自己学习的责任，成为一个独立自主的自我评价者，这是教育的一个目标，是促进学习的课堂评价所要追求的结果。当学生成为一个完全的自我评价者时，学习中的自我监控、自我调节将会成为一种常态，学生的学习改进将会是必然的后果。

其次是广度。不少教师认为自己的评价过程不缺少学生的参与，因为在教学过程中经常安排了学生的自评和／或互评。然而，从整个评价过程来看，这些评价大概只涉及评价中的部分活动，主要是被认为"评"的那个部分活动——打对错给等级。至于与"评"相关的其他部分，比如，评价目标或指标的设定、评价结果的解释等，学生通常缺少参与的机会。如果我们期望评价更有效地发挥促进学习的作用，评价的整个过程都得对学生开放，让学生有机会参与评价的全过程。

课堂评价为学生全程参与其中提供了一个好场景。在中高考之类的高利害评价场景中，学生对评价的参与广度不可能很全面，比如，他们对评价目标就没有发言权，更不

① Conzemius, A., O'Neill, J. Building Shared Responsibility for Student Learning[M]. Alexandria, VA: Association for Supervision and Curriculum Development, 2001: 15.
② Taras, M. The Use of Tutor Feedback and Student Self-Assessment in Summative Assessment Tasks: Towards Transparency for Students and for Tutors[J]. Assessment & Evaluation in Higher Education, 2001, 26(6): 605-614.

可能参与评分——这种高利害评价旨在作出关于学生学习情况的结论性判断，这种判断怎能让学生参与？即使某些环节有意愿让学生参与其中，也会因评价的具体操作而导致学生失去参与的意愿——假定中考或高考结束之后，考试组织者向学生提供了完整的、详尽的报告，有没有一些学生会在那个暑假针对报告提供的信息来对自己的学习进行全面的反思？事已过去，结果已定，大多数学生都不会为此劳心。但课堂评价不同，课堂评价本质上是学生学习过程的有机组成部分，整个过程的所有环节都可以且易于让学生参与；如果实施得好，大部分学生都会有参与其中的意愿。而且，课堂评价采用的多样的评价方式，如表现性评价、交流式评价、档案袋评价等，本身就为学生充分参与创造了条件。从这一点来说，学生能不能全程参与课堂评价，实际上主要看教师愿不愿意让他们参与。当然，如果期望学生的参与能够得到好的成效，那么还得看相关策略和技术的应用。

课堂评价的所有环节都可以让学生参与，从目标或指标的设定，到后续行动方案的确定。斯蒂金斯和查普伊斯列举了学生参与评价的十余种具体方式，涵盖了课堂评价的全过程（见表 8-2）。[①] 崔允漷等在讨论协商式评价时同样在强调"融协商于评价的全过程"：协商确定评价焦点、协商确定评价标准、协商确定评价方法、寻求关于表现的共同理解、共同确定行动方案[②]。换言之，本书第三至第七章所涉及的活动，学生均可参与——事实上，你可能已经发现，第三至第七章的每一类别都有一些技术或者包含了学生参与的成分，或者就是依赖于学生的活动来实施的。

表 8-2　学生参与评价的方式

1	学生检查良好和糟糕的样例以确定良好的表现或产品的特征。
2	在与教师、同伴进行讨论之前，学生要明确了解自己在某一特定方面的长处和不足。
3	学生练习运用指标来评价匿名的作业（包括质量高和质量不高的作业）。
4	学生结对修改刚刚评价过的匿名的差作业。
5	学生撰写过程报告，详细说明他们完成作业的过程，以此来反思所碰到的问题，以及如何解决问题。
6	学生基于对学习目标和所学材料中的基本概念的理解开发实际的测验规划。

---

① Stiggins, R., Chappuis, J. Using Student-Involved Classroom Assessment to Close Achievement Gaps[J]. Theory into Practice, 2005, 44（1）: 11-18.

② 崔允漷, 等. 新课程关键词 [M]. 北京: 教学科学出版社, 2023: 234-236.

7	学生基于对所学内容、过程、技能的理解生成自己认为可能出现在考试中的问题并回答。
8	在考试前几天，学生讨论或写出关于"我为什么参加这个考试？谁会运用结果？如何用？""会考什么？""我需要怎么做？""我需要学什么？"等问题的答案。
9	教师在考试中按照具体的学习目标安排试题，然后为学生准备好"考试分析表"（包括"我的长处"、"快速检查"和"进一步的学习"三个栏目）。上交订正的试卷后，学生确定了他们已经掌握的学习目标，并将之写到"我的长处"栏目中。接下来学生将错误答案分到"简单错误"和"进一步学习"两类中，然后将简单错误填到"快速检查"栏目中，最后，将由于不理解造成的错误填到"进一步学习"栏目中。
10	学生检查他们在一段时间内的作业本，并反思自己的进步："本学期我已成为一个更好的阅读者了。以前我……但现在我……"
11	学生运用他们的自我评价集来总结自己的学习，并为下一步的学习设定目标："我已经学会的是……，我还需要学习的是……"
12	学生为建立档案袋而选择并解释证明成就的证据。

　　要使课堂评价有效发挥促进学习的功能，那就得让学生以主体身份深度参与课堂评价的全过程，进而在这个过程中发展学生的自我评价能力，为学生未来长远的可持续发展提供保障。但是，必须认识到，这是教师的一个长远目标。在确立这一目标之前，还有两个认识问题需要解决。

　　首先，学生是能够深度参与课堂评价全过程的。有些教师可能会担心，评价是布卢姆认知目标体系中最高层级的目标，学生是否能够胜任？这是一个合理的担忧。参与评价对学生的认知要求的确不低，但研究表明，即使年幼的学生也能够在自己熟知的领域中进行高层次思考，包括对自己活动的反思和评价；教师甚至不需要担心学生会在自我评价中给自己打虚高的分数或等级，如果他们明确了评价目标，他们会进行相当客观的评价；迪米奇等还发现，年幼的学生还能做到为自己一天的活动设定目标。

背景知识
8-3

学生自我评价的准确性

　　总体而言，学生自我评价与外部评价之间存在正相关。但学生自我评价的准确性会受一些因素的影响：年龄小的学生倾向于给自己偏高的评价，年龄较大的自我评价会更客观；相对于学习成绩差的学生，成绩好的学生的自我评价会更准确；任务的难度越大，学生自我评价与外部评价的偏差也越大。

但学生自我评价的准确性可以通过一些措施来提高：

确保学生理解学习内容所对应的目标；

给学生匿名的作业样例，指导他们根据评价量规练习评价作业样例；

就学生自我评价时的想法进行准确的反馈；

提供反馈之前，先让学生进行自我评价。

资料来源：查普伊斯.学习评价7策略：支持学习的可行之道 [M].刘晓陵，等译.上海：华东师范大学出版社，2019：106.

其次，不能期望学生一开始就能深度参与评价的全过程。深度参与评价的全过程需要教师提供机会，有意识地鼓励学生反思和评价自己的学习。没有教师对学生自我评价的鼓励和支持，他们就会依赖于外部评价。与此同时，需要认识到，正如"认识自己"被视为世上最难的事之一，即使将自己的学习视为对象，评价也不容易，因此仅靠鼓励和提供机会并不足以保证学生深度参与评价过程，教师需要专门教给学生自我评价的方法和策略——但并非像以往的"形式训练"那样孤立地教，而是要将这种方法策略的教学与期望的学习整合起来。特别重要的是，教师还必须在整个教学过程中为学生示范良好的评价，如果教师所实践的评价活动与要求学生开展的评价活动不一致，那么学生最终习得的将是教师的做法——哪怕这种做法非常糟糕。

背景知识 8-4

如何让学生为自我评价做好准备？

1. 将自我评价融入日常学习中——不要将其留到最后。当自我评价成为学习的一部分时，它是最成功的，事实上，它有助于学生达成更高的掌握程度。同时要偶尔停下来，观察和反思当前的状况，为下一阶段的学习设定可管理的小目标。

2. 确保学生第一次进行自我评价是为了推进重要的领域或技能的学习。学生在学习中投入越多，自我评价就越可能自然发生（试想电子游戏、运动或其他游戏中自我评价是如何自然产生的）。

3. 为学生提供有助于自我评价的提示（例如，你真正自豪的是什么？什么事给你带来了挑战？你是如何应对这个挑战的？你的方法成功了吗？为什么？接下来你会尝试做什么？），这可以帮助学生真正专注于自己的反思。

4. 给学生具体的、实时的作业作为自我评价的催化剂。把学生的作品（段落、视频、照片、图像）以及成功指标放到他们面前，让他们更容易进行自我评价。

5. 留出时间让学生对自我评价和行动计划做出回应。如果自我评价不服务于它的目的，那就毫无意义。

6. 尽可能避免表扬。表扬会让学生将自我评价的目的看作达到教师目标的一种方式。相反，要求学生解释自己的想法和决策，通过这种方式，学生会对自己的学习拥有自主权。

资料来源：Dimich, N., Erkens, C., Miller, J., et al. Concise Answers to Frequently Asked Questions About Assessment & Grading[M]. Bloomington，IN：Solution Tree Press，2022.

第三节　促进学生参与的实用技术

一、让学生表达自己的评价需求

当你在一条已经走了不知多少遍的道路上开车时，如果不小心启动了导航仪，它在你耳边喋喋不休地指导你该怎样怎样，你会如何反应？我想，大概率你会立刻把它关了。说起来，我们使用导航仪的目的非常明确，那就是在不确定怎么走的时候给我信息；如果我确定，那就别说话了。问题在于，导航仪不知道我什么时候需要信息，所以，只要启动了它，它就持续提供信息。

要有效促进学习，在学习过程中的两个重要的主体——教师和学生，都应获得关于学生学习的信息。然而，教师的信息需求与学生的信息需求并不完全一致：教师的信息需求或因改进教学而发生——此时他们需要班级学生总体的学习情况信息，或因差异化回应而发生——此时他们需要学生个体的学习信息；学生的信息需求因改进自己的学习而发生——在认为自己表现良好的领域，他们需要得到肯定；但他们一定更希望能在存在问题的领域得到有效的指导，因此他们更期望得到那些他自己没把握的领域的学习信息。

如果教师能够确保自己获得顺利作出教学决策所必需的信息，那么让学生充分表达自己的评价需求，教师进而回应这些需求，对学生的学习改进会更有帮助。课堂评价不是总结性评价，课堂评价的目的在于改进，因此应当给予学生机会让学生表达评价需求，并就评价问题参与"协商"。

学生的评价需求几乎会表现在评价的所有维度上，比如：

评价目标。现实中，尽管学生更希望展示自己做得好的那一面来得到肯定或认可，但理想情况下，学生特别期望得到反馈和指导的领域通常是那些他们觉得不确定的目标领域。

评价时间。对于何时进行评价，花多少时间进行评价，不同的学生有不同的需求。比如，同样一次评价，有些学生或许比另一些学生需要更多的时间。

评价方法。不同的学生有不同的认知方式，因此对不同的评价方法有不同的适应性。例如，一个学生在常规的数学纸笔测验中表现糟糕，但很可能在要求用图示或口头表达的评价中表现不错。

反馈。对于反馈的内容、形式、时机，不同的学生也存在不同的需求，如有些学生可能需要非常具体的反馈，有些学生则可能只需要简单的提示。

……

让学生表达自己的评价需求，更多是意向层面而不是技术层面的事情，换言之，只要教师有这样的意愿，主动邀请学生表达并回应学生的需求，让学生表达评价需求就不难做到。比如，学生提出"免评"某些目标领域的要求，或在某次评价之后申请"重评"，甚至是以另一种方式重评，其实现没有技术上的障碍。但是，如果有一些技术支撑，这件事可以更简单更高效。比如，关于不同评价目标领域的需求，教师就可以在评价过程中运用交通信号灯技术的变体，让学生在有不同需求的任务后标注三种颜色的小圆点：绿色代表完全有把握，教师可以不用看；红色代表完全不懂，需要教师指导；黄色代表虽然做了但不确定，需要教师特别关注。当然，小圆点的颜色数量及其代表的含义可以灵活设定，如一位小学语文教师要求作文上运用四色小圆点，教师增加了紫色，代表学生认为自己做得很好或有创新性，期望教师给予特别的关注或肯定的内容。

二、让学生参与目标设定

在评价过程中，让学生参与目标设定有两种情形：一是在评价开始之前，学生可以参与到评价目标的确定过程之中，就像我们在第三章讨论的"运用样例"，学生在教师的引导和支持下发现、澄清、表达学习目标。这种情形本质上是教师与学生分享学习目标，是为了让学生拥有与教师类似或接近的"质量观"。另一种情形是在评价之后，根据评价结果所反映的学习情况，设定下一步的行动目标。

在前一种情形中，学生可以在教师的引领下明晰学习目标，进而生成评价目标达成的指标，就像在"运用样例"技术中所做的那样；也可以与教师协商特定时段的评价目标，比如，学生觉得自己在一个涉及 ABCDE 五个目标的单元中只有 D 目标存在一些问题，其余目标均无问题，那他可以请教师特别关注他在 D 目标上的表现；学生还可以通过问题分析来澄清某些特定的评价任务所考查的目标，比如，教师可以让学生自行完成第三章中的表 3-11 和 3-12……实际上第三章很多与学生分享目标的技术都需要学生参与其中。

这一部分特别关注通过学生提问和自编试题来澄清、理解目标的技术。提问有一种非常有用的变体，那就是让学生提问。学生提的问题反映了他对学习目标以及学习内容的理解，通过让学生建构问题，可以让他们进一步关注、理解学习目标。提问的一种做法是向教师提问，另一种做法是让学生相互提问。吉莉介绍了一种有指导的交互式同伴提问（guided recip-rocal peer questioning）的技术：在学生学习某个主题的内容之后，要求学生编出"想问同学"的几个问题。学生在小组中活动，相互提出问题、作出回答，必要时进行讨论。学生所提的问题反映了他们对学习内容的理解，因此，要求他们提出的问题与要求他们回答的问题一样，是引出学习证据的好方法。只是，教师也不容易提出好问题，何况学生。因此这一过程中教师的帮助或支架是必要的——就像吉莉为学生提供了可以提的问题的题干样例（表 8-3 是样例的部分内容）。还有一种类似的做法叫 ReQuest，其原始的版本是，教师带领全班默读一段课文，然后学生就课文内容向教师提问。随后，双方一起默读下一部分内容，但师生互换角色，由教师来向学生提问……整个过程就是师生交替成为提问者和回答者，这个过程能够让学生通过教师的示范逐渐学会提问。学生在建构出自己的问题之后，可以相互讨论所提问题的适当性，尤其是其与学习目标的匹配关系；若问题适当，还可以实际运用，比如，借助一种被称为"烫手山芋"的技术，在课堂中轮流提问：由一个学生向另一个学生提问，如果后者答对了，那就可以用他自己编制的问题来提问下一个学生。

表 8-3　同伴提问的题干样例

序号	题干样例
1	什么导致了＿＿＿＿＿＿＿＿？
2	我们怎么知道＿＿＿＿＿＿＿＿？
3	为什么当＿＿＿＿＿＿＿时会发生＿＿＿＿＿＿＿＿？

序号	题干样例
4	支持_____的证据是什么？
5	关于_____你能得出什么结论？
6	某事如何影响_____？
7	××和××的区别是什么？有什么相似之处？
8	你如何运用_____来做_____？
9	举个例子来解释_____。
10	为什么知道_____很重要？
11	我该如何设计调查来_____？
12	除_____之外，还有什么方法来解释_____吗？
13	如果_____，发生_____？
14	_____与日常生活如何发生联系？
15	什么样的数据可以支持_____？
16	关于_____，历史上人们是怎么想的？
17	与_____相关的好处和风险是什么？
18	我可以用什么样的模型来（做）_____呢？

　　如果将学生提问的做法变成书面形式的，那就成了另一种技术——学生自创试题。试题或评价任务的编制的确不容易，事实上，很多教师在这一方面也明显存在不足，但这并不意味着学生无法做这样的事。如果教师做这事的核心目标是促使学生理解学习目标，那么就可以不用考虑试题或评价任务编制的技术规范，而着重于关注试题或任务是否反映了学习目标，从中检查学生对学习目标的理解。若基于这样的定位，学生自编自创试题就无须额外的技术支持。一种简单的做法是"挑选"，即给学生一系列的练习题（或任务），让学生独立或合作确定一些他们认为能考查学习目标要求的题目或任务。另一种做法要求更高，让学生自己创建任务，即让学生以小组或结对的方式根据目标生成问题或任务。这与"挑选"没有本质区别，但显然需要学生有更高的创造力。无论是让学生挑选还是创建，都应将学生生成的题目或任务纳入实际的评价中。

　　后一种情形，即在评价之后根据评价结果所反映的学习情况，设定下一步的行动目标。学生参与目标设定其实是自我调节学习的一个核心。当学生在获得了评价信息，知道了自己是否在正确的轨道上，以及相对于目标现在在哪里后，接下来就要确定如何采取行动来缩小两者之间的差距，而在这一过程中，他就得确定下一步行动的目标。有时，下一步行动的目标与最初的评价目标是一致的，但有时两者并不一致——达成最初的评价目标可能需要解决相关的前备知识或子技能问题，因此他可能需要确定在达成最初设定的评价目标的进阶上的"紧接着的下一步"的目标。

有意识地为达成目标而行动，大概是人与其他动物的关键区别之一，每个人都会根据想达成的目标而采取行动。遗憾的是，如果没有适当的教育引导，学生大概只能在生理需求或情感需求领域有意识地做到为目标而行动，却难以做到在理智发展和社会性发展领域通过有意识地设定目标来引导行动。如果学生每天面对的经常是教师的"我希望你能……""我想让你……"之类的要求，那么他只能成为他人设定的目标的被动接受者，这种目标很难真正有效地引领学生自己的行动。即使很多时候教师会要求学生制定自己的学习目标，但如果学生对自己的学习和所要求的学习缺乏真正的理解，那么目标很可能是空泛的，如"学得更好""取得明显的进步""更加努力"等，无法支撑下一步行动计划的制订。

反思时刻
8-2

您一定让学生设定过下一步行动的目标。回顾下，您对学生设定目标有什么样的要求？或者，学生设定的什么样的目标在您可以接受的范围内？

研究发现，在通常情况下，"努力做""尽你所能"之类的目标与没有目标并无太大差别，相反，有难度的或挑战性的目标对学生表现的正面效果最大。原因就在于"尽力而为"这样的目标没有明确的衡量标准，其具体表现可能非常宽泛，其含义通常因人而异。明确而有挑战性的目标则不同，它会有效地支持学生的学习，这更有利于改善学生的学习表现。

挑战性目标的作用机制

组织心理学领域的研究者洛克和拉瑟姆（Locke & Latham，2002）认为，挑战性目标通过四种机制来影响学习：

· 有助于让人将注意集中于活动上，引导目标的实现，避免其他无关事物的干扰；

· 具有激励功能，与低挑战性目标相比，更能激发人的更大的努力；

· 能使人的努力更持久，坚持性更强；

· 有助于人调动自己已有的知识和策略，并想方设法拓展知识和策略储备。

转引自：查普伊斯.学习评价7策略：支持学习的可行之道 [M].刘晓陵，等译.上海：华东师范大学出版社，2019：132.

三、让学生记录自己的学习过程

在课堂评价中，学生就是信息的来源。但如果期望课堂评价能够更好地促进学习，那么学生本人还得成为有效的信息收集者。如果学生能够在学习或评价过程中有意识地收集并记录自己的学习情况，那么他就为后续的反思奠定了很好的基础；如果这种记录活动能够持续实施，那么他还能看到自己在一段时间内的进步或增值情况。简言之，学生记录自己的学习是学生参与评价的重要路径，也是评价促进改进的必要条件。

学生参与信息记录过程有多个层次。最低层次或许就是将教师发还的作业本、试卷或其他作业保留下来，这能够为后续的自我反思提供重要的材料；但如果仅仅局限于"保留"本身，而没有后续的审视、反思，那么这一层次的参与对学生的学习不会产生什么积极的影响。较高层次的参与是主动记录自我评价的结果，在这一过程中，学生会关注自己在每一次评价中的表现，选择认为重要的信息加以记录，因此，记录本身就有促进对学习的反思的作用，能够对学习的改进产生明显的积极影响。一种做法就是写学习日志，学生可以针对一堂课或一次活动或作业的学习过程进行记录。对于课堂教学的内容，学生可以首先列出已经理解的学习内容要点，再列出尚未理解的内容要点。如果是家庭作业，则要列出高质量的回答，并记下所遇到的问题和所犯的错误。表8-4就是一个学习日志的样例。

表 8-4　学习日志样例

课程	
日期	
本表记录的是	课堂内容、家庭作业、考试内容
课堂内容记录	列出你在本课中学到的主要知识点。
	列出你不理解的知识点。
	写出几个你需要求助的问题。
家庭作业或考试内容记录	简要描述作业或考试的内容，并指出是哪一方面的作业或考试。
	列举一两个回答良好的例子，尽量说明答题成功的原因。
	列举一两个出错或回答不理想的例子，并说明错在哪里，为何不理想。
	下次遇到类似情境，你会采取怎样不同的方法来改进学习？

　　另一种类似的做法是让学生填写"成就记录表"，着重让学生记录自己在学习过程中取得的成绩——但这个成绩不是分数或等级，而是根据目标要求所知道的和能做的事。这种成就记录表可以按一天来设计，也可以按多天来设计。表 8-5 是查普伊斯介绍的一种按周来设计的适用于年幼学生的成就记录表。

表 8-5　成就记录表样例[①]

领域	星期一	星期二	星期三	星期四	星期五
阅读	我读了：	我读了：	我读了：	我读了：	我读了：
写作					
数学					

---

① 查普伊斯.学习评价 7 策略：支持学习的可行之道 [M].刘晓陵，等译.上海：华东师范大学出版社，2019：211.

更高层次的记录是从一定的目的出发，有意识地选择某些特定的信息进行记录（包括将学习过程中的相关产品收集起来），然后按照一定的方式进行结构化组织，形成自己的学习档案袋。这个过程已经不是一个简单的记录信息、收集材料的过程，而是一个整合了对自己学习的再评价和反思的过程。学生学习档案袋的具体形式多种多样，可以根据自己的特定需求加以选择。

背景知识
8-6

档案袋的类型

珍品档案袋：学生收集自己最喜欢、最为之骄傲的作品和纪念品。学生从开始收集这些作品和纪念品时，就建立档案袋，这是令人愉快的。但慢慢地要让学生选择真正优秀的作品纳入档案袋。

成长档案袋：学生收集自己在一段时间内的作业样例，用以表明某种能力所发生的变化，用以评价作业的标准应该是一致的。

项目档案袋：描述自己在一段时间内完成一个项目的各个步骤，并且提供合格完成所有必要步骤的证据。

现状报告档案袋：为证明是否达到某种特定的能力水平而收集相应的证据。要按照既定的学业目标来选择记录袋的内容。

资料来源：王少非.课堂评价[M].上海：华东师范大学出版社，2013.

四、让学生反思自己的学习

对自己的学习进行反思，有些接近于常规的自我评价，但如果所谓的自我评价定位于对自己学习表现的价值判断，那么自我反思的要求要高得多，对学习改进的作用也更大更显著。按照杜威的观点，反思是所有学习经验的核心，它能使我们以一种深思熟虑和有意的方式行动。而在以往的研究中，反思对学习的影响经常与学生的自我评价、反馈等研究主题相关联。在这些研究中，一个共同的结论是，学生反思自己的学习并作出相应调整的能力被认为是学生成功的决定因素之一，且以反思为核心的元认知过程对学习的影响仅次于教师保持学生积极参与的能力。[1]

---

[1] Wang, M. C., Haertel, G. D., Walberg. H. J. Toward a Knowledge Base for School Learning[J]. Review of Educational Research，1993，63（3）：249-294.

良好的学习一定是反思性学习，学生需要随时审视、监控自己的学习过程，需要对自己的学习过程及结果保持警觉，需要在必要时随时调整自己的学习。但学生不会自动地成为一个反思性学习者。从评价的语境看，学生从一个评价信息的纯粹"接收者"（甚至都不是"接受者"，仅仅是得到评价信息，可能完全不明白其含义），到真正的反思性学习者，需要经过多个台阶，不断进阶才能实现。反思既是一种心态，也是一种过程，或者是一套工具或方法[①]，教师需要培养学生的反思意识，需要让学生经历反思的过程，更需要为学生提供反思的工具或支架。

让学生开展自我反思有很多做法，其中有些可能是绝大多数教师已经在做的，如要求学生在上交作业之前进行自查，有些教师也会在课堂中安排学生开展自评或互评。除此之外，学生需要得到更多的机会和更有效的支持，才能真正学会自我反思，进而实现对自己学习的自我监控和自我调节。有时，简单地要求学生"上交作业之前检查一下"很可能不起作用，如果将类似的自我反思变成作业或任务的一部分，那情况可能就会不同。在反映核心目标的作业之后加上诸如"你怎么知道你的回答是正确的？""你如何向同学证明自己的回答是正确的？"之类的问题，就是一种好做法。安吉洛等曾提到一位数学教师的做法[②]：这位教师本来要布置 5 道家庭作业题，要求学生当晚完成。可是，他思考之后决定去掉其中一道最简单的题，换成另一道特别的题，作为最后一道题目：

完成上面 4 道题后，选择其中之一逐步写出你的解题思路。在纸中间画一道线，左边写出每一个计算步骤，右边解释自己在这一步做了什么，解释要详细。明天上课时要讲述你的解题思路，请做好准备。

在这种做法中，教师将原本空洞的要求变成了学生必须完成的任务或作业。相对于常见的作业，这种作业显得有些"另类"，因为它不像常规的那样指向于所学习的内容，而是指向于学习策略——没有哪位老师会否认学习策略是学生学习目标的重要组成部分，但也经常想不到将之作为专门的具体作业。但这样的另类作业明确给予学生进行反思的任务，有时还提供了支持反思的提示或支架。另类作业有许多具体形式，比如：

• 用三句话说明你做得好的事，用三句话说明你下次要改进的事。

• 对照评分规则，运用上面的指标来检查所完成的任务。

• 把笑脸贴纸贴在你认为做得好的三道题边上；如果你觉得有做得不好的，用红笔

① Conzemius, A., O'Neill, J. Building Shared Responsibility for Student Learning[M]. Alexandria, VA: Association for Supervision and Curriculum Development, 2001: 15.

② 安吉洛，克罗斯.课堂评价技巧：大学教师手册：第 2 版[M]. 唐艳芳，译. 杭州：浙江大学出版社，2006: 61-63.

画出来。

- 与同桌交换试卷，运用评分规则来评价。

- 与同伴交流，说明你做得好或下次需要改善的地方。

……

有时给予学生明确的反思提示会使他们的反思更有方向，更有成效。吉莉总结了"思考日志"技术的做法，即用一系列有结构的句子提示引出学生的反应，旨在促进学生对自己学习的反思。表 8-6 中包括了但不限于吉莉总结的，用以引出学生反思的句子主干的一些例子。学生按照这些提示框架来回答对改进学习会非常有用，可以根据学习内容选择适当的问题，一般不超过三个。

表 8-6　引导学生反思的问题题干[①]

序号	引导学生反思的问题题干
1	我在_____方面做得很成功。
2	我还没想明白_____。
3	我想明白了_____。
4	当_____时我很困惑，所以我_____。
5	我没想到_____。
6	我想我需要重做_____。
7	我需要重新考虑一下_____。
8	我一开始以为_____，但现在我意识到_____。
9	我不确定_____。
10	最使我困惑的是_____。
11	当_____时，我真的很惊讶。
12	我会更好地理解这一点，如果我_____。
13	我停了下来_____，因为_____。

[①] 本表中的部分内容来自吉莉（参见 Keeley, P. Science Formative Assessment: 75 Practical Strategies for Linking Assessment, Instruction, and Learning[M]. London: Corwin Press, 2008: 191.），部分内容来自威廉（参见迪伦·威廉. 融于教学的形成性评价：原著第 2 版 [M]. 王少非，译. 南京：江苏凤凰科学技术出版社，2021: 227.）

序号	引导学生反思的问题题干
14	明天我想试试_____。
15	最难的部分是_____。
16	我能想出来是因为_____。
17	现在我正在想_____。
18	我希望我能_____。
19	起初我认为_____，但现在我认为_____。
20	起初我觉得_____，但现在我觉得_____。
21	通过这个内容的学习，我发生的改变是_____。
22	现在我同意 / 不同意某种观点，因为_____。
23	我从这节课上学到的最有用的东西是_____。
24	这节课我最喜欢的是_____。
25	我想搞得更清楚的事情主要是_____。
26	在这节课之后，我觉得_____。
27	如果_____，我本可以从这 课中学到更多。

你或许注意到，在那些另类作业中，有些只要求学生做简单判断，有些则强调了自评的依据，或者就是一种有证据的自评。在课堂中，很多教师已经关注到学生自我评价的重要性，并给予学生自我评价的机会。然而，大多数课堂所要求的自我评价以及同伴互评依然是传统意义上的评价，即进行简单的判断，如自批自改，或打几颗星，给几张笑脸。从鼓励学生反思的角度看，这种做法的效果是不确定的——有些学生可以顺利地完成自评或互评，但可能只有极低程度的反思介入其中。我们可以重温前面提及的威廉关于同伴评价的目的的观点——学生不应参与总结性评价，且同伴评价应指向改进。尽管他是在"同伴评价"的语境中提出这一观点，但显然同样适用于自我评价——简单的判断或给出一个结论无助于学生的深入反思，甚至可能鼓励学生不负责任的行为。如果要求学生在进行自我评价（以及同伴互评）时提供评价的证据或进行描述，那么能更有效地激发深入的反思，也更有利于改进。查普伊斯就提供了有证据的自评在"'之前'和'之后'"技术中的应用实例（见表 8-7）。

表 8-7　有证据的自评在"之前"和"之后"技术中的应用实例 [1]

我"之前"的情形	我"之后"的情形	我的证据
我在学习将分数转化为小数。	我知道了怎样将分数转化为小数。	这张纸表明我可以将 1/2 这样的真分数、5/4 这样的假分数和 $2\frac{2}{3}$ 这样的带分数转化为小数。
我正在学习根据阅读内容中的线索进行猜测。	我能做出很好的推理，能根据阅读内容中的线索进行猜测。	这是我推理的一个例子，我根据故事中的线索猜出了 C 死亡的原因。
我正在学习写出一个很棒的开头。	我知道了如何写出一个很棒的开头。	在引入部分，我提出了一个问题让读者产生疑惑，同时确立了主题。我认为这个问题是有意思的，因为大多数人不会想到它。它把读者吸引到我要讲的内容上。

同样有用的是完全撇开判断性评价的描述，即描述自己的学习。一种做法被称为"叙事性自我评价"，如下面的例子。

本学期我学会了如何做推断。推断就是要确定文章中有的但没有直接说的东西。我过去只是猜测，现在会在故事中找线索了。下学期我要学习写总结，要学会只将最重要的信息放到总结中。我的总结中有太多额外的、杂乱的东西了。

要让学生开展有证据的反思或自评互评，前面讨论到的多种让学生明了目标的技术都可以整合在此运用，比如，学生在进行叙事性评价时，教师可以向他们提供具体的评分规则，或者向他们提供关于学习表现的正面陈述和负面陈述清单，如关于写作任务，该清单可能涉及"很好地运用了形容词""正确使用了标点""没有使用正确的语法"或"结构不完整"等供学生参照。

如果在鼓励学生反思的过程中能够向学生提供可视化的支架，那么学生对学习的反思就更容易实现。比如，在学生完成相关任务之后，让学生根据评价结果对自己的错题情况进行反思，并将这种反思与学习目标关联起来，表 8-8 的工具就很有用。这要求学生去深入思考自己犯错的原因，并明晰自己的薄弱环节，以为下一步的行动决策提供依据。

---

[1]　查普伊斯. 学习评价 7 策略：支持学习的可行之道 [M]. 刘晓陵，等译. 上海：华东师范大学出版社，2019：203.

表 8-8　用于错题分析的反思支持工具

学习目标	题目	简单错误	猜测	理解错误
1	1、3、7、8			
2	2、9			
3	4、10、13			
4	5、11、15			
5	6、14			
6	12、16			

　　在此基础上再进一步，还可以让学生在订正之后借助工具（见表 8-9），对订正前后的想法进行比较，并总结自己习得的新知识、新观念。

表 8-9　订正后的反思支持工具

错题	我是怎么做的	我本应该怎么做	之前我想的是……现在我明白了……

　　有时，也可以将对错误的分析、订正以及从中产生的新学习整合起来，要求学生说明做错的原因，然后加以订正，并思考在这一过程中的学习收获（见表 8-10）。

表 8-10　测验订正反思表

题号	错误原因	我的订正	我的发现
5			
9			
……			

自评时刻
8-2

你可以设计出用以支持学生反思的结构性工具。

你可以从表 8-6 的反思提示语开始。比如，"起初我认为_____，现在我认为_____"，这样就可以转化成查普伊斯的"之前和之后"的反思工具，以支持学生反思学习前后的变化。

学习 × × 之前，我知道（能做、认为……）	学习 × × 之后，我知道（能做、认为……）

你能设计出一些什么样的反思支持工具？

五、让学生报告自己的学习

　　常规的课堂中，对学生学习的报告似乎是教师的特权，教师通过评价将获得的结果以某种方式呈现出来，提供给学生及其家长。学生在这一过程中扮演的是一个被动的接收者的角色，甚至有时还被当作其学习情况报告的局外人，这会极大地限制评价对学生学习的促进作用。

　　如果让学生参与学习情况的报告，那么学生就必须更准确地理解来自他人的评价信息或者进行更精准的评价（包括对自己的学习也包括对他人的学习）。无论是哪种情况，学生都必须更准确地把握学习目标，用目标来审慎地对照、衡量自己或他人的学习状况。如果学生报告的是自己的学习，他需要收集、记录自己学习的证据，并对自己的学习进行反思，这样才会对自己的学习产生更强烈的责任感，更可能认识到学习是自己的事而不是别人的事；如果学生有成功的故事与他人分享，那么与之相伴随而产生的自豪感会成为进一步学习的强大动力。

教师可以让学生参与到正式的报告情境中，比如，每个学期的学业报告单可以留出一定的空间让学生描述自己的学习情况，并向教师或 / 和家长报告；让学生在经常性举办的学习情况报告会上，报告自己学习的经历；还可以在家长会这类相对正式的情境，甚至更为正式的场合中让学生参与进来，就像斯蒂金斯提到的一个例子：

在一次学校董事会会议上，英语组教师要报告一项新的教学方案的实施效果。英语组组长韦女士首先展示了一篇匿名的学生作文，大家都觉得这篇作文写得很糟糕。接着，韦女士又向大家展示了另一篇学生作文，大家认为这一篇作文显然好多了。然后韦女士宣布，这两篇作文的作者是同一个学生，而这正是新的教学方案提高了学生写作能力的有力证明。

这两篇作文的作者爱米丽就在会议现场。接着该她上场了，她要向董事会报告自己的学习经历和体会。爱米丽讲述了她是怎样慢慢理解好、差作文的区别的，而以前她并不清楚两者的区别。她告诉大家自己已经学会评价自己的文章，能找出不完善的地方，还试着与教师交流，与同学们讨论那些与写作有关的内容。[①]

但这里所指的"报告"并不局限于那些较为正式的情境，更常见的报告情境出现在日常学习过程中，此时，这种"报告"被视为"交流"更为适当。从某一角度讲，促进学习的课堂评价本质上是关于学生学习情况的交流对话——既可能发生在师生之间，也可能发生在生生之间，或者发生在学生与家长之间。如何创造机会让学生作为主体参与关于学习情况的对话交流，是评价促进学习的一个关键。在日常学习过程中非常常见的是学生之间的相互分享，如我们在第四章讨论的"思考—结对—分享"技术及其多种变式，要求学生与同伴交流自己的学习情况。在教学过程中教师也经常给予学生自评和互评的机会，但不能让这种评价停留在简单的判断上，而是要强调有依据地评，运用证据来评，至少要做到像我们在第六章提及的反馈技术"加一个冒号"那样，在提供结论之后还要呈现得出结论的依据（可以借助以下工具加以支持）。如果学生自评时能够借助评分规则，还可以要求学生运用评分规则中的术语来呈现证据（见表 8-11）。

表 8-11　有证据的自评

学习目标	
自我评价	
我的证据	

---

① 斯蒂金斯 . 促进学习的学生参与式课堂评价：第 4 版 [M]. 国家基础教育课程改革"促进教师发展与学生成长的评价研究"项目组，译 . 北京：中国轻工业出版社，2005：8-10.

面向教师的报告有很多做法，第四章的部分技术就涉及学生关于自己学习的报告。本章"四、让学生反思自己的学习"中促使学生反思的技术若再进一步，要求学生进行报告，那些提示学生反思的框架也就成了引导学生报告的框架。除此之外，还有一些做法也能为学生提供报告的机会，如威廉提到的"学生主持人"：在课临近结束时，扮演主持人角色的学生要总结自己在这堂课中的所学。有时，学生主持人还要回答其他同学提出的问题，或者作为学生代表向教师提出问题——威廉还提到这种技术的一种有趣的做法，在学生主持人在所提的问题中选择一些作为"四分之三单元测验"的测试题（这又是"学生自创评价"的一种变式）。如果学生主持人不是事先指定的，而是随机选择的，那就变成另一种技术——"随机报告人"。再比如，教师可能会在学生的作业上提供符号化的简略反馈——有时甚至可以有意给出一些模糊的反馈，然后要求学生跟同伴或向教师解释相关符号的含义。

事实上，学生报告学习可以与我们前面提及的众多技术相组合，或者说，前面很多涉及学生展示的技术都将学生报告作为一种核心成分，比如，在"画廊漫步"中，学生都要就自己所展示的产品向其他同伴作出说明、解释；展示站，按学习内容分设一些站点，让学生展示他们的所学，并解释他们的思考过程……

这种关于学习的交流也不限于师生或生生之间，还可以扩展为学生向家长报告，比如，家庭便笺，学生可以给家长写一张关于某项具体学习任务的便笺，说明自己当前的学习状况（当然也可以包括接下来的打算）。小学或许可以开展"家长向教师报告"的做法，教师在每个周末的家庭作业中多安排一项，要求学生向家长报告自己一周来的学习情况，家长要根据学生的报告做记录，周一由学生带回学校，作为作业的一部分上交——这种做法的实质是学生向家长报告。为了给学生提供报告学习的机会，教师甚至可以举行专门的会议，查普伊斯总结了多种这样的会议形式（见表 8-12）。

表 8-12 会议形式及其做法 [①]

会议形式	做法
家庭会议	让学生就自己的学习过程或产品与家人进行讨论，重点可以聚焦于学生当前的成就水平、成长或进步情况。 家长和学生要针对讨论的结果进行简短的反思或总结，该材料可以放进学生的档案袋。 将这项任务当作一项家庭作业来落实。

---

① 查普伊斯.学习评价 7 策略：支持学习的可行之道 [M].刘晓陵，等译.上海：华东师范大学出版社，2019：212.

续表

会议形式	做法
在校开会	邀请家长来校，组织学生—家长会谈。 为家长提供多个时间选项，让学生自己写邀请信，提高家长的参与率。 必要时教师参与其中，变成三方会议。
学生自己主持的会议	学生来做开场白，介绍学习目标，展示学习证据。 学生回答家长提出的问题，并与家长讨论。

相对于报告别人的学习，报告自己的学习似乎更难，因此让学生从互评开始可能是一个好主意。教师需要创造学生互评的机会，但更重要的是，需要在课堂中创造一种合作学习的氛围，让互评或其他形式的合作学习成为常态，比如，一位教师在课堂中建立了关于学生求助的一条规则——C3BE4ME，要求学生在向教师求助之前先求助3名同伴，这种做法与前面提及的作业帮助板技术一样，能够为学生提供多种多样的互助机会——而在这些机会中，学生的互评以及关于学习的交流不可或缺。

六、让学生决定下一步行动

评价的确能够促进学习，但是，如果教师基于明晰的学习目标，设计了很好的评价工具，收集到关于学生学习的准确信息，而这些信息却没有被运用，或者只用来作出关于学生学习的结论性判断，那么，可以确定，评价至多会通过影响学生的情绪动力来影响他们的学习。而如前面所说，这种影响的效果是不确定的：也许有，也许没有；可能正面，也可能负面。评价促进学习最终是通过学生基于评价结果作出的学习决策以及决策的实施来实现的。换言之，没有学生的后续改进行动，相关的评价信息至多是一种"悬置"的信息，无法发挥作用。

当然，教师能够运用这些信息来改进自己的教学，并通过教学的改进来促进学生的学习。然而，教学对学生学习的影响最终同样是通过学生的行动来起作用的。教师能够认识到这一点，所以会强调学生的后续行动跟进，因而有些教师会给予学生关于后续行动的详细指导，如直接在反馈中提供解题方案甚至正确答案。在这种情况下，学生很可能会按照教师的反馈作出"完美的"改进，然而这个过程却完全可能没有真正的学习的发生。不能否定，这个过程的确有学生的决策——决定是否按照教师给予的反馈去订正或改进，但显然这种决策是最低层次的。要实现有效地促进学生的学习，在课堂评价中，学生就必须能运用评价信息进行高水平的决策。

本书的作者之一在其微信公众号"三台评谭"中给出关于"作业批改"的另一种解释：作业批改即"教师批，学生改"。你如何看待这个观点？

高水平的决策意味着，学生需要基于对评价信息的深入、充分的理解，确定下一步的目标及相应的行动方案。这里所指的"确定下一步的目标"不同于第三章讨论的目标确定，那是在学习之前如何设定学习目标并为评价目标的确定提供依据，而这里讨论的"确定下一步的目标"所关注的是学生获取评价信息之后如何确定下一步的行动目标。关于这种目标确定，我们在本章中已有所涉及，这里就不再讨论。本节的重点放在下一步的行动计划上。

学生依据评价信息发现了自己的问题，接下来就得采取适当的行动来解决这些问题。如果没有采取适当的行动，改进就不可能发生。但是，如何采取适当的下一步行动，对于学生可能不是一个很容易回答的问题。下一步行动的有效性取决于行动的针对性，即所采取的行动能否解决存在的问题；而确保行动的针对性则需要学生拥有适当的解决问题的策略库。显然，相当一部分学生可能并不拥有这样的策略库，因此，在这一过程中，教师的指导必不可少，但这并非要求教师直接将问题的解决方法或策略"告知"学生，相反，要帮助学生自己找到这样的方法或策略。

有了解决问题的方向之后，就需要为下一步的行动制订计划。如何帮助学生制订计划？一种被称为"KISS"的反思支持工具，同样可以作为制订下一步行动计划的框架：K 即 keep（保持）——我做得好的需要保持下去的是什么；I 即 improve（改进）——哪些行为对目标的达成有正面影响，哪些行为需要增加或改善；S 即 stop（停止）——哪些行为因阻止了目标的达成而需要停止；S 即 start（开始）——接下来需要做什么来达成目标（见表 8-13）。

表 8-13　KISS 计划表

K	I	S	S

　　将目标与行动计划整合起来是制订行动计划的有效方法——事实上，目标本身就是行动计划的有机组成部分。按照查普伊斯的观点，明确且有挑战性的目标应该包括三个成分：

- 对意向学习的清晰陈述："我要学什么？"

- 对当前状态的描述："相对于我的学习目标，我现在在哪里？"

- 行动的计划："我要采取什么行动？""我什么时候开始？""我从哪里做起？""我能与谁一起做？我需要什么材料？""我用什么来描述'之前'和'之后'的情况？"[①]

　　在此基础上，他提供了一个整合目标与行动计划的框架（见表 8-14）。

表 8-14　目标与行动计划的整合

我要去哪里？
我的目标：
我现在在哪里？
我能做什么：
我需要做什么：
我如何缩小差距？
我要做什么：
我什么时候做：
我在哪里做：
我从哪里获得帮助：
我需要哪些材料：

---

① 查普伊斯.学习评价 7 策略：支持学习的可行之道 [M].刘晓陵，等译.上海：华东师范大学出版社，2019：133.

让学生制订计划也是教师经常做的事，然而，很多教师发现，尽管有计划，但很多时候计划得不到执行，这与计划如何呈现有非常密切的关系。研究表明，在计划中明确何时何地采取行动会极大地提高计划的可执行性以及实际的执行情况。借助"如果—那么"技术来制订计划，已被证明能够增加达成目标的可能性。这种技术要求学生确定在何时、何地采取行动，然后以"如果—那么"的句式呈现出来。比如，要达成做十个俯卧撑的目标，行动计划就可以表述为"如果是早上六点钟，那么我要在卧室做俯卧撑"。查普伊斯转引了哈佛森（Halvorson）的观点说明了这种技术发生作用的机制："当你为实现目标，决定何时、何地采取行动时……情境或线索（如果）与要采取的行动（那么）之间就建立起了直接的连接"。显然这种连接有助于执行计划。表 8-15 是查普伊斯提供的借助"如果—那么"来制订行动计划的实例。

表 8-15 现状、目标、计划 [①]

现状	现在我能够做两个俯卧撑。
目标	我的目标是到两周后做十个俯卧撑。
计划	为了达到目标，我要在第 1 天和第 2 天的早上和晚上各做两个俯卧撑；第 3 天和第 4 天的早上和晚上各做两组俯卧撑，每组三个；第 5 天和第 6 天的早上和晚上做两组俯卧撑，每组四个；第 7 天和第 8 天的早上和晚上做两组俯卧撑，每组六个；最后两天，早晚各两组，每组八个。

让学生参与评价，说起来并不难，然而，要让学生的参与真正起到促进学习的作用，那就需要持续支持学生评价能力的发展。而要促进学生评价能力的发展，学生有机会参与评价只是必要条件而非充分条件。前面所提供的技术能为学生的评价能力发展提供支撑，但不能忽略，教师自己的评价实践是一种隐性课程，能够对学生产生潜移默化的影响。因此，要促使学生评价能力的发展，需要教师用良好的评价实践给予学生示范。这涉及两个关键的方面：首先，教师的评价实践必须是高质量的，指向于学习改进的——这有赖于教师的课堂评价素养；其次，同样重要的是，教师的评价不能过度模拟外部评价，不能是"防学生"的神秘化活动，而要将自己的良好评价实践的全过程展示出来，让学生多一条学会评价的路径——通过观察、模仿来学习评价。在这一方面，课堂评价完全有条件做到，而且以促进学习为指向的课堂评价必须做到。当学生从课堂评价中学会评价，发展了评价的能力，就可能成为一个有能力的自我评价者。教师实施的良好课堂评价具有促进学生当前学习的巨大潜力，但只有学生自我评价能力的发展才能对学生

---

① 查普伊斯.学习评价 7 策略：支持学习的可行之道 [M].刘晓陵，等译.上海：华东师范大学出版社，2019: 135.

未来学习和终生发展产生更巨大的促进作用，且这种促进作用更为持久。

本章主要参考文献：

1. Fisher，D.，Frey，N. Checking for Understanding：Formative Assessment Techniques for Your Classroom[M]. Alexandria，Virginia USA: Association for Supervision and Curriculum Development，2007.

2. 查普伊斯 . 学习评价 7 策略 [M]. 刘晓陵，等译 . 上海：华东师范大学出版社，2019.

3. 安吉洛，克罗斯 . 课堂评价技巧：大学教师手册：第 2 版 [M]. 唐艳芳，译 . 杭州：浙江大学出版社，2006.

4. 迪伦·威廉 . 融于教学的形成性评价：原著第 2 版 [M]. 王少非，译 . 南京：江苏凤凰科学技术出版社，2021.

后　记

　　在学生学习评价情境中，评价实践的具体样貌相当丰富。但大致来分，这些评价实践可以被分成两大类，一类是以中高考等为代表的由学校之外的专门机构来组织实施的评价，另一类是学校内部在教育教学过程中对学生学习实施的评价。这些评价实践都被称为"评价"，然而细究起来，这两类评价有很大不同——从某个角度来看，两者甚至有根本性的差别。

　　这种根本性的差别何在？让我们从评价与教学的关系来看吧。评价与教学有什么关系？或者更精确地提问：评价与教学到底是谁为谁服务？对于这个问题，真的不好笼统地回答；若笼统地回答，答案或许是，它们相互服务，但具体情况取决于是什么样的评价。换言之，如果不把学生学习评价情境中的这两类评价区分开，这个问题真的很难回答。对于这个问题的确切回答应该是：如果评价是指中高考之类的外部评价，那么教学要为评价服务；如果评价是指学校或教师在日常教育教学实践中实施的评价，那么它就要为教学服务——这就是两类评价的根本性差别之所在。换一个视角，外部评价是用来确定教学质量的，而课堂评价则是质量的一个重要来源——没有对学生学习状况的精准把握，有效教学就不可能实现，而对学生学习状况的精准把握必然依赖于良好的课堂评价。从这一意义上讲，课堂评价的改进具有提升教学质量的巨大潜力。

　　21 世纪以来，学校或教师在日常实践层面的评价，即本书中所指的课堂评价，与中高考之类外部评价的差异逐渐被人认识到，课堂评价也逐渐成为教育评价学研究中一个相对独立的领域，课堂评价旨在促进学习的观念也逐渐为广大教育工作者所接受并进入国家层面的课程政策中。然而从实践来看，对外部评价的过度模拟依然是课堂评价运行中的最大问题，课堂评价促进学习的潜力远未得到充分的发挥。

　　为何知道了课堂评价与外部评价的不同，知道了课堂评价要指向于促进学习，但实践中教师依然参照外部评价的做法来实施课堂评价？直接的原因或许是实践的惯性，因为历来都是这样做的：这些做法是学校的常规，也是同行评价实践的常态，甚至教师在入职之前作为学生所了解的评价就是那样的。然而，新的观念难以转化为实践的一个重要的原因或许是：教师知道了要做什么，但不知道怎么做。没有策略、方法、技术层面的支撑，从观念到实践的转化过程就不可能实现。

　　这正是我们关注课堂评价技术的原因。本书中，我们基于课堂评价促进学习的定位，将课堂评价技术界定为教师在日常教育教学过程中可以快速简便地进行评价的结构化做法，目的在于为教师提供运用评价来促进学习的可操作的具体方法。以往介绍的课堂评价技术只聚焦于收集信息，我们所讨论的课堂评价技术涵盖了从评价目标确定与分享到评价结果的运用的评价全过程。前两章讨论了"课堂评价"和"课堂评价技术的内涵与应用"，其余六章讨论了如何呈现课堂评价的具体技术。

这六章内容按照促进学习的课堂评价策略来组织。促进学习的课堂评价强调有清晰明确的评价目标，并要让学生明确目标，因此第三章呈现了目标设定与分享的技术；第四章聚焦于收集学生学习证据的技术，因为促进学习的课堂评价要求收集学生学习的准确的信息；促进学习的课堂评价最终是靠评价结果的正确运用来实现的，因此，第六、第七章聚焦于评价结果的两种用途——学生用来做下一步的学习决策和教师用来做下一步的教学决策，并分别讨论了"有效反馈"和"有效干预"的技术；而由于评价结果的运用在很大程度上受评价结果呈现方式和解释方式的制约，因而在讨论评价结果的具体运用之前插上一章（第五章）——专门关注评价结果呈现和解释的技术。最后，我们相信，没有学生对评价的充分参与，课堂评价促进学习的功能就不可能实现；评价是学生学习的关键目标，直接影响从知识技能到素养的转变，而评价的学习只能借助评价实践，因此，第八章讨论了促进学生参与评价的技术。

本书呈现的这些技术，有些源于课堂评价研究领域中的文献，有些则是我们根据促进学习的课堂评价原理推演出来且在实践中得到初步检验的做法，还有些源于我们的中小学一线合作伙伴的经验总结。这些技术只是教师可用的课堂评价技术中的一些"例子"，显然不能被视为促进学习的课堂评价技术库或"工具箱"的全部内容。我们期望的是，这些技术能为教师运用课堂评价来促进学习提供一些技术选项，更期望教师能从中得到一些启发进而在实践中创造出更多更适用的课堂评价技术，以支持"教—学—评"一体化，支持新课程的实施，最终支撑素养目标的达成。

本书由王少非和张斌共同策划、设计，王少非负责第一、二、四、五、六、七章，张斌负责第三、八两章。王炜辰撰写了第五章和第六章的初稿，并为其余章节的撰写提供了大量素材。

最后，感谢为我们提供诸多帮助的同行和一线合作伙伴！感谢北京师范大学出版社教师教育分社社长姚贵平先生和编辑冯谦益女士专业且卓有成效的工作！

王少非　张斌

2024.1